도시생활자의
정치백서

도시생활자의 정치백서

하승우 유해정 지음

북하우스

들어가는 글

도시에 살다보면 여러 가지 어려운 문제들에 부딪힌다. 치솟는 전셋값이 마음을 꺼멓게 태우고, 정리해고와 실업이 남의 얘기로 들리지 않는다. 악착같이 돈을 모아도 구멍 뚫린 독처럼 돈은 술술 어딘가로 샌다. 쓰린 속을 달래며 일을 하려니 이제는 몸도 슬슬 이상신호를 보낸다. 좀 쉬고 싶어도 직장에서 잘리지 않으려면 외국어도 익히며 자기계발을 해야 한다. 심지어 몸매나 유머감각도 관리해야 한다. 이렇게 열심히 사는데도 왜 날이 갈수록 생활이 힘들어질까?

지금까지 한국의 도시생활자들은 이런 많은 일들을 온전히 '혼자 힘으로' 감당해왔다. 참으로 대단한 사람들이다. TV 프로그램 〈생활의 달인〉을 보면, 손가락 마디마다 굳은살이 훈장처럼 박이도록 일하며 역경을 기회로 만들어온 사람들이 한둘이 아니다.

그런데 그 기적의 성과는 어디로 갔나? 그동안 뼈 빠지게 일한 결과는 무엇인가? 또 하나의 가족을 떠들던 기업들은 조금만 적자가 나면 그 가족들을 쳐내기에 바쁘고, 머슴을 자처하는 정치인들은 제 밥그릇 챙기기에 바쁘다. 정작 그 기적을 일궈온 시민들은 원래 다 그런 거다, 내가 뭘 어쩌겠냐며 닭 쫓던 개 지붕 쳐다보듯 한다.

생활에는 달인의 경지에 이른 시민들의 '헝그리 정신' '악바리 근성'이 정치 쪽으로만 가면 냉소와 허무주의로 바뀐다. 술자리에서는 정치인, 전문가 못지않게 열변을 토해내지만 일상으로 돌아오면 착한 양이 되어 위에서 시키는 대로 산다.

물론 도시생활자들이 몰라서 정치에 관심을 가지지 않는 건 아니다. 오히려 도시에서는 정치인들이 진보/보수나 좌/우, 자신의 신념과 이해관계에 따라 쏟아낸 수많은 정보들이 넘쳐난다. 그런 정보들에 익숙하기에 자신을 세련되고 똑똑한 시민이라 여기지만 각종 정보에만 밝을 뿐 정작 자기 자신의 정치관을 고민해본 적이 없다. 날마다 스캔들과 부패사건이 터지니 마치 쇼핑을 즐기듯 품평회를 하지만 내가 원하는 세상에 관해 고민해본 적은 별로 없다.

루쉰의 소설『아Q정전』을 보면 아Q의 정신승리법이 나온다. 건달들에게 시달림을 당할 때마다 아Q는 잠시 서 있다 이렇게 얘기한다. "아이들에게 맞은 거라구. 요즘은 정말 말세라니까." 그러면서 "아Q는 자신이 마음속에서 생각했던 것을 늘 뒤에 가서 떠들어대곤 했다. 그래서 아Q를 놀렸던 사람들은 누구나 그의 이같은 정신적인 승리법을 알고 있었다. (…) 그는 스스로를 자기 비하의 제1 인자라고 여겼다. '자기 비하' 란 말만 빼면 어쨌든 '제1 인자'가 된다."

지금 우리의 삶이 아Q를 닮은 건 아닐까? 정치인들에게 사고를 칠 때마다 우리는 이렇게 얘기한다. "인간 같지도 않은 놈들에게 당한 거라구. 요즘은 정말 말세라니까." 우리는 생각했던 것을 늘 정치인들 뒤에서만 떠들고 앞에 가면 제대로 입을 열지 못한다. 법 앞에 누구나 평등하다고 학교에서 배우고 또 그렇게 믿지만 실제로 법 앞에만 서면 움츠러든다. 그러면서 우리는 자기 자신을 순종적인 민주시민이라고 여긴다. '순종적인' 이란 말만 빼면 어쨌든 민주시민이니까.

다른 정치는 불가능할까? 오쿠다 히데오의 『남쪽으로 튀어』를 보면 아주 훌륭한 도시생활자가 나온다. 우에하라는 남의 얘기를 곧이곧대로 받아들이지 않고 "전개展開해봐"라며 상대방에게 물음을 던진다. 그러고는 자신이 납득할 수 없다면 국가에 어떤 도움도 받지 않고 세금도 내지 않겠다고 선언한다. "사람을 자기들 맘대로 국민으로 만들어놓고 이래저래 세금을 뜯어간다니까. 그러면 인간은 태어나면서부터 피지배층이라는 얘기야? 정말 웃기고 있어." 지금 우리에겐

우에하라와 같은 배짱이 있을까?

지나친 얘기 같지만 이렇게 살기 때문에 지금 우리는 더 많이 일하면서도 행복하지 못하다. 행복하기 위해 지금 우리에게 필요한 것은 시민의식이나 준법정신, 근면함과 성실함이 아니라 바로 정치이다. 왜냐하면 정치는 개인이 혼자서 해결하기 어려운 문제들을 공동체의 구성원들이 함께 모여 해결하는 과정이며, 나와 우리의 욕구를 충족시키고 행복의 조건을 실현해가는 과정이기 때문이다.

교육정책이 바뀌면 아이들의 삶도 부모들의 삶도 달라질 수 있다. 노동관계법이나 보건의료관계법이 바뀌면 건강하게 삶의 여유를 누리며 살 수 있다. 주택법과 도시개발 관련 법률이 바뀌면 2년마다 이사 걱정에 마음 졸이며 살지 않아도 된다. 함께 행복해질 수 있는 길을 두고 혼자서 먼 길을 돌아가니 지치고 힘이 든다.

지금 당장 행복한 삶을 요구하자. 바쁘다고 일상을 포기하지 말고 외롭다고 온기를 잃지 말자. 아득하게 멀리 보이는 곳이지만 천천히 걷다보면 어느덧 그곳에 이르고 고개를 돌리면 같은 꿈을 품고 길을 걷는 사람들이 보인다. 세상의 변화는 언제나 작은 걸음에서 시작했다.

베란다에 플라스틱 화분을 놓고 흙을 깔고 씨앗을 심었다. 바짝 말라버린 씨앗이었지만 바람을 쐬고 물을 줬더니 며칠 만에 푸른 싹을 틔웠다. 삭막한 아파트 베란다 플라스틱에서 생명이 자라난다. 생명의 힘은 이리도 질기고 강하다. 미리 포기하거나 좌절하지 말고 내 속에 잠재된 정치의 싹을 틔워보자.

이 책은 우리 부부가 함께한 첫 작품이다. 우리 각시는 내가 부러워하는 글솜씨를 가지고 있다. 사람을 감동시키는 좋은 글을 쓸 수 있는데, 내 글에 맞추느라 그 솜씨를 살리지 못했다. 다음번엔 내가 우리 각시의 솜씨를 따라가면 좋겠다.

그리고 7월이면 우리 아이가 태어난다. 솔랑이가 살아갈 세상은 지금보다 조금 더 살 만한 세상이었으면 한다. 그런 점에서 정치는 우리 부부에게도 중요한 과정이다. 함께하면 좋겠다.

2010년 봄

하승우

차례

3 정당 활용하기 129

4 엔지오 활동하기 177

5 여론 만들기 233

6 직접 맞서기 289

부록

권리 찾기 매뉴얼 337

1 정치란 무엇일까?

TV를 틀면 뉴스는 언제나 정치 얘기로 시작된다. 밝고 재미난 다른 소식들도 많은데 왜 하필이면 뉴스는 꼴도 보기 싫은 정치 얘기로 시작할까? 그 이유는 간단하다. 우리가 관심을 전혀 두지 않더라도 무언가 중요한 결정들이 끊임없이 내려지고 있기 때문이다. 국민들이 아무런 관심을 가지지 않더라도 공개적으로 알려야 알리바이를 만들 수 있을 만큼 중요한 결정들이 청와대와 국회에서, 그리고 행정부와 사법부에서 계속 내려지고 있다는 것을 뜻한다.

다른 나라들과 조약을 맺고 군대를 파병하는 문제처럼 큰 문제들만 다뤄지는 건 아니다. 오히려 우리 생활에 밀접한 영향을 미치는 결정들이 빠른 속도로 처리된다. 아이들과 노인들을 위한 복지시설을 언제, 어디에, 어떻게 만들고 예산을 얼마만큼 사용하며 관리를 어떻게 할 것인지, 이처럼 생활과 밀접하게 관련된 결정들이 내려진다. 그리고 최저임금은 얼마이고 최소한 어떤 노동조건에서 일해야 하며 직장을 잃거나 재해를 당했을 때 어떻게 해야 하는지, 일자리와 관련된 결정들도 내려진다.

또한 지역을 개발하거나 재건축하고 부동산정책을 세우는 것도 정치권의 몫이다. 이처럼 중요한 결정이기 때문에 공개적으로 밝히고 국민들의 동의를 얻어야 한다.

어려운 결정을 현명하게 내리라고 뽑아준 사람들이니 알아서 잘하리라 기대할 수도 있겠지만 대한민국의 국민이라면 누구나 알다시피 국가나 국민보다 자신의 이해관계에 더 큰 관심을 두고 있는 정치인들도 많다. 자기 가족, 자기 사업, 자신을 후원하는 기업들, 자기 계파의 정치인들, 이런 것들이 그들의 주된 관심사이다. 그런 것들을 일일이 챙기다보니 그들의 마음속에는 정작 국민이 들어설 자리가 없다. 마음을 비웠다고 얘기하는 정치인들의 마음은 더 많은 사리사욕을 채우기 위해 비워질 뿐이다.

다만 국민들이 투표권을 가지고 있으니 형식적으로 그 삶에 관심을 두는 '척' 한다. 그래서 선거 때마다 띠 두르고 시장에 들러 악수를 청하거나 떡볶이를 먹으면서 서민들의 삶을 걱정하는 '척' 한다. 버스나 지하철 요금이 얼마인지도 모르고 옥탑방이 뭔지도 모르는 사람들, 라면을 파스타와 같은 별미로 아는 사람들, 대형마트의 진출을 막아달라고 하면 대형마트와 재래시장이 함께 사는 방법을 찾아야 한다는 이상한 대답을 하는 정치인들이 선거 때만 되면 서민을 위한 정치를 하겠다며 길거리에서 고래고래 고함을 지른다.

하지만 아무리 큰소리를 친들 집을 두 채 이상 가진 사람들이 이사철마다 짐을 싸야 하는 서민의 마음을, 서민이 사는 옥탑방의 무더움이나 반지하의 꿉꿉함을 어찌 알겠는가? 평균 35억 원 이상의 재산을 가진 사람들이 가계부를 적으며 한숨을 삼키는 부모의 서러움과 자식 학비 마련에 야근을 마다하지 않는 부모의 고됨을 어찌 알겠는가? 직접 경험해봐야 그 절박함을 알 수 있는데 우리의 정치인들에게는 그런 경험이 없는 경우가 태반이다.

그렇다, 영화 〈인디펜던스 데이〉처럼 몸소 전투기를 몰고 외계인에 맞서는 잘생기고 멋진 대통령은 현실에 없다. 영화 〈화씨 9/11〉을 보면 마이클 무어 감독의 재미있는 실험이 나온다. 미국이 이라크 파병을 결정하자 무어는 카메라를 들고 미 의회 앞에서 의원들에게 자기 아이도 이라크로 보내겠다는 서명을 받았다. 어떤 결과가 나왔을까? 그날 무어 감독 옆을 지나던 수많은 정치인들 중 자기 아들을 이라크에 보내겠다고 답한 의원은 아무도 없었다. 무어 감독은 미국 상원의원과 하원의원을 통틀어 자기 아들을 이라크로 보낸 사람이 단 한 명이라고 밝혔다.

한국의 상황은 미국과 다를까? 이제 한국 정부도 아프가니스탄이나 이라크 같은 위험한 곳들에 파병을 하고 있고 앞으로는 병력을 더 늘리겠다고 밝히고 있다. 국익과 세계평화를 위해 참여해야 한단다. 그런데 그런 좋은 목적을 위해 자기 아들을 보낼 정치인들이 있을까? 힘 있고 '빽' 있으면 군대도 면제받는 한국 사회에서 그런 일은 아마 영화로도 만들어지기 어려울 것 같다. 왜냐? 비현실적인, 너무나 비현실적인 이야기이니까.

2010년 한국 정부의 예산은 약 290조원이라는 엄청난 액수다. 그렇다면 그 돈은 주식회사 대한민국이 다른 나라에서 벌어오는 돈일까? 천만의 말씀, 그 돈은 온전히 국민들이 내는 세금이다. 애들 교육시키고 생활하기에도 빠듯한 살림을 사는 국민들에게 국가가 걷어오는 돈이다. 돈을 내지 않으면 월급을 차압해서라도 국가가 반드시 챙기는 돈이다. 그리고 개평을 챙겨주듯 '연말소득공제'라는 명분으로 챙겨온 돈을 얼마 정도 떼어 생색내며 돌려줄 정도로 국가는 판돈을 싹쓸이한다.

1년에 내는 세금이 얼마 안 되는 것 같은데, 우리 국민이 정말 그렇게 많은 세금을 낼까? 우리가 유럽의 복지국가에 사는 것도 아닌데? 걱정하지 마시라. 그래서 한국 정부는 알게 모르게 우리에게서 세금을 걷는다. 우리는 하루에 세금을 얼마나 낼까? 우리가 일상에서 쓰는 비누, 치약, 수건, 화장품 등 거의 대부분의 상품에 부가가치세가 20~30원씩 붙는다(심지어 여성들의 필수품인 생리대에도 부가가치세가 붙기도 했다). 자동차 휘발유에도 1리터당 교통세 535원, 교육세 80원, 주행세 128원, 부가세 등 880원의 세금이 붙는다. 회사 나가서 마시는 커피에도 세금이 붙고 담배를 사도 세금이 붙는다(놀라지 마시라. 담배소비세, 교육세, 부가세, 국민건강증진기금, 폐기물부담금, 연초경작농민안정기금 등 담배 한 갑 가격의 절반 이상이 세금이다). 점심을 사먹어도 부가세가 10퍼센트 정도 붙고, 소주 한 잔, 생맥주 한 잔을 마셔도 세금이 붙는다. 이렇게 대부분의 도시생활자들은 하루에 수천 원에서 수만 원의 세금을 낸다. 그렇게 도시생활자들의 쌈짓돈, 비상금이 차곡차곡 쌓여 국가의 재정이 된다.

그런데 정부는 우리에게 물어보지 않고 그 돈을 제멋대로 쓴다. 국회의원들이 국회에서 치고받고 싸우는 이유를 아는가? 아마도 돈이 걸려 있지 않다면 그렇게 필사적으로 싸우지 않을 것이다. 누구에게 세금 얼마를 깎아주고 누구에게 세금을 더 걷을 것인지, 그것이 국회와 행정부에서 결정되기 때문에 그들은 그렇게 치열하게 싸운다. 아니, 뒤에서는 은밀히 타협하면서 앞에서는 싸우는 척 기를 쓴다. 서민정책이라며 선심 쓰듯 법안 몇 개를 통과시키고서는 자신들의 세금을 깎고 몇몇 재벌들에

민주주의가 밥 먹여주냐고
물을 게 아니라
민주주의로 밥 해먹을
궁리를 좀 해야 한다.

게만 유리한 법안을 무더기로 통과시킨다.

아무렴 국회의원들이 그렇게 할까, 의심하시는 분들은 지금 우리 현실을 가만히 들여다보시길. 제18대 국회의원 297명 중 41퍼센트인 123명이 국회의원으로 당선된 뒤에도 다른 직업을 그대로 유지하고 있다. 당선된 이후 휴직했다는 국회의원은 15명에 불과하다. 겸직하는 국회의원 중에서 57명이 국회의원으로서 받는 연봉 이외에 다른 소득을 얻고 있다. 이렇게 딴 주머니를 차고 있는 사람들이 자신들에게 유리한 방향으로 법을 만들고 고치지 않을 것이라고 누가 장담할 수 있는가?

누군가는 국가가 그렇게 세금을 모아 가난하고 어려운 사람들을 돕는 것이니 너무 부정적으로 보지 말자고 얘기할지 모르겠다. 그렇다, 그건 아름다운 이야기이다. 하지만 그렇게 아름답게만 일이 진행되지 않는다는 건 밤늦은 시간 시사프로그램을 조금만 봐도 금방 알 수 있다. 얼굴 한 번 보지 못하는 자식의 소득이 잡힌다는 이유로 가장 기본적인 생활보호조차 받지 못하는 할아버지 할머니들도 정말 그렇게 생각할까? 아무런 안전장치 없이 추운 겨울 길거리로 내몰린 노숙자나 철거민 들도 그렇게 믿을까? 창창한 이십대를 대학등록금 갚느라 빚쟁이로 시작해야 하는 청년실업자들이 그렇게 믿을까? 정부나 정치인들이 정말 내 노후를 책임지고 우리 가족을 보살펴줄까?

사실 도시에서 산다는 것 자체가 얼마나 불안한 일인가? 농촌에서는 땅이 있고 공동체가 남아 있는 이상 한번 농사를 실패했다고 길거리에서 잠을 자고 가족이 뿔뿔이 헤어지지는 않는다. 먹고사는 게 쉽진 않아도 한 번의 실패로 모든 걸 잃지 않는다. 하지만 도시에서 실패는 곧바로 모든 것을 빼앗는다. 그리고 농촌에서는 미래를 어느 정도 예측할 수 있지만 도시에서는 대문 밖을 나서는 순간 모든 것이 불투명하다.

심지어 도시에서는 실패하지 않아도 미래가 보장되지 않는다. 2009년 1월 23일에 벌어진 용산참사는 도시생활자가 겪는 그 불안하고 미래 없는 삶을 비극적으로 증명했다. 어느 날 누군가가 내 가게를 찾아와 집을 비우라고 하는데 권리금조차 받지 못한 채 나가야 할 상황이 되면 어떻게 해야 할까? 집주인이 아니라 세입자이니 집을 비우라면 비워야 하겠지만 제대로 보상이라도 받아야 할 게 아닌가? 그래서 못 나가겠다고 하면 욕을 하고 깡패를 앞장세운다. 경찰을 불러도 내가 아니라 철거하는 사람들의 편에 선다. 이 억울함을 어떻게 풀어야 할까?

철거는 가난한 빈민들의 이야기라 생각했는데, 이제는 점점 내 삶과 가까워진다. 아파트를 지을 만한 자투리 땅이 보이거나 재건축으로 돈을 벌 만한 아파트가 보이면 갑자기 철거가 시작된다. 예전에는 비닐하우스, 천막집에 사는 사람들이 철거의 대상이었지만 21세기 서울 같은 대도시에서는 이미 그런 하우스나 천막이 사라졌다. 이제는 우리가 바로 철거민이다.

용산만이 아니다. 새만금의 어민들도 그랬고, 평택 대추리의 주민들도 그랬고, 팔당의 농민들도 그런 처지이다. 정부는 국책사업이라는 명목으로 국민들을 쫓아내고 그들의 집과 땅을 빼앗고 있다. 개인의 사유재산을 보호한다면서 우리 정부는 약한 사람들의 재산을 마음대로 빼앗고 그들의 공동체를 파괴한다. 우리의 보금자리는 곳곳에서 위협을 받고 있는데 정부는 이런 현실을 나 몰라라 할 뿐 아니라 오히려 힘 있는 자들의 편에 선다. 나와 무관하다기엔 너무 많은 사람들이 절망의 나락으로 떨어지고 있다.

이럴 바엔 우리가 왜 세금을 내야 하나? 차라리 그 돈으로 자신과 가족의 삶을 돌보는 것이 더 낫지 않을까? 헌법은 모든 국민이 납세의 의무를 진다고 얘기하는데 왜 그런 의무를 져야 하는지를 친절히 설명하지 않는다.

국방의 의무도 마찬가지이다. 국가는 우리에게 강제로 돈을 걷을 뿐 아니라 안전을 지켜준다는 명목으로 억지로 시간을 빼앗는다. 이것 역시 불공평하다. 평범한 사람들은 이십대 꽃다운 시기를 꼼짝없이 군대에서 보내야 하는데 힘 있는 집안 자식들은 대부분 군대를 면제받거나 공익근무를 한다. '유전면제, 무전현역'이라는 말이 떠돌 정도로 병역비리는 우리 사회에서 공공연한 사실이다. 심지어 군대를 면제받기 위해 원정출산을 하고 미국시민권을 얻는 사람들도 있는데, 평범한 사람들이 그렇게 할 수 있을까? 병역을 면제받는 사람들은 모두 우리 사회의 힘 있는 사람들이다. 그런데 우리가 그런 사람들의 재산과 안전을 왜 지켜줘야 하는가?

이처럼 우리가 관심을 가지지 않는 사이에 정치인들은 시민의 돈과 시간을 자기들 마음대로 쓴다. 국민의 세금을 마치 자기 집 곳간처럼 마음대로 빼다 쓴다. 그런데도 정치가 내 일이 아니라고? 글쎄다. 만일 정치에 관심이 없고 앞으로도 계속 그럴 생각이라면 세금도 내지 말고 군대도 가지 말라. 열심히 일해서 왜 남 좋은 일을 시키나. 군대 가서 열심히 복무하며 왜 엉뚱한 사람들을 지켜주나? 돈 잃고 몸 버린 뒤에 정치에 관심을 가져봤자 소 잃고 외양간 고치기이다. 지금 관심을 가지며 참여해야 한다.

그래도 정치에 관심이 없다면, 지금 책을 접는 게 좋다. 그냥 팔자려니 생각하고 평생 사장님이나 상사에게 치이고 평생 국가에 '삥 뜯기며' 살아도 좋다면 말이다.

하지만 그렇게 살기 싫다면 이제 정치에 관심을 좀 가져야 한다. 민주주의가 밥 먹여주냐고 물을 게 아니라 민주주의로 밥 해먹을 궁리를 좀 해야 한다. 민주주의가 무엇인가? 같은 마을에서 한편에는 재물이 썩어 넘치고 다른 편에는 굶어죽는 사람들이 생기지 않도록 잘 조절하기 위해 만들어진 제도였다. 부자라는 이유로 마음대로 행동하지 않고 가난하다는 이유로 사람들이 자존심을 버리고 부자의 노예가 되지 않도록 민주주의는 공동체의 일을 공평하게 처리했다. 적절한 수의 시민들이 공동체의 일에 관심을 가지고 참여하도록 하기 위해서 민주주의가 필요했다. 그래서 부자들에게 더 많은 세금을 거뒀고 가난한 사람들도 정치에 참여하도록 보장했고 관직을 맡으면 봉급을 주었다.

서구 아테네에서만 민주주의가 그런 역할을 맡았던 것은 아니다. 한국에서도 흉년이 나거나 사람들의 살림살이가 나빠지면 부자들이 곳간을 열어 마을을 구하는 것이 하나의 윤리이자 질서였다. 혼자만 살겠다고 하다간 모두가 죽는다는 점을 알고 있었기에 마을을 구하기 위해 자기 것을 내놓는 건 하나의 명예였고 명예롭지 못한 사람은 비난을 받았다.

그러나 지금 우리는 정반대의 과정을 밟고 있다. 경제적으로 살기 힘들면 정치를 바꿔야 하는데, 우리는 살기 힘들다며, 민주주의가 밥 먹여주냐며 정치를 외면하고 있다. 그래서 우리의 삶은 더더욱 힘들어진다. 이제 이런 악순환의 고리를 끊어야 한다.

지금 일본에서는 자신들의 빼앗긴 권리를 되찾으려는 청년들의 꿈틀거림이 한창이다. 도쿄 히비야 공원에 텐트를 친 젊은이들은 구걸을 하지 않고 당당하게 일하면서 살 권리를 요구하고 있다. 일본 젊은이들의 조직화에 열심인 유아사 마코토는

『빈곤에 맞서다』(검둥소, 2009)에서 이렇게 얘기한다. “‘이대로는 곤란하다’와 ‘어차피 헛일이다’ 사이를 연결하는 활동을 찾아야 한다. 그러한 활동이 사회 전체에 퍼지면 정치도 빈곤 문제에 더 많은 관심을 기울일 것이다. 관심이 있는 사람들만 더욱더 관심을 갖고, 관심이 없는 사람들은 무관심한 채 돌아보지 않는 이러한 상태를 극복하고 싶다. 빈곤은 누구도 원하지 않는 것, 있어서는 안 되는 것이다. 이제야말로 우리 사회가 아직 ‘희망이 있다’는 것을 보여주어야 한다.”

이 책에 담긴 내용들은 빼앗긴 권리를 되찾기 위한 희망의 반격이다. 즉 지금껏 권력을 가지고 제멋대로 탕진하는 정치인들에 대한 평범한 시민들의 반격이다. 반격하는 것이니 저들이 짜놓은 규칙을 지키기도 하지만 때때로 적절히 어기며 내게 유리한 방향으로 상황을 끌고 가야 한다. 우리가 정치에서 희망을 볼 수 있을 때 우리는 조금 더 나은 사회에서 행복을 누릴 수 있다. 지금 시작하자.

짜증나는 정치, 바꿀 수 없을까?

정치가 사라지면 살기가 편할까?

우리는 지금 어떤 사회에 살고 있을까? 2004년 이후 한국은 OECD 국가 중 자살사망률 1위의 자리를 계속 유지하고 있다. 2008년 인구 10만 명당 자살사망자 수가 26명으로 2000년의 14.6명보다 2배 가까이 증가했다(OECD의 평균자살률은 11.2명이다). 특히 사오십대 중년남성의 자살률이 전체 자살자의 3분의 1 이상을 차지한다. 왜 사람들은 자살을 택할까? 여러 가지 이유가 있겠지만 경제적인 어려움이나 생활하며 받는 스트레스 등이 주요한 이유이다.

그렇다면 열심히 일하지 않아서 살기 어렵고 스트레스를 받을까? 2007년 한국 노동자의 1년 노동시간은 2316시간으로 OECD 평균 노동시간인 1768시간보다 무려 548시간이나 많다. 이렇게 열심히 일하는데도 제 집 없이 떠돌거나 살인적인 교육비에 시달린다. 주택보급률은 이미 100퍼센트를 넘겼지만 절반 가까이의 국민은 전셋집을 전전하고 있다. 환율과 주가가 널뛰기를 하고 해외의 경제위기가 고스란히 충격을 미치는 사회에서 우리는 불안한 삶을 살고 있다. 나라가 이 지경이 될 때까지 정치인들은 뭘 했고 우리는 뭘 했을까?

물론 정치인들이나 공무원들이 아무런 일도 하지 않은 건 아니다. 다들 자기 밥그릇 챙기기에 바빴다. 역설적이지만 그런 모습이 가장 잘 드러나는 곳이 바로 인사청문회장이다. 2000년 인사청문회 제도가 도입된 이후 아무런 의혹을 받지 않고 공직을 맡은 사람이 단 한 사람도 없었다고 해도 지나친 말은 아니다. 의혹이 제기된 분야는 다양하지만 하나같이 일반시민들은 벌이기 어려운 일들이다. 부동산 투기를 위한 위장전입, 논문표절, 세금탈루, 자녀들의 병역이나 국적의혹, 편법증여 등 인사청문회장은 '위법과 탈법의 경연장'이 되고 있다. 평범한 사람이라도 그런 의혹이 문제일 수 있는데 하물며 나라의 중요한 정책을 결정할 사람들이 그 모양이다. 그런 사람들이 공직을 맡으니 나라꼴이 이 모양인 건 당연하다고 하겠다.

심지어 헌법에 따라 행정부나 국회를 견제하는 역할을 맡는다는 사법부의 현실도 비슷하다. 그동안 한국의 사법부는 각종 범죄와 비리로 구속된 재벌그룹의 회장들에게 면죄부를 주는 역할을 해왔다. 법이 잘못을 날카롭게 밝히고 처벌하기는커녕 잘못을 은폐하고 정당화하는 역할을 해왔다. 비리를 저지른 사람들은 모두 집행유예로 풀려나는 반면에 돈을 갚지 못한 가난한 사람들은 즉시 처벌을 받거나 노숙자 생활로 내몰리고 있다. 『춘향전』에서 이몽룡이 읊었던 "금 술잔의 아름다운 술은 만백성의 피요, 옥쟁반의 아름다운 안주는 만백성의 기름이라. 촛농 떨어질 때 백성 눈물 떨어지고, 노랫소리 높은 곳에 원망 소리 높았더라"라는 시는 과거의 탐관오리가 아니라 지금 우리 현실에 너무나 정말 잘 어울린다.

마음 같아선 그런 정치를 모조리 없애버리고 싶지만, 그렇게 하면 정말 이 나라가 좋아질까? 우리의 삶은 조금 더 행복해질까? 그렇지는 않을 듯하다. 왜냐하면 정치가 없는 세상은 불가능하기 때문이다. 정치는 공동체의 중요한 결정을 내리는 과정이기 때문에 그 과정이 사라진다면 공동체도 해체된다. 각자 알아서 살아남아야 한다면 함께 모여 의논해야 할 필요성이 없어진다.

나 혼자 힘으로도 충분히 살 수 있을 만큼 넉넉하다면 어려움을 겪지 않겠지만 그렇지 못한 대부분의 사람들은 서로 도움을 주고받으며 살아야 한다. 혼자서 해결할 수 없는 어려운 과제들을 비슷한 처지의 사람들이 힘을 모아 하나씩 해결하며 사는 곳이 바로 공동체이고 그 공동체를 운영하는 원리가 바로 정치이다. 어디에 다리를 놓고 어떤 도서관을 만들지, 복지시설과 장애인시설을 어디에 어떻게 만들지를 구성원들이 모여 의논하고 결정한다.

그런 과정을 정치라고 본다면, 정치는 없어져야 할 과정이 아니라 오히려 새로이 구성되어야 하는 과정이다. 사라져야 할 것은 부패하고 무능한 정치인들이지 정치 자체가 아니다. 흔히 우리는 정치인과 정치를 동일시하는데, 그 둘은 다른 것이다. 정치인이 밉다고 정치라는 중요한 과정을 없앨 수는 없다. 그건 빈대 한 마리 잡자고 초가삼간을 다 태우는 어리석은 생각이다.

정치가란 정치꾼, 협잡꾼과 다른 개념이다. 서구에서는 '정치가statesman'와 '정치인politician'을 구분해서 사용했는데, 정치가는 직업 정치인을 의미하지 않고 공동체를 위해 일하며 명예로운 삶을 추구하는 능동적인 시민들을 가리켰다. 반면에 정치인은 정치를 직업으로 삼고 자기 이익을 추구하는 사람을 가리켰다. 정치인이라는 직업이 있다고 해서 정치가 온전히 그만의 몫인 것은 아니었고 많은 시민들이 정치가로서 정치과정에 참여했다.

서양의 플라톤이나 아리스토텔레스 같은 사상가들은 정치를 특정한 사람의 전유물이라 생각하지 않았다. 인간은 정치적

정치는 공동체의 중요한 결정을 내리는
과정이기 때문에 그 과정이 사라진다면
공동체도 해체된다.
그러므로 정치는 없어져야 할 과정이 아니라
오히려 새로이 구성되어야 하는 과정이다.

인 동물이라는 말처럼, 무인도에서 홀로 떨어져 생활하는 사람이 아니라면 당연히 공동체의 일에 관심을 가져야 했다. 그런 점에서 고대 아테네의 정치가 페리클레스는 “우리는 정치에 아무런 관심도 갖지 않는 사람을 자기 일에만 몰두하는 사람이라고 말하지 않는다. 우리는 그를 아테네에서 아무런 쓸모가 없는 사람이라고 말한다. 우리 아테네인만이 직접 정책에 대한 결정을 내리거나 정책을 올바르게 철저하게 숙고한다”라고 말했다.

우리는 정치에 관심을 끊고 자기 일에만 신경 쓰는 사람을 성실하다고 얘기하지만, 사실 그 사람은 자신의 중요한 권리들을 묵혀두는 바보이다. 어떤 사람이건 자신이 속한 사회의 영향을 받기 때문에, 사람들은 공동체를 자신이 원하는 방향으로 움직이려고 노력한다. 그래야 사회적인 상황이 내게 유리한 방향으로 풀릴 수 있기 때문이다. 공동체에 관심을 두지 않다보면 결국 내 삶도 내 예측과 기대에 어긋나게 된다.

사라져야 할 것은
부패하고 무능한 정치인들이지
정치 자체가 아니다.
흔히 우리는 정치인과 정치를 동일시하는데,
그 둘은 다른 것이다.

공동체의 일에 참여하다보면 개인적인 일을 할 때는 느끼지 못했던 뿌듯함과 행복을 느낄 수 있고, 더 나아가 동료시민들의 존경을 받고 명예를 얻을 수도 있다. 이런 경험은 나 자신을 새롭게 돌아보게 하고 나와 공동체 사이를 이을 기회도 제공한다. 왜 몇몇 정치인들이 이런 명예를 독점해야 하는가?

서양만이 아니라 동양에서도 정치는 백성들을 돌보고 행복하게 하는 조건이었다. 정치는 왕이나 양반들의 전유물이 아니었다. 공자나 맹자 같은 사상가들은 무릇 왕이란 민民의 뜻을 받들고 그들의 행복을 최우선의 과제로 삼아야 한다고 강조했다. 그리고 만일 그렇지 못한 왕이나 귀족, 양반이라면 그들을 내쫓아도 특별한 문제가 되지 않는다고 여겼다. "지배받는 백성이야말로 가장 존귀한 것이요, 국가를 떠받치고 있는 신들은 다음으로 존귀한 것이다. 그리고 지배하는 군주는 가장 가벼운 것이다. 그러므로 모든 평범한 백성들의 마음을 얻는 자라야 천자가 될 수 있고, 천자의 마음을 얻는 자가 제후가 되고, 제후의 마음을 얻는 자가 대부가 된다. 그러나 한 나라의 군주(제후)가 그 나라의 사직을 위태롭게 하면, 그 군주는 곧 변혁하여 새롭게 갈아치워야 하는 것이다. 제물을 바치고, 제삿밥을 담을 그릇을 정결히하고 성의를 다하여 때에 맞추어 제사를 지내는데도 가뭄이 들고 홍수가 넘치면 그러한 신들은 곧 변혁하여 새롭게 갈아치워야 하는 것이다. 그러나 평범한 백성들이야말로 영원히 갈아치울 수 없는 것"이라는 맹자의 말은 민본주의民本主義의 의미를 잘 드러낸다. 백성을 행복하게 만들지 못하는 정치인이라면 왕이라도 갈아치워야 한다는 얘기이다.

중국의 사상가들만이 아니라 조선을 건국한 정치가 정도전도 백성을 위하고 백성을 사랑하고 백성을 존중하고 백성을 보호하고 백성을 기르고 백성을 편안하게 하는 정치를 주장했다. 왕의 힘만으로는 이런 일을 할 수 없기에 정도전은 여러 재상들이 함께 정치를 해야 한다고 믿었다. 그리고 백성의 민심을 얻지 못한 왕이라면 그를 힘으로 내쫓아도 좋다고 생각할 만큼 정도전은 백성의 중요성을 깨닫고 있었다. 말로만 민심을 떠드는 지금의 정치인들보다는 때때로 과거의 정치가들이 훨씬 더 백성들의 삶에 다가섰다.

이런 정치가들이 많이 나오고 더 많은 사람들이 정치에 참여하도록 만들어야 조금 더 안전하고 행복한 세상이 만들어질 수 있다. 그러니 정치를 무조건 부정적이고 나쁜 것이라 여기지 말고 적극적으로 참여해서 내가 그것을 쥐고 통제하려 노력해야 한다. 냉소하면서 권력을 부정적인 것으로 바라보는 시선은 그 힘의 근원인 나 자신을 깨닫지 못하게 한다. 이제 나를 믿고, 내 주변 사람들을 믿고 내가 원하는 바를 말하고 실천하다보면 뭔가 삶의 이유를 찾을 수도 있다.

설령 내 관심과 행동이 아무것도 바꾸지 못했다 할지라도 내가 그 속에서 무언가를 했다면 그 실천은 소중한 것이다. 혼자라고 두려워할 이유가 없다. 내가 움직이는 순간 그 움직임에 공감하는 다른 누군가가 내 옆자리를 지켜줄 것이다. 군주는 갈아치울 수 있지만 평범한 백성들이야말로 영원히 갈아치울 수 없는 소중한 존재라는 맹자의 말처럼 우리가 바로 권력의 주체이기 때문이다.

따라서 평범한 도시생활자들에게는 정치 없는 세상이 아니라 더욱더 정치적인 세상이 필요하다. 정치가 사라지면 우리의 공적인 행복도 사라진다는 점을 명심하면서 우리는 더욱더 정치에 집중해야 한다.

공적인 세계를 경험하는 사람은 자기 개인의 이익을 전체의 관점에서 바라본다. 우리는 국민교육헌장을 외우며 마치 공동체를 위해 개인의 이익을 희생하는 것이 지극한 선이라고 배워왔지만 사실 정치는 전체의 이익을 개인의 이익보다 무조건 앞세우는 과정이 아니다. 오히려 정치는 시민들 각자가 원하는 바를 직접 말할 수 있도록 보장하고 시민들의 자유로운 토론 속에서 전체를 위한 해답을 찾아가는 과정이다. 그리고 그런 과정을 통해 평범한 인간이 '시민'으로 거듭난다. 그러니 시민으로 살고 싶다면 정치를 보호해야 한다.

기업이 정치를 대신할 수 있을까?

우리 정치인들이 워낙 무능하다보니 어떤 사람들은 국가가 아니라 시장에 중요한 결정과정을 맡기는 것이 더 낫다고 생각하기도 한다. 여론조사를 해보면 지금 우리 사회에서 가장 신뢰할 만한 집단은 정부기관이 아니라 대기업들이다. 대기업들의 신뢰도가 가장 높고, 그다음이 시민단체이다. 정부에 대한 신뢰도는 10퍼센트 대를 넘지 못하고 그중 국회가 가장 낮은 신뢰도를 보인다. 그러다보니 차라리 기업인이 정치인을 대신하면 좋겠다고 생각하는 사람들도 있다.

실제로 1998년 대통령선거에 현대그룹을 세운 정주영 회장이 후보로 참여하기도 했고, 2007년 대통령선거에 당선된 이명박 대통령은 현대건설 출신의 기업가이다. 미국에서도 1992년에 로스 페로라는 사업가가 대통령선거에 뛰어든 바 있고, 지금 이탈리아의 총리인 실비오 베를루스코니는 이탈리아 제일의 부자이다.

그런데 정치인이 아니라 기업가들이 정치를 대신 맡아도 부정부패가 생기는 건 마찬가지이다. 사람들은 정당보다 기업을 신뢰하고 돈 많은 기업이니 부패하지 않을 거라고 얘기하지만, 우리나라 대기업의 실상을 보면 전혀 신뢰가 생기지 않는다. 지금껏 알려진 것만으로도, 삼성의 이건희 회장은 조세포탈 혐의로, 현대차의 정몽구 회장은 회삿돈을 횡령하고 계열사에 피해를 입힌 혐의로 유죄판결을 받았다. SK그룹의 최태원 회장은 분식회계와 부당내부거래 혐의로 유죄판결을 받았다. 이렇게 내로라하는 대기업들이 온통 비리와 부정의 온상인데 그들에게 권력을 맡긴다면, 그것은 고양이에게 생선을 맡긴 꼴이다.

한국만이 아니라 다른 나라에서도 초국적기업들은 노골적으로 자기 이익을 추구하는 경우가 많다. 캐나다의 언론인 나오미 클라인의 『쇼크 독트린』(살림Biz, 2008)을 보면 재난상황에서도 자신의 이득만을 좇는 기업들의 모습을 적나라하게 고발했다. 쓰나미나 홍수, 전쟁이 마을을 파괴하고 지나간 자리에는 언제나 이 참사를 이용해서 돈을 벌려는 기업들이 활개를 친다. 기업들은 한 푼의 보상비도 내지 않고 쓰나미가 쓸고 간 해변에 리조트를 짓고 재개발을 추진한다. 심지어 이익이 된다면 기업들은 분쟁과 갈등을 유발하기도 한다. 그러니 기업이 정치를 대신한다고 우리의 삶이 나아지기는커녕 오히려 더 불안해질 가능성이 높다.

정치를 경제에 맡길 수 없는 중요한 이유가 있다. 경제가 이익을 좇는다면, 정치는 공익을 좇는다. 국익國益이라는 모호한 개념 때문에 사람들은 이익을 좇는 것이 정치의 목적이라고 생각하지만 그건 아니다. 생각해보자. 남의 나라 비옥한 땅이 탐난다고 그것을 억지로 빼앗으려 든다면 전세계가 어떻게 될까? 20세기의 두 차례 세계대전은 18, 19세기의 제국주의와 무관하지 않다. 그래서 정치를 이익의 관점에서 보는 것은 매우 위험하다. 오히려 정치는 자기 이익만을 추구하지 않고 정의와 자유, 평등 같은 가치를 따라야 한다.

만일 정치가 기업의 효율성이나 논리를 그대로 받아들인다면 어떻게 될까? 만일 기업처럼 정부가 필요할 때 인력을 쓰고 필요하지 않을 때 해고하며, 힘을 한 부분에 집중투자해서 이득을 보려 하면 나라는 어떻게 될까? 필요할 때는 국민이라 부르다가 상황이 안 좋아지면 그 사람들을 이방인으로 몰아붙이며 쫓아내고 권력을 가진 사람들에게 힘을 몰아줘서 일방적으로 정책을 집행한다면? 이건 가상의 물음이 아니다. 인류는 이미 그런 정부를 역사에서 경험했다. 나치즘, 파시즘 또는 전체주의라 불리는 정치체제가 바로 그것이다. 따라서 설령 경제를 살려야 하더라도 정치는 기업과 다른 방식으로 경제를 살려야 한다.

정치를 경제에 맡길 수 없는 또 다른 이유는 시장논리가 약자를 고려하지 않기 때문이다. 이익이 된다면 가족이라 부르던 노동자들을 하루아침에 해고하는 것이 기업이다. 만약 정치가 기업처럼 행동한다면 어떻게 될까? 영화를 보면 가끔 정치 없는 세상이 나온다. 정부가 없고 기업이 도시를 관리하고 지배한다. 그런 사회에서 가난한 사람들은 더욱 가난해지고 대기업의 사람들만 좋은 환경에서 산다. 경찰과 같은 공무원들도 공동체의 이익보다 기업의 이익을 더 고려할 수밖에 없다. 그러니 정치가 사라진 곳에서 약자들은 더욱더 어려운 처지에 놓일 수밖에 없다.

간단한 실례를 들어보자. 정치인들은 대형마트와 재래시장이 함께 살아남아야 한다고 얘기한다. 그런데 대형마트와 재래시장이 똑같은 조건에서 경쟁한다면 어떤 결과가 나올까? 중소기업이나 납품업자에게 불공정한 조건을 강요하며 가격을 낮추는 대형마트와, 소매거래를 하는 재래시장의 조건 자체가 다른데, 그 둘의 공정한 경쟁이 가능하기나 할까? 우리 현실에서는 힘을 가진 사람과 힘없는 사람이 동등하게 경쟁을 한다는 것 자체가 불가능하다. 대형마트 하나가 들어서면 최소한 200개의 가게가 사라진다고 하니 웬만한 시장 하나가 통째로 사라지는 셈인데, 이 둘의 공생을 얘기할 수 있을까?

더구나 가격경쟁이 끝나면 곧바로 높은 가격을 매겨 이익

경제가 이익을 좇는다면,
정치는 공익을 좇는다.

을 추구하는 것이 바로 대기업의 논리이다. 그리고 돈이 된다면 중소기업의 기술을 빼돌리고 그들이 힘겹게 만들어놓은 시장까지 덥석 가로채는 게 우리나라 대기업의 문어발식 확장이다. 그들이 권력을 차지한다면 이런 불공정한 경쟁이 우리 사회에 더 널리 확산되지 않을 것이라 누가 장담할 수 있을까? 지금도 재벌들은 일자리 창출을 거부하며 금산법이나 방송법 등 더 많은 이윤을 볼 투자기회만을 기다리고 있는데 말이다.

심지어 기업은 공익을 해치고도 책임을 지지 않으려 한다. 2007년 삼성중공업은 무리한 운항으로 태안반도에 엄청난 재앙을 초래했다. 유조선에서 새어나온 기름이 태안반도를 뒤덮었고 그 기름을 온몸으로 걷어낸 사람들은 삼성이 아니라 자발적으로 전국에서 몰려든 시민들이었다. 시민들의 눈부신 활약이야 각본 없는 드라마이지만 대한민국 제일의 기업이라는 삼성그룹이 책임감 있게 대처했다는 얘기는 아직 들어보지 못했다. 대기업 회장들이 부정과 비리로 구속되면 그 사면을 조건으로 수천억 원을 사회에 환원하겠다고 밝힐 뿐 그들이 자발적으로 공익에 기여하는 모습을 찾아보기는 어렵다. 외국의 기업가들과 달리 한국의 재벌들은 기업의 사회적 공헌에 큰 관심을 쏟지 않는다. 주주들에게 많은 돈을 배당하는 데만 집중할 뿐 기업의 사회적 책임은 뒷전이다.

시장은 개인을 시민이 아니라 소비자로 본다. 어떤 가게의 물건이나 서비스가 마음에 들지 않으면 그 가게를 이용하지 않으면 되듯이, 마치 정치도 그렇게 선택할 수 있는 것처럼 얘기한다. 하지만 지금껏 내가 속한 공동체를 떠나 행복하게 살 수 있을까? 평범한 도시생활자가 이 나라 저 나라 국경을 넘나들며 살 수 있을까? 살기 좋은 곳을 찾아 계속 떠도는 사람들이 지속가능한 미래를 꿈꿀 수 있을까? 그러니 기업이 정치를 대신한다고 우리 삶이 나아질 것 같지는 않다.

역사를 살펴보면 기업의 대표자들이 아니라 진보적인 입장에서 노동조합이 정치를 대신하는 세상을 꿈꾼 사람들도 있었다. 조합주의corporatism는 노동자들을 대표하는 조직과 기업가를 대표하는 조직들이 서로 대립하는 이해관계를 대화와 타협으로 풀고 합의를 도출하는 체제를 뜻한다. 조합주의가 활성화된 곳에서는 정부가 이들의 합의를 중재하는 역할을 주로 담당한다. 한국의 노사정위원회도 이를 본뜬 모델이다. 하지만 이런 체제에서도 기업이 정치를 대신하지는 못한다. 그것은 앞서 얘기한 것처럼 기업의 합리성과 정치의 합리성이 다르기 때문이다.

따라서 다른 외부의 힘이 잘못된 정치를 바로잡을 수 있으리란 헛된 기대는 버리자. 어렵고 힘들더라도 뭔가가 제대로 바뀌려면 내가 직접 참여해야 한다. 내 시간과 에너지를 써야 이 현실을 조금이라도 바꿀 수 있다.

우리가 세상을 바꿀 수 있을까?

세상일에 관심을 가지고 참여해야 한다고 머릿속으론 생각하지만 실제로 참여하는 건 왠지 쉽지 않아 보인다. 일단 그런 일에 쏟을 시간이 없다. 직장 다니랴 가족들에게 신경 쓰랴 지금 하는 일만 해도 하루가 빠듯하다. 사진 찍고 영화 보는 취미생활조차 제대로 누릴 시간이 없는데 무슨 시간을 내서 정치에 참여할까? 주말에 여유가 생기면 주중에 쌓인 피로를 풀기에도 부족한 듯한데, 왜 굳이 내가 정치에 참여해야 할까? 이런 생각을 하다보면 정치 참여는 '귀찮은 부담' 일 뿐이다.

그리고 관심을 가지고 참여한다 한들 세상이 정말 바뀔까 하는 의문이 든다. 가끔 희망을 걸고 싶은 참신한 정치인이 등장하기도 하지만 시간이 좀 흐르면 '까마귀 노는 곳에 백로야 가지 마라' 라는 시구처럼 백로처럼 고고해 보이던 사람이 갑자기 까마귀로 변한다. 가진 돈 쪼개어 후원도 하고 열심히 참여도 해봤지만 세상의 벽이 참 높다는 생각만 든다. 똑똑한 사람들이 수없이 달라붙어도 해결되지 않는 문제를 나 같은 사람이 관심 가져봐야 세상이 변하겠는가? 계란으로 바위치기이지. 이런 생각을 하다보면 정치 참여는 '헛된 환상' 일 뿐이다.

심지어 정치 참여는 겁나는 일이다. 때때로 한국 정부는 정치에 관심을 두고 참여하려는 시민들을 처벌하기 때문이다. 한국의 검찰은 '미네르바' 라는 필명으로 인터넷에 글을 올린 사람을 무리하게 구속수사하기도 했고, 조선·중앙·동아일보에 광고를 싣지 말자는 운동을 이끌었다는 이유로 누리꾼 16명을 기소하기도 한다. 시민이나 소비자로서 자기 의견을 드러내고 운동을 펼친 것이 처벌의 대상이라니, '소비자운동이 민주주의의 핵심' 이라고 외친 랄프 네이더는 미국에서 태어난 것을 다행스럽게 생각할 일이다. 잘못한 게 없어도 경찰과 마주치면 괜시리 주눅이 드는데 정치에 참여한다니, 그건 너무 '위험한 일' 이다.

이런저런 생각을 하다보면 정치는 저기 먼 곳의 특별한 사람들만의 관심사가 된다. 그런 생각이 무조건 틀린 것은 아니다. 세상을 바꾸는 건 실제로 너무나 어려운 일이다. 옛날처럼 왕의 목만 댕강 자르면 바뀌는 세상도 아니고 어디서부터 무엇을 바꿔야 할지 감을 잡기도 어렵다. 사회는 갈수록 복잡해지고 쉬운 길을 찾기 어려워진다. 먹고 쓰는 물건들도 저 멀리 남미나 중동에서 날아오는 세계화의 시대에 한국만 바뀐다고 뭐가 변할까 싶은 생각도 든다.

그런데 그런 상황이야말로 우리의 정치 참여가 간절히 필요한 이유이다. 우리가 처한 상황은 아주 심각하다. 옛날에는 절이 싫으면 중이 떠난다며 세상에 신경 끊고 시골로 내려가 농사를 지으며 살 수도 있었다지만 지금은 그런 게 불가능하다. 무릉도원은커녕 도피처도 없다. 있는 농촌도 비어가는 마당에 시골로 가면 무얼 하겠는가? 그렇다고 도시에 남는다 해도 뾰족한 수가 없다. 갈수록 올라가는 전셋값에, 언제 문자로 해고통보를 받을지 모르는 불안한 직장에, 공기도 나쁘고 치안도 불안하고. 옛말에 토끼도 도망칠 곳을 남겨놓고 쫓는다고 하는데 지금 우리 삶에는 탈출구가 없다. 영화 제목처럼 '죽거나 혹은 나쁘거나'이다.

그리고 더욱더 심각한 문제는 우리가 지금 관심을 두고 참여하지 않으면 이 세상은 지금 상태로 멈추는 게 아니라 더욱더 나쁜 방향으로 흐를 것이라는 점이다. 정치가 사라지면 문제가 끝나는 게 아니라 앞으로 더욱더 심각한 문제들이 꼬리를 물고 이어질 것이다. 재개발이나 실업 문제만이 아니라 물과 석유를 비롯한 에너지자원의 고갈, 지구 온난화로 인한 지진, 해일, 사막화 같은 천재지변 등은 이미 현실로 드러나고 있다.

우리의 먹거리도 마찬가지 상황이다. 2008년 한국의 거리는 시민들이 손에 든 수많은 촛불로 수놓아졌다. 한미FTA자유무역협정를 체결하는 과정에서 미국산 쇠고기에 광우병 위험이 있다는 점을 알면서도 한국 정부는 협상을 밀어붙였다. 많은 시민들이 거리로 나와 재협상을 요구했지만 정부는 지금의 검역기준으로도 충분하다며 끝까지 재협상을 거부했다(그러면서 자기들은 호주나 뉴질랜드 산 쇠고기를 먹고, 자기들을 지켰던 전경들에게는 미국산 쇠고기를 먹였다고 한다). 그리고 정부는 앞으로 주변국의 조건에 쇠고기 수입기준을 맞추겠다고 밝혔다. 그런데 중국은 여전히 미국산 쇠고기를 수입하지 않고 일본도 20개월 이하의 쇠고기만 수입하는 상황에서, 한국 정부는 검역기준을 완화하겠다고 밝히고 있다. 심지어 광우병 검역기준을 위반한 미국 도축장 명단을 공개하라는 시민들의 요구마저도 정부는 계속 거부하고 있다. 대체 누구의 안전을 보장하는 정부란 말인가?

미국산 쇠고기만이 아니다. 한미FTA라는 협정 자체가 우리 삶에 많은 영향을 미친다. 정규직/비정규직이라는 구분이 낯설었던 세대가 있었지만, 현재를 사는 도시생활자들은 비정규직 내에서의 구분에도 익숙하다. 한미FTA는 이런 고용유연성을 더 강화시키는 반면 사회안전망을 더욱 약화시킨다. 그리고 기업이 정부를 상대로 소송을 걸어 피해보상을 요구할 수도

우리가 지금
정치에 관심을 두고 참여하지 않으면
이 세상은 지금 상태로 멈추는 게 아니라
더욱더 나쁜 방향으로 흐를 것이다.

있는데, 멕시코의 경우 미국 폐기물기업의 공사를 중단시켰다가 200억 원을 보상하기도 했다. 자유무역협정은 자유를 외치지만 실제로는 더욱더 강자에게 유리한 사회질서를 만들 뿐이다. 한미FTA만이 아니라 한-EU FTA, 한일FTA, 한중FTA 등 각종 자유무역협정들이 대기하고 있다. 이런 상황에서 누가 행복한 미래를 꿈꾸는가?

옆 나라 일본의 사정을 보면 우리의 미래를 살짝 엿볼 수 있다. 일본의 가난한 도시생활자들은 '넷카페'라 불리는 곳에서 생활하는데 일본 사회는 이들을 '난민'이라 부른다. 정처 없이 떠돌고 사회보장제도의 도움을 전혀 받지 못하는 신세('넷카페 난민'의 73.2퍼센트가 건강보험조차 없다고 한다)이니 국민이라도 나라 잃은 난민의 신세와 무엇이 다를까?

한국에서는 고시원이 넷카페와 같은 역할을 담당한다. 이주노동자, 가난한 고학생, 일당을 받고 살아가는 사람들이 최저주거기준에도 못 미치는 3.6평의 작은 방에서 생활한다. 고시원 거주자의 77.8퍼센트가 월소득 50만 원 이하의 사람들이다. 1980년대 이후 도시가 재개발되면서 아파트와 연립주택이 들어서다보니 단칸 월셋방의 자리는 더 이상 없고 그러니 가난한 사람들은 가족과 떨어져 고시원에서 생활한다. 우리가 일본처럼 악순환의 고리에 빠지지 않으리라 기대할 수 있을까?

이런 상황에서 미래를 밝게 예측하는 목소리를 찾기는 매우 어렵다. 오히려 앞으로 우리의 살림살이는 더더욱 어려워질 전망이다. 경쟁은 더욱 치열해지고 무너져버린 농촌에서 돌아갈 곳을 잃어버린 사람들은 도시의 고시원과 거리를 떠돌며 하루벌이에 나설 수밖에 없다. '88만원 세대' '44만원 세대'라는 말처럼 청년들은 꿈을 잃고 오로지 일자리를 찾느라 청춘을 보내고 있다. 이런 사회에서 '희망' 이란 말을 꺼내는 것은 사치일 뿐이다.

그러니 이제 정치 참여는 세상을 바꿀 수 있을까 하는 호기심의 문제가 아니다. 이제는 세상을 바꾸지 않으면 나와 내 가족이 살아남기 힘들고 행복하게 산다는 건 거의 불가능하다. 나는 어떻게 살아남을 수 있을지라도 우리 아이들은 더욱더 암울한 시대를 살아야 한다. 영화 〈터미네이터〉에 나오듯 아이들을 그만큼 강하게 키울 생각이 아니라면 지금 내가 뭔가를 해야 한다.

물론 한꺼번에 세상을 바꾸기란 쉽지 않다. 그래서 정치가 필요하다. 조금씩 변화의 단계를 밟으며 세상을 바꾸려면 먹고 사는 일만이 아니라 함께 모여 미래를 고민하는 장이 필요하다. 옛날 장이 서면 물건만 서로 나누지 않고 세상 돌아가는 소식도 함께 돌았다. 주막집이 토론장으로 변하고, 사람들이 모이는 곳이면 책상이나 마이크 없이도 회의가 열렸다. 다른 게 아니라 그것이 바로 정치이다. 혼자서 하기 힘든 일을 함께 모여 처리하고 혼자 맞서기 어려운 힘 앞에 떼를 지어 덤벼드는 것이 정치이다.

인류역사를 살펴보면, 암울한 상황에서도 언제나 저항하는 사람들이 존재했다. 때론 처절하게 짓밟히면서도 이들이 희망의 역사를 쓸 새 장을 열어왔다. 우리 역사를 살펴봐도, 시민들의 수많은 저항이 강력한 독재정권을 무너뜨려왔다. 요즘은 현실세계의 불안을 떨쳐버리기 위해 사람들이 사이버 세계에 진지를 구축하고 '키보드 워리어'로 변신하기도 한다. 능동적인 정치행위와 동료시민에 대한 믿음과 연대는 조금씩 체제에 균열을 내면서 희망을 퍼뜨리고 공포를 몰아낸다.

그러기 위해 다른 무엇보다 가장 급한 과제는 모래알처럼 분리되어 적대적으로 경쟁하는 대중에서 벗어나 서로 보살피고 협동하는 시민이 되는 것이다. 공포를 희망으로 만들 변증법의 힘은 서로의 고통에 슬퍼하고 연민하는 시민들의 소통과 공감, 울림에서 나온다. 서로에 대한 의심을 거두고 먼저 손을 내밀어야 희망이 쌓인다. 그래야 나도 살고 우리도 산다.

조금씩 변화의 단계를 밟으며
세상을 바꾸려면
먹고 사는 일만이 아니라
함께 모여 미래를 고민하는 장이 필요하다.

민주주의가 밥을 먹여준다

정치 참여가 양극화를 막는다

'민주주의가 밥 먹여주냐'라는 냉소적인 말이 유행하고 있다. 뼈 빠지게 일해 모은 재산을 한순간에 날려버린 사람들은 그 당혹감에 경제를 살리기 위해서라면 다른 무엇을 바쳐도 좋다고 믿고 있다. 경제만 살아난다면 독재자가 출현하건, 생태계가 파괴되건, 기본적인 노동권이 무시되건 상관없다고 믿는다. 그러면서 정작 우리는 경제를 살려야 하는 이유에 대해 묻지 않게 되었다. 왜 경제를 살려야 할까? 정말 경제만 살아난다면 정말 우리는 행복하고 좋은 삶을 살 수 있을까?

어쨌거나 그렇게 모든 걸 바쳤건만 전세계 자본주의의 위기는 경제 살리기에 대한 믿음을 산산조각 내고 있다. 그런 실패는 어떤 정책의 실패나 외부환경의 변화만이 아니라 경제를 잘못 이해한 것에서도 비롯되었다. 원래 경제란 말은 오이코스oikos, 즉 가계家計라는 말에서 나왔다. 쉽게 얘기해 경제는 집안 살림을 꾸려나가는 '살림살이'를 뜻했다. 가족들이 다른 일을 할 수 있도록 여유를 만들고 궁핍하지 않도록 적절한 규모를 유지하는 것이 가정살림의 지혜이듯, 공동체의 경제는 적절한 규모를 지키며 시민들이 정치나 문화에 관심을 쏟을 여유를 만드는 지혜를 갖춰야 했다. 목구멍이 포도청이니 먹고사는 문제가 중요하지만 단지 먹고사는 문제에만 관심을 둔다면 인간사회가 동물의 왕국과 무엇이 다를까?

그런데도 그동안 우리의 경제 살리기는 단순히 살림의 규모를 키우는 것에만 관심을 쏟아왔다. 살림살이가 나아지려면 사람들의 관계가 더 긴밀해지고 서로의 삶을 돌보며 공동체에 튼튼히 뿌리를 내려야 하는데 그동안 우리 삶은 주가와 부동산 거품에 실려 둥둥 떠다녔다. 살기 위해서가 아니라 재테크를 하기 위해 남의 살림을 벼랑 끝으로 내모는 것이 잘 사는 비결처럼 여겨졌다. 내가 다른 사람을 그렇게 대하니 남이 나를 그렇게 대해도 아무런 할 말이 없다. 그렇게 우리의 살림살이는 내실을 다지는 것을 포기하고 거대한 권력이나 자본에 살림을 팔거나 맡기는 식으로 흘러갔다. 어느 순간 우리 사회는 빈부의 양극화가 심각한 수준까지 진행되었다.

2007년 12월 한나라당 이한구 의원이 통계청 등에서 제출받은 자료에 따르면, 한국 사회 상위 20퍼센트 가계의 평균 순자산액은 8억 2680만 원으로 하위 20퍼센트 가계평균 480만 원의 171.5배에 달했다. 또 다른 수치를 보자. 2000년에서 2006년까지 기업소득은 연평균 8.8퍼센트씩 증가했는데, 그동안 개인소득(임금소득+소규모 자영업자 소득)은 불과 2.4퍼센트 증가했을 뿐이다. 이는 외환위기 전(1986~1996년)의 기업소득이 연평균 8.5퍼센트 증가하고 개인소득이 9.6퍼센트 증가한 것과 비교할 때 큰 차이를 보인다. 상위 재벌들의 실적을 보면, 경제위기라는 말이 무색해진다. 삼성, 현대자동차, LG, SK, 국내 4대그룹의 2008년 매출이 사상 처음으로 500조 원을 넘어섰다고 한다(매출 1위 삼성은 220조 원으로 2위 현대차의 110조 원을 두 배나 앞섰다). 그것도 2007년의 473조 원에 비해 약 62조 원이 늘어났으니 엄청난 성장이라고 애기할 수 있다.

반면에 생의 극단으로 내몰린 사람들은 어떻게 되었을까? 몇 년 전부터 우리 사회에서도 생계형 범죄라는 말이 심심찮게 언론에 등장하고 있다. 2009년 통계청이 발표한 「2008 사회조사」는 '경제적인 어려움' 때문에 자살충동을 느끼는 사람이 10명 중에 4명이나 된다는 충격적인 사실을 드러냈다. 그리고 2009년 말에는 끼니와 잠자리를 해결하지 못한 노숙자들이 교도소를 택한다는 소식이 언론을 타기도 했다. 이렇게 보면 외환위기는 서민들에게 고통을 주었지만 기업들에게는 자기 배를 불릴 기회였다.

캐나다의 언론인 나오미 클라인은 『쇼크 독트린』이라는 책에서 외환위기를 겪던 한국 사회의 모습을 코미디라고 표현했다. "한국의 텔레비전 방송국들은 시민들에게 금을 기증하라는 대규모 캠페인을 벌였다. 그렇게 모은 금을 녹여 국가의 채무를 갚으려 한 것이다. 단 몇 주 만에 300만 명이 목걸이, 귀걸이, 스포츠 메달, 트로피를 내놓았다. 결혼반지를 내놓은 사람이 있는가 하면, 금으로 된 십자가를 기증한 성직자도 있었다. 텔레비전 방송국들은 '당신의 금을 내놓으세요' 라는 저질 게임쇼를 방영했다. 세계 금값을 움직일 수 있을 정도인 200톤의 금이 모였다. 그런데도 한국의 환율은 계속 곤두박질쳤다. 대공황 시기에 그랬듯 위기는 자살로 이어졌다. 가정에는 평생 저축이 사라지고, 중소기업 수천 개가 문을 닫았다. 한국의 자살률은 1998년 50퍼센트 상승했다. 60세 이상의 연령대에서 가장 급증했다. 나이 든 부모들이 고생하는 자녀들에게 경제적 부담을 주지 않기 위해서였다." 금융위기로 가장 심각한 위기에 처한 사람들이 돌반지까지 내놓으며 국가를 살리려 했지만 정작 국가는 그 돈으로 기업들의 배만 불렸다. 클라인의 얘기를 계속 들어보자. "한국에서는 매달 노동자 30만 명이 해고되었다. 불필요하게 정부예산을 줄이고 이자율을 인상하라는 IMF의 요구 탓이었다. 1999년, 한국과 인도네시아의 실업률은 2년 사이에 세 배나 늘었다. 1970년대 남미에서 그랬듯, 아시아의 기적이라 할 수 있는 대규모 중산층이 사라졌다. 1996년에는 한국인의 63.7퍼센트가 스스로를 중산층이라고 생각했다. 그러나 1999년이 되자 38.4퍼센트로 줄었다. 세계은행에 따르면 아시아인 2천만 명이 빈곤계층으로 떨어졌다. 바로 로돌포 왈쉬가 '계획된 비극'이라 부른 시기였다. 이런 수치들 이면에는 끔찍한 희생과 잘못된 결정들이 숨어 있었다. 항상 그렇듯 위기가 닥치면 여자들과 아이들이 가장 고생을 한다. 필리핀과 한국의 많은 시골 가정에서는 딸들을 인신매매단에게 넘겨 호주, 유럽, 북미의 성매매 업소에서 일하게 했다." 우리는 아니라며 고개를 흔들고 싶지만 이것이 엄연한 현실이다. 끔찍한 진실이 우리 눈앞에서 펼쳐지고 있다.

이렇듯 서로의 삶이 극단적으로 달라졌는데도 우리 사회는 '고통분담'이라는 거짓된 말을 아직도 쓰고 있다. 공동체 구성원들끼리 서로 고통을 나누자는 얘기니, 얼핏 들으면 좋은 얘기인 듯하다. 하지만 진정한 고통분담은 자발적이어야 하고, 평등을 전제하지 않는 분담은 불평등한 현실을 강요할 뿐이다. 평범한 시민들은 자발적으로 고통분담에 나섰지만 재벌들은 그 와중에도 돈을 벌고 은혜를 갚기는커녕 그렇게 분담에 나선 시민

민주주의는
가난한 사람들이 구걸이나 자선에
의지하지 않고
부자들과 동등하게 살아가며
밥을 먹을 수 있는 공동체의 수단이다.

들을 실업자로 내몰았다. 그러니 한국 사회에서 고통분담은 고통의 원인과 책임을 분명하게 밝히고 난 뒤 양해를 구하는 것이 아니라 고통과 슬픔을 감추고 덮으려는 '사기'이다. 힘과 돈을 가진 자들의 실수를 약하고 가난한 사람들에게 떠넘기는 '알리바이'이다.

이쯤 되면 이상하다는 생각이 들 수 있다. 왜 그런 심각한 경제위기가 소위 민주정부가 들어선 시기에 시작되었고 그 이후에도 해결되지 않고 계속되었을까? 이전 정부의 정책 실패가 김대중 정부로 떠넘겨진 면도 있지만 민주정부는 자신의 민주적 정당성을 과신한 나머지 독단적인 정책결정을 일삼으며 민주주의를 더 뒤로 후퇴시키기도 했다. 내가 민주화운동을 이끌던 사람이니 민주주의를 가장 잘 알고 있다는 오만한 생각이 결과적으로는 민주주의를 후퇴시키는 결과를 불러왔다. 민주정부일수록 시민 참여를 더욱 활성화시키고 적절한 살림살이를 유지해야 하는데, 우리의 민주정부는 무조건 경제규모를 키우고 소득을 늘려야 한다는 성장 중심의 경제관에서 벗어나지 못했다.

불안하게 떠도는 삶이 세계에 뿌리를 내리는 좋은 방법은 바로 정치이다. 우리 역사에서도 볼 수 있듯이 새로운 공동체를 만드는 건 기업가가 아니라 정치가의 몫이었다. 어느 정도의 규모가 적절한 살림인지, 특히 가족이 아니라 공동체의 살림살이를 결정하는 건 경제가 아니라 정치의 몫이고 민주주의의 몫이기 때문이다. 그리고 민주주의는 힘과 부, 기질이나 문화가 서로 다른 사람들이 하나의 공동체 내에서 어울려 살기 위해 필요한 합의요, 공동체를 튼튼하게 하는 기본조건이기 때문이다. 외환위기에서 벗어나기 위해 필요했던 건 경제적 효율성이나 구조조정이 아니라 정치적인 합의였다.

그런 점에서 우리의 경제 살리기가 실패했던 건 그런 기본적인 정치적 조건을 무시했기 때문이다. 우리 정부의 경제 살리기는 공동체를 튼튼하게 만들기는커녕 빈부의 격차를 계속 늘리고 있고 시민들 간의 합의를 무시하고 있다. 타인의 위기를 나의 기회라고 믿는 잘못된 경제적 계산이, 함께하는 정치적 자유를 대체하고 있다. 윤리와 합의를 지키는 것이 어리석은 짓으로 여겨지는 세상, 이런 사회에서는 모든 사람들의 삶이 위태로울 수밖에 없다.

따라서 경제를 살리는 과정은 정치나 민주주의와 분리될 수 없다. 시민이 굶주림에 시달리며 삶을 마음껏 누릴 수 없다면 그 공동체가 온전할 수 없기 때문에 민주주의는 공동체 차원에서 그런 어려움을 해결할 방법을 찾아야 한다. 민주주의는 가난한 사람들이 구걸이나 자선에 의지하지 않고 부자들과 동등하게 살아가며 밥을 먹을 수 있는 공동체의 수단이다. 민주주의는 시민이 똑같이 교육을 받고 건강한 몸과 마음을 유지하며 함께 살 수 있는 기본 바탕을 만든다. 그러니 삶이 위기에 처할수록 정치에 무관심할 게 아니라 오히려 정치에 더욱더 관심을 쏟아야 자신의 삶을 지킬 수 있다. 정치에 관심을 쏟지 않을수록 양극화는 심각해지고 현재의 어려움이 아이들에게도 대물림된다. 현재의 조건에서 정치 참여는 선택이 아니라 필수이다.

그런데 단지 선거만으로는 세상을 바꿀 수 없다. 왜냐하면 선거는 만인에게 평등하지 않기 때문이다. 투표로 사람을 뽑는 선거제도는 아주 옛날부터 있었다. 그러나 선거운동에 필요한 많은 비용을 지불할 수 있고 방대한 조직을 가진 사람들이 주로 당선되므로 옛날 사람들은 선거로만 정치인이나 공무원을 선출하지 않았다. 즉 선거는 이미 사회에서 지위나 권력을 가지고 있는 소수의 기득권층에게 유리할 수밖에 없다. 그래서 옛날에는 선거만이 아니라 제비뽑기로 공직자를 선출하곤 했다. 특별한 사람만이 아니라 평범한 시민도 공동체의 일에 관심을 가지고 중요한 결정을 내릴 수 있도록 공직을 개방했다. 시험이나 선거가 아니라 제비뽑기로 선출되니 공직을 독점하기 어렵고 자신의 결정을 다른 사람에게 일방적으로 강요하기도 어려웠다.

선거에는 또 다른 약점이 있다. 비밀투표는 누가 누구를 찍었는지 알려주지 않는다. 자신을 뽑아준 사람이 누구인지 밝혀지지 않기 때문에 당선자는 유권자에게 '직접' 책임을 질 필요가 없다. 대학생들이 열심히 선거에 참여하더라도 그것이 당선자를 열렬히 지지했다는 점을 증명할 수 없기 때문에, 당선자는 대학생이나 청년 들의 욕구를 듣지 않을 수 있다. 일단 뽑히고 나면 당선자는 언제나 자신을 지지했던 사람들을 배신할 수 있다.

또한 유권자는 자신이 무엇을 원하는지 솔직히 드러내지 못할 수 있고(예를 들어, 동성애자는 자신이 원하는 바를 공개적으로 드러낼 수 없고 드러낼 경우 불이익을 받는다), 또 자신의 진정한 욕구가 무엇인지 알지 못할 수도 있다(이를테면, 기득권층의 이데올로기와 선전, 조작에 사로잡혀 착각할 수 있다). 정당이라는 기업이 만든 정책이라는 상품을 유권자라는 소비자가 구매하는 장이 되어버린 선거에서 유권자는 생산되지 않는 상품을 구매할 수 없다. 그런 점에서 선거는 대중이 직접 정치에 참여하는 걸 막는 장해물로 변하고 있고 그러다보니 선거에 참여하는 사람들도 줄어들고 있다.

투표율이 떨어질 수밖에 없는 조건을 만들면서도 국가는 시민들이 정치에 관심을 두지 않는다며 우리를 모욕하고 있다. 공약公約이란 게 무엇인가? 그것은 하나의 약속이다. 자신이 내건 정책에 대한 유권자들의 지지이다. 그런데 우리의 정치인들은 그런 약속을 지키지 않는 걸 부끄러워하기는커녕 그런 행동을 국민의 이름으로 정당화하기도 한다. 그러니 공약이 공약空約이라는 얘기가 나온다. 그런 게 지겨워서 투표장에 가지 않으면 정치의식이 부족한 사람이라며 공격한다.

20대 80, 10대 90의 사회가 오고 있다는 얘기를 자주 듣는다. 이 사회는 부를 가진 상위 20퍼센트, 10퍼센트가 열악한 조건에서 생활해야 하는 나머지 80퍼센트, 90퍼센트를 이끈다는 비관적인 미래를 상징한다. 상식적으로 생각하면 그런 사회는 존재할 수 없다. 왜냐하면 다수결이나 선거로 따지면 10, 20퍼센트의 사람들이 80, 90퍼센트의 사람들을 결코 이길 수 없기 때문이다. 그런데도 왜 현실에서는 정반대의 상황이 벌어질까? 그것은 현실의 민주주의가 '1인 1표'라는 민주주의 원리를 따르지 않고 '1달러 1표'라는 자본주의 원리를 따르기 때문이다. 화폐를 많이 가진 사람일수록 힘이 세고 정치인들이 주변을 배회하며 그들의 의견을 법률로 반영한다. 앞서 얘기한 통계에 따르면, 순자산액 기준으로 상위 20퍼센트는 하위 20퍼센트보다 171.5배 더 힘이 세다. 수는 적지만 힘이 더 세기 때문에, 이런

정치는 경제를 살리는 방법이 아니라
경제를 운영하는 과제를 안고 있다.
정치는 지나친 부의 불평등이
사회질서와 규범을 무너뜨리는 걸 막고
공동체를 지속시키는 역할을 맡는다.

상황에서라면 정치권력은 결코 평범한 사람들의 편에 서지 않을 것이다.

사실 정치는 경제를 살리는 방법이 아니라 경제를 운영하는 과제를 안고 있다. 정치는 지나친 부의 불평등이 사회질서와 규범을 무너뜨리는 걸 막고 공동체를 지속시키는 역할을 맡는다. 그러니 그동안 우리는 스스로 밥숟갈을 내려놓고 끼니를 걱정해왔던 셈이다. 정치는 정치인에게, 경제는 기업가에게 맡겨두고 자기 앞가림이나 잘하자는 잘못된 생각을 해왔기 때문에 우리 삶이 지금 이 모양이다.

이제 나와 우리 가족에게 필요한 것을 잘 생각해보자. 우리 가족이 살 집, 일할 직장, 아이들이 다닐 학교, 가족에게 필요한 복지와 의료시설, 이렇게 필요한 것들을 정하고 나와 비슷한 욕구를 가진 사람들을 모아 정부에 요구하자. 한 명이 요구하면 공무원이나 정치인에게 무시당해도 열 명이 요구하면 그들의 태도가 조금 달라지고 백 명이 요구하면 그들은 고민하기 시작할 것이다. 천 명, 만 명이 모이면 어떻게 될까? 이것이 바로 정치이다.

정치 참여가 우리의 자존심을 회복시킨다

정치 참여는 저 멀리 있는 어려운 과제가 아니다. 우리 사회가 하나의 공동체이고 그 공동체를 어떻게 변화시킬 것인가라는 과제는 그 공동체가 자리잡은 사회를 어떻게 변화시킬 것인가라는 과제와 무관하지 않다. 그리고 민주주의가 시행착오의 과정이듯이 정치 참여 역시 이론적인 학습이 아니라 실천적인 경험을 통해서만 학습되고 단련될 수 있다. 모두를 위해 일하겠다는 정치인들의 덧없는 공약에 기대를 걸기보다는 자신이 생활하는 공간에서 치열하게 정치적인 관심을 불태울 필요가 있다. 여럿이 함께 꾸는 꿈은 이미 현실이다. 자기 옆에 있는 사람의 손을 잡는 것, 변화의 정치는 그 작은 손짓에서 시작된다.

1970년 11월 13일 전태일 열사가 법전을 껴안고 근로기준법을 지키라고 주장하며 자신의 몸을 불살랐을 때, 대학생들은 큰 충격을 받았다. 대학생 친구 하나 있으면 좋겠다던 그의 바람은 대학생들이 자신의 시대를 정면으로 바라보게 했다. 그 후 많은 학생들이 학내에서, 노동현장에서, 거리에서 사라져가는 정치를 되살리기 위해 권력의 폭압에 맞서 싸웠다. 모두가 침묵하는 곳에서 정치는 소멸할 수밖에 없기 때문이다.

그렇다면 지금 현재를 살아가는 어떤 목소리를 내며 정치에 참여할 수 있을까? 정치 참여를 너무 크고 어려운 문제로 생각하지 말고 지금 자신의 과제를 해결하기 위한 방법으로 생각하면 좋다. 대학생들은 캠퍼스에서, 노동자는 직장에서 자신의 문제를 정치적으로 만들고 자신의 권리를 요구하고 대안을 찾아야 한다.

2001년 미국에서 잘나가는 부잣집 도련님들이 모인다는 하버드대학이 큰 소동을 겪었다. 대학에서 일하는 청소부, 경비원, 식당아줌마 등이 형편없는 월급을 받는다는 사실을 깨달은 엘리트 대학생들이 최저생계비 지급을 요구하며 하버드 역사상 최초로 40여 일간 점거농성을 벌였기 때문이다. 그리고 이 점거농성으로 대학 내 파트타임 노동자들의 노조가 공식적으로 인정되었고, 학생과 노동자 들은 자신들이 대학의 중요한 주체임을 증명했다. 이렇게 소동을 일으키면 나를 바라보는 사람들의 시선이 바뀐다. 투명인간처럼 생활하던 직장에서도 나는 비로소 사람으로 행세할 수 있다.

2006년 프랑스의 대학생들은 25세 이하의 청년을 2년 이내에는 언제라도 해고할 수 있게 한 최초고용계약제를 반대하며 약 10주에 걸쳐 격렬한 시위를 벌였다. 고용불안이나 청년실업을 정치인이나 노동조합이 해결해주길 바라지 않고 '미래의 노동자들'이 직접 반대시위를 조직했다. 심지어 고등학생들까지 거리로 나와 시위를 벌였다. 내 일을 다른 사람에게 맡기지 않겠다는 자존심이다.

신자유주의의 물결이 세계를 보수적으로 만들었다고 하지만 저항의 흐름은 끊이지 않았다. 더 이상 노예로 살지 않으려는 새로운 스파르타쿠스, 새로운 만적과 망이, 망소이 들이 반란을 모색하고 있다. 그리스에서 시작해 지금 유럽 전역을 달구고 있는 시민들의 저항도 마찬가지이다. 그리스 군부에 맞섰던 1970년대의 역사를 딛고 '700유로 세대'라 불리는 그리스 청년들과 시민들은 경찰과 정부에 맞서 저항을 벌이고 있다. 높은 실업률과 열악한 교육환경, 경제정책의 실패, 경찰의 만행 등을 비판하는 시위가 매일 이어지고 있고, 노동자들이 총파업을 하고 농민들이 국경을 봉쇄하는 일까지 벌어지고 있다. 그리고 시위는 경제위기를 맞이해 전 유럽으로 퍼지고 있다. 누가 이 저항의 불길을 다스릴 수 있을까?

미국의 역사학자 하워드 진의 『권력을 이긴 사람들』(난장, 2008)이나 에이프릴 카터의 『직접행동』(교양인, 2007)을 보면 인류가 억압적인 권력에 맞서 얼마나 치열하게 싸워왔고 지금도 싸우고 있는지가 잘 묘사되어 있다. 굳이 두 사람의 말을 인용하자면, 진은 "시민들이 복종하지 않을 때, 노동자들이 일하기를 거부할 때, 군인들이 총을 들지 않을 때, 기존 권력은 힘을 잃고 항복할 수밖에 없습니다"라며 확신을 가지고 얘기한다. 초강대국 미국 내에서 미국에 저항하는 다양한 운동들이, 즉 백인-남성-부자에 맞서는 노동계급, 빈민, 흑인, 여성, 원주민들의 불복종과 저항들이 이런 힘을 만들고 있다.

카터 역시 대의정치에서 소외된 원주민들이 자신들의 권리를 지키려는 운동, 석유회사와 같은 다국적기업을 반대하는 불매운동이나 저항운동, 세계은행과 같은 국제기구의 지원을 받는 댐건설을 반대하는 비폭력 저항운동, 최빈국을 위해 외채탕감을 주장하는 직접행동, 다자간투자협정을 반대하는 운동, 세계무역기구WTO를 반대하는 운동, 토지를 요구하는 농민들의 직접행동, 전지구적 신자유주의에 반대하는 원주민 공동체, 농민·학생·노동자·실업자의 운동 등 다양한 형태로 민주주의를 실천하려는 운동들을 얘기한다. 이런 운동을 통해 시민들은 역량을 강화하는 효과empowering effect, 즉 "공개적으로 자기 목소리를 당당하게 냄으로써 자부심과 존엄함을 얻을 수 있고, 두려움을 떨쳐버릴 수 있으며, 타인과 연대감을 고양"시키는 경험을 얻게 된다. 이렇게 담금질을 경험하며 시민은 타인의 고통에도 귀를 기울이는 세계시민으로 거듭날 수 있다.

이런 얘기들이 너무 멀게 느껴진다면 인터넷에 들어가 내 생각을 솔직하게 얘기하고 공감하는 사람들을 모아보자. 블로그에 쓰든, 카페에 글을 남기든 나랑 비슷한 고민을 하는 사람들을 모으자. 혼자서만 고민하면 내 짐이 되지만 여러 사람이 모여서 고민하면 거기서 정치가 시작된다. 우리 아이 아토피를 혼자 고민하면 이 병원, 저 병원 돌아다니며 치료비를 감당해야 하지만 우리 동네 아이들 아토피를 주민들과 함께 고민하면 우리 동네의 생태환경을 개선하라고 정부에 요구할 수 있다.

이런 과정을 통해 우리도 시민으로 성장할 수 있다. 민주주의에서 '성장'은 매우 중요한 개념이다. 만 19세가 되면 자동적으로 투표권을 가지지만 그 권리를 제대로 행사하려면 많은 경험이 필요하다. 시민은 '탄생'하는 게 아니라 수많은 경험을 통해 길러진다. 그래서 고대 아테네의 직접민주주의는 대중의 정치 참여를 활성화시키기 위해 잦은 집회를 열고 전문가들이 정치를 독점하는 것을 막으려 했다. 매년 행정관들은 추첨으로 선출되었고 사법재판도 배심원들의 평결로 진행되었다. 아테네의 시민이라면 누구나 죽기 전에 한 번은 관직을 맡고 공동체의 중요한 결정을 내리며 명예로운 일을 해야 했다. 그래야 그는 시민으로서의 자부심을 가질 수 있고 동료시민과의 만남과 토론에 익숙해지며 타인과 연대할 수 있기 때문이다.

정치 참여가 중요한 것은 그것이 우리를 자유롭게 만든다는 점이다. 자유는 구속과 속박에서 벗어난 상태를 뜻할 뿐 아니라 공동체에 참여할 수 있는 권리도 뜻한다. 시민의 무관심이 자유보다 무능력함에 가까운 이유는 정치가 나 자신의 가치를 증명하는 방법이기 때문이다. 만일 올바르지 못한 결정을 무조건 받아들이고 정치인이나 힘 있는 자들의 부정을 보고도 못 본 체 한다면 우리는 나 자신을 낮게 평가하며 스스로를 작은 인간으로 만든다. '찌질한' 것들에게 고개를 숙이고 시키는 대로 따르며 사는 건 얼마나 굴욕적인가. 그런 일이 반복되면 나는 거대한 부정에는 눈을 감으면서 작은 일에만 분노하는 소시민이 된다. 자기 일상에 묶여 있는 소시민은 3·1운동이나 8·15해방 때, 또는 이승만 독재를 무너뜨렸던 4·19의거나 군사정권의 양보를 받아냈던 1987년 6월항쟁 때 시민들이 느꼈던 그 자유의 즐거움을 경험할 수 없다.

그리고 참여하면 더욱더 새로운 경험을 할 수 있고 그것이 내 삶을 풍요롭게 만든다. 공적인 일에 참여하는 것은 개인적인 일을 할 때와 다른 새로운 경험을 준다. 그리고 그렇게 참여하면서 공동체의 중요한 과제를 해결한다면 우리는 공동체의 존경을 받을 수 있다. 그것이 바로 명예이다. 명예는 권력이나 부

혼자서만 고민하면
내 짐이 되지만
여러 사람이 모여서 고민하면
거기서 정치가 시작된다.

유함, 신분에서 나오는 것이 아니라 그런 적극적인 정치 참여를 통해 얻을 수 있는 무형의 자원이다.

한국처럼 식민지를 경험하고 군인들의 정치지배를 받았던 나라에서는 첫걸음을 떼기가 쉽지 않다. 가정이나 학교, 마을, 직장, 어디에서도 민주주의를 경험하기 어렵다. 그래서 시민으로 성장할 수 있는 몇 가지 단계가 필요하다. 우리와 비슷한 역사를 가진 브라질의 교육학자 파울로 프레이리는 '억압받는 사람들의 교육학'이라고 명명한 『페다고지』에서 권위주의를 경험한 사람들이 정치 참여의 주체가 되려면 내면의 억압을 스스로 극복해야 한다고 강조했다. 프레이리는 억압당하는 사람들 내면에서 재생산되는 사회의 구조적이고 실존적인 모순을 극복하려면 자기의식화가 필요하다고 강조했다. 즉 나는 나 자신의 사고의 주인이어야 하기에, 어느 한편이 다른 사람들을 일방적으로 교육하고 의식화시키는 방식으로는 결코 해방이 이루어질 수 없다. 따라서 선전이나 의식화가 아니라 대화가 필요하다. 인간은 서로 대화를 나누며 세계를 인식하고 변화시키기 때문이다. 현실을 있는 그대로 받아들이거나 다가올 미래를 예정된 법칙으로 받아들이지 않는 인간은 끊임없는 변화의 과정에 놓여 있다. 이 책에서도 그런 성장과 변화의 기회를 마련하려 한다.

2

선거와 참여제도 활용하기

지금 우리는 투표권을 당연하게 여기지만 옛날에는 그렇지 않았다. 박정희나 전두환이 정권을 잡았을 때만 해도 대통령이나 국회의원들이 매번 투표로 선출되지는 않았다. 국민의 대표라고 하면서 국민들에게는 의견을 물어보지 않고, 자기들끼리 체육관이나 어딘가에 모여 박수로 대통령을 뽑거나 국회의원을 임명하기도 했다. 그야말로 "참 쉽죠, 잉"이다. 그때에 비하면 지금은 참 좋은 세상이라 얘기할 수 있다.

5년마다 돌아오는 대통령선거, 4년마다 돌아오는 국회의원선거, 지방자치단체장과 지방의원 선거, 이제는 교육감선거까지 치러야 한다. 성인이 되면 누구나 투표권을 갖는다고 얘기하지만 권리만 받을 뿐 그 권리를 제대로 사용하는 방법을 배워본 적이 없다. 민주시민은 투표를 잘하는 사람이라고 얘기하지만 어떻게 찍는 게 민주적인지 누구도 가르쳐주지 않는다. 어떻게 하면 내 투표권을 제대로 활용할 수 있을까? 그리고 민주시민으로서 내 권리를 잘 행사할 수 있을까?

그런 경험이 없다보니 투표율은 계속 떨어진다. 중앙선거관리위원회가 운영하는 역대선거정보시스템에서 역대 투표율과 각종 통계를 찾아볼 수 있다. 먼저 대통령선거 투표율을 보면 1987년 89.2퍼센트, 1992년 81.9퍼센트, 1997년 80.7퍼센트, 2002년 70.8퍼센트, 2007년 63퍼센트로 계속 떨어지고 있다. 국회의원선거 투표율은 1988년 75.8퍼센트, 1992년 71.9퍼센트, 1996년 63.9퍼센트, 2000년 57.2퍼센트, 2004년 60.6퍼센트, 2008년엔 46.1퍼센트로 역시나 계속 떨어지고 있다. 지방선거로 가면 투표율은 더 떨어진다. 1995년 68.4퍼센트, 1998년 52.7퍼센트, 2002년 48.9퍼센트, 2006년 51.3퍼센트로 낮다. 투표율이 계속 떨어지니 시간이 흐를수록 적은 수의 사람에게만, 그리고 자기편에게만 확실하게 잘 보이면 되니 정치인들은 점점 더 민심에 둔감해진다.

세대별 투표율을 보면 1997년 대통령선거 때 이십대의 투표율은 67.95퍼센트, 삼십대의 투표율은 82.65퍼센트, 사십대의 투표율은 87.5퍼센트인데, 2002년 대통령선거 때 이십대의 투표율은 56.55퍼센트, 삼십대의 투표율은 67.55퍼센트, 사십대의 투표율은 76.3퍼센트로 떨어졌다. 2007년 대통령선거 때 이십대의 투표율은 47퍼센트, 삼십대의 투표율은 54.9퍼센트, 사십대의 투표율은 66.3퍼센트로 또다시 떨어졌다. 이 자료를 보면 투표율 하락의 상당부분이 젊은 층의 투표율 하락 때문임을 알 수 있다.

젊은 층의 투표율이 떨어지는 이유는 있다. 이십대의 투표율이 떨어지는 건 정치가 자신들의 욕구를 대변하거나 관심을 끌지 못하기 때문이다. 그런데 문제는 그럴수록 정치적인 의제가 청년의 삶을 더욱디 다루지 않을 것이란 점이다. 선거 때 받을 표를 생각하면 정치인들은 투표를 착실히 하는 노년층을 위한 정책만 잘 세우면 된다. 그러니 선거일이 다가오면 청년들이 판단을 잘 내려야 한다.

선거일이 다가올수록 이런저런 고민이 든다. 만일 사장님이나 부장님, 거래처의 높은 분이 누구를 찍으라고 계속 얘기하면 어떻게 해야 할까? 잘 보여야 하는 사람이니 눈 딱 감고 그 말을 받아들여야 하나? 공직선거법은 "누구든지 교육적·종교적 또는 직업적인 기관·단체 등의 조직 내에서의 직무상 행위를 이용하여 그 구성원에 대하여 선거운동을 하거나 하게 하거나, 계열화나 하도급 등 거래상 특수한 지위를 이용하여 기업조직·기업체 또는 그 구성원에 대하여 선거운동을 하거나 하게 할 수 없다"라고 규정하고 있다. 그러니 그런 소리를 자꾸 하면 그 장면을 동영상으로 찍거나 녹음해서 고발할 수도 있다. 물론 그러려면 뒷감당을 할 자신이 있어야 하니 실제로는 쉽지 않다.

조금 더 나은 방법은 내가 분명한 기준을 가지고 어떤 사람을 지지한다고 얘기하는 게 아닐까? 그러면 그런 곤란한 상황에서 조금 벗어날 수 있지 않을까? 투표권은 전적으로 내 소관이니 내 판단이 중요하다고.

선거, 참으로 중요한 제도이다. 공직자를 뽑고 그에게 공식적으로 권력을 주는 과정이니 신중하게 나의 투표권을 행사해야 한다. "4년 뒤에 두고 보자"라는 말처럼 정치인들이 가소롭게 생각하는 말은 없다. 두고 보자는 사람치고 무서운 사람 없다고 정치인들은 한번 권력을 잡으면 그것을 이용해 시민들을 굴복시킬 수 있다고 믿는다. 그러니 만일 내 선택이 잘못되었다면 4년이나 5년을 기다리지 말고 지금 당장 그 실수를 바로잡아야 한다.

내가 잘못 선택했다면 정치에 무심할 게 아니라 그런 나 자신이 부끄러워서라도 더 열심히 그 사람을 감시하고 괴롭히고 그 자리에서 밀어내야 한다. 민주주의란 그런 게 가능하도록 만들어진 제도이다.

그런데 어느 누구도 우리에게 그런 힘이 있다는 사실을 가르쳐주지 않는다. 시대의 흐름에 밀려 어쩔 수 없이 민주주의 제도를 받아들이긴 했지만 시민들이 실제로 그것을 활용할까 두려워 힘 있는 자들은 그런 제도가 있다고 알려주지 않는다. 모래요정 바람돌이도 아니면서 그냥 자신에게 잘 보이고 알아서 기면 소원을 하나씩 들어주겠다고 얘기한다.

허나 이제는 그렇게 치사하게 살 필요가 없다. 내게 필요한 게 있으면 정치인에게 당당히 요구하고 제대로 못하면 괴롭히고 책임을 묻고 정 안 되면 자리에서 쫓아내자. 우리 지역에서 당선된 것을 후회하도록 만들자. 우리에겐 그런 힘이 있다.

이십대의 투표율이 떨어지는 건
정치가 자신들의 욕구를 대변하거나
관심을 끌지 못하기 때문이다.
그런데 문제는 그럴수록
정치적인 의제가 청년의 삶을 더욱더
다루지 않을 것이란 점이다.

선거를 제대로 치러볼까?

선거 때 누구를 찍어야 할까?

선거의 가장 기본은 투표이다. 주변 사람들이나 부모님은 누구를 찍어야 한다며 열심히 훈수를 두지만 딱히 기준이 없어 그 말을 따르고 싶지는 않다. 그렇다면 어떤 기준으로 투표를 해야 할까? 공약집이나 홍보물을 열심히 살펴보면 누가 더 나은지를 가릴 수 있을까?

물론 선거자료를 열심히 보는 건 중요하다. 아는 만큼 조금 더 나은 사람을 뽑을 수 있다. 그런데 이건 순서가 좀 뒤바뀐 거다. '어떤 사람을 찍을 것인가' 보다 훨씬 중요한 건 '나는 무엇을 원하는가' 이다. 선거는 내가 원하는 바를 대신해서 해결할 사람을 뽑는 자리이지 나한테 뭘 해주겠다는 사람을 뽑는 자리가 아니다. 선거는 권리를 행사할 자리이지 선물을 받는 자리가 아니다. 시장에 갈 때 필요한 물건들을 미리 적어서 가는 사람이 '알뜰한 소비자' 이듯이, 선거를 맞이해서 자신이 필요한 걸 잘 챙기는 사람이 '훌륭한 시민' 이다. 그리고 '훌륭한 민주시민' 이 되고 싶다면 나에게 필요한 것만이 아니라 우리 마을에, 우리 공동체에 필요한 것을 함께 따지면 된다. 나와 우리 마을에 필요한 것들을 먼저 쭉 늘어놓고 그걸 충실히 잘 따르겠다는 후보자를 찍어야 우리 삶이 더 행복해질 수 있고 제대로 잘하고 있는지 평가할 수도 있다.

그리고 그래야 대표가 하는 일을 당연한 것으로 받아들일 수 있다. "의원님, 시장님, 우리 마을에 이런 일을 해줘서 정말 고맙습니다"라고 할 게 아니라 "내가 뽑아주었으니 당연히 이 정도는 해줘야지. 그리고 앞으로는 이렇게 해주면 더 좋겠어"라고 말해야 민주적인 시민이다. 사실 그들이 마을에 해주는 사업들은 그들의 개인 재산을 털어서 해주는 일이 아니라 우리가 짬짬이 낸 세금으로 하는 일이니 고마워할 필요가 전혀 없다. 공약을 지키면 잘했다고 등을 두드려주면 되지 굳이 고마워할 이유는 없다.

따라서 투표할 때 가장 먼저 해야 할 일은 내가 필요한 것만이 아니라 우리 마을에 필요한 것, 내 이웃과 가족들이 필요한 것을 챙기고 공동의 과제를 찾는 것이다. 당신이 우리에게 뭘 해줄 거냐고 물을 일이 아니라 우리는 지금 무엇이 필요하

'어떤 사람을 찍을 것인가' 보다
훨씬 더 중요한 것은
'나는 무엇을 원하는가' 이다.

다고 얘기하고 그 일을 성실하게 하겠다는 사람을 대표로 뽑아야 한다.

마치 정치가 자기 이익을 포기하고 공동체의 이익만 앞세워야 하는 것처럼 얘기하는 사람들을 경계해야 한다(정작 그런 사람들은 당선되고 나면 자기 이익을 공동체의 이익인 것처럼 조작하는 경우가 많다). 나와 우리의 이익이 모여 공동체의 이익이 되는 것이지 공동체의 이익이 따로 정해져 있는 것은 아니다. 내가 행복해야 가족이 행복하고 그래야 마을이, 나라가 행복할 수 있다.

내 이익을 잘 따져야 하는 또 다른 이유가 있다. 선거에는 숨겨진 비밀이 있다. 내가 누구를 찍었는지 말할 수 있지만 그 사실을 증명할 수는 없다. 공익선거법에 따르면, 기표소에서 투표용지를 촬영할 수 없고 투표지를 공개할 경우 그 투표는 무효로 처리된다. 이것이 '비밀선거'의 원칙이다. 자신이 누구에게 투표했는지를 밝히지 않아도 되니 좋은 듯하지만 그것이 가진 약점도 있다. 즉 우리는 당선된 사람을 우리의 대표라고 말할 수 있지만 우리가 그에게 실제로 투표했다는 점을 증명할 수는 없다. 이 말을 뒤집으면, 그는 우리에게 책임을 질 이유가 없다. 내가 당신에게 표를 찍었으니 내 말을 들어야 한다고 얘기하지만 그걸 증명할 수가 없으니 답답한 노릇이다. 선거운동을 할 때에는 간 쓸개 다 빼줄 것처럼 얘기하다가 당선되고 나면 사람들이 안면을 싹 바꿀 수 있는 건 누가 누구에게 투표를 했는지를 증명할 수 없기 때문이다. 그러니 책임을 질 필요가 없다. 일단 당선되면 임기가 보장되니 마음대로 하다가 다음 선거가 다가오면 다시 시장통에 나가 얘기를 듣는 척하면 된다.

우리나라 정치인들이 유독 '민심'을 많이 얘기하는 이유도 바로 여기에 있다. 자신이 누구를 대변하고 있는지를 증명할 필요가 없으니 자기 생각을 곧 민심이라 얘기하면 된다. 그게 왜 민심이냐고 누가 물으면 그는 자신을 찍어준 사람들의 뜻이라고 얘기하면 된다. 누구의 마음인지를 정확하게 얘기할 필요가 없으니 자기 마음대로 얘기하면 민심이 되는 것이다.

이렇게 마음대로 민심을 대변하는 꼴을 보기 싫으면 우리가 진정 무엇을 원하는지 분명하게 밝히고 그 뜻을 받들 사람을 대표로 뽑아야 한다. '국민의 머슴'이 되겠다고 얘기하는 사람들에게 실제로 머슴의 역할을 맡겨야 한다. 세상의 어느 머슴이 주인에게 잘난 척하며 '시민의식이 낮다' '잘 몰라서 그런다'라는 식으로 얘기하는가? 세상의 어느 머슴이 주인이 시키는 일도 안 하면서 주인의 돈을 마음대로 꺼내쓰는가? 우리가 머슴들을 그렇게 거만하게 만들었으니 스스로 반성하며 이제 주인 노릇 좀 제대로 해보자.

그럼, 우리도 한번 스텝을 밟으며 선거에 뛰어들어보자.

스텝 1. 선거에 관한 정보를 얻는 가장 손쉬운 방법은 선거홍보물을 보는 것이다. 선거홍보물은 선거관리위원회가 알아서 우편으로 보내주니 가만히 기다리면 된다. 만일 홍보물을 기다리기 지루하면 정보의 보고 인터넷으로 들어가면 된다. 중앙선거관리위원회의 홈페이지www.nec.go.kr에 가면 선거와 관련된 각종 정보들을 얻을 수 있다.

그리고 인터넷 강국 한국에서는 웬만한 후보자들이 선거때마다(아니, 거의 선거 때만) 홈페이지를 운영한다. 평상시엔 절간처럼 비워두던 사람들도 선거 때에는 자주 드나든다. 때로는 게시판에 글을 남기면 즉각 답변을 주기도 한다. 아니면 선거사무소로 전화를 걸어 "넌 누구냐"고 물어보자. 직접 선거사무소를 찾아가도 좋다. 혼자 가면 썰렁하지만 마을 사람들을 모아서 찾아가면 대접을 제대로 받을 수 있다.

그러니 궁금한 게 있으면 참지 말고 곧바로 묻고 그 내용을 널리 알려서 자신이 한 말을 책임지도록 해야 한다. 유권자로서 우리는 후보자들에게 계속 고민거리를 던져줘야 한다.

대통령선거는 봉투가 비교적 간소하지만 국회의원선거나

후보자 알아보기

선거홍보물과 중앙선관위 홈페이지에서 후보자 정보를 얻는다.
재산, 병역, 전과 기록을 확인하고 인터넷을 검색해본다.

후보자의 공약을 검토한다.
실현가능성은 있는지, 시민들의 욕구를 반영했는지를 확인하고 선거사무소를 방문하거나 토론회에 참여한다.

지방선거로 오면 홍보물 봉투가 제법 두툼하다. 출마하는 사람도 많지만 국회의원선거와 지방선거 때는 직접 후보자에게 투표하는 것 외에 일정한 비율의 표를 얻으면 의석을 가질 수 있는 정당명부비례대표제도가 실시되기 때문이다. 국회의원선거의 경우 비례대표는 전체 유효투표의 3퍼센트 이상을 얻으면 원내 의석을 가질 수 있다. 2004년 선거에서 민주노동당은 13.1퍼센트의 지지를 얻어 8명의 비례대표를 국회로 보냈다. 그리고 지방선거의 경우 시·도의원만이 아니라 자치구·시·군의원도 비례대표로 뽑는데, 비례대표는 의원정수의 10분의 1 비율로 선출되고, 후보자 중 50퍼센트 이상을 여성후보로 채우도록 되어 있다. 비례대표투표는 득표율에 따라 비례대표순서대로 당선되니 어떤 사람이 추천되었고 순서가 어떻게 되어 있는지를 한번 살펴보고 투표하는 게 좋다.

비례대표는 평소에 내가 눈여겨보던 괜찮은 정당에 찍으면 되고, 직접 투표하는 건 앞서 얘기했듯이 나와 우리의 필요에 맞춰 투표하는 게 좋다. 내게 필요한 부분을 찾았다면 그와 비슷한 공약을 내건 후보를 찾으면 된다. 그런데 만일 내게 딱히 필요한 부분을 못 찾았다면 조금 더 머리를 써야 한다. 보통 홍보물은 무슨 일을 하겠다는 온갖 공약들로 채워져 있어 후보자들의 차이를 잘 느낄 수 없다.

그래도 나오는 사람이 나를 잘 대변할 수 있는 사람인지 그

'사람됨'부터 먼저 확인해보자. 홍보물에는 후보자의 재산상황(배우자와 직계의 재산 포함), 병역사항, 최근 5년간 소득세·재산세·종합부동산세 납부 및 체납실적, 100만 원 이상 벌금형을 포함한 전과기록, 직업·학력·경력 등 인적사항이 나와 있다.

먼저 재산과 세금, 경력을 살펴봐야 한다. 돈이 많은 게 죄는 아니다. 하지만 그 돈을 어떻게 벌었고 어떻게 쓰고 있는지는 정치인에게 중요한 덕목이다. 재산이 많다면 어떤 일을 해서 재산을 모았고 재산이 적다면 왜 그런지를 잘 살펴야 한다. 인터넷에서 이름과 직업으로 검색하면 정보를 쉽게 구할 수 있다. 재산을 봐야 하는 또 다른 이유가 있다. 드라마 〈꽃보다 남자〉에 나오듯 지나치게 재산이 많은 귀족들은 '평민'들의 삶을 모른다. 삶을 모르는 사람들이 우리의 생각을 제대로 대변하기 어려우니 재산이 어느 정도인지를 봐야 한다. 더불어 세금 납부실적과 직업, 경력도 잘 살펴봐야 한다. 직업은 변호사나 기업인인데 세금을 나보다 적게 냈다면 일단 의심해봐야 한다. 세금을 제대로 내지 않으면서 정치인이 되겠다는 분들이 생각보다 많다. 세 살 버릇 여든까지 간다고 그런 분들은 일단 자기 주머니를 따로 찰 가능성이 높으니 정치인으로 적합하지 않다. 그리고 직업과 경력을 잘 봐야 하는 이유는 정치인들이 자기 회사나 자기 부인, 자식들의 회사, 자기가 속한 단체나 협회에 이익을 주는 공약을 내거는 경우가 많기 때문이다(특히 기초의원의 경우 그런 일이 많다). 공약의 주요내용과 직업, 경력의 내용이 겹친다면 한번 의심해봐야 한다.

다음으로 병역사항. 병역을 면제받는 것이 문제는 아니지만 멀쩡한 사람이 면제를 받았다면 의심해봐야 한다. 사실 이 조항이 의미를 가지려면 후보자만이 아니라 후보자의 가족 병역사항까지 따져봐야 하는데 아쉽게도 홍보물에는 후보자의 것만 있다. 예전에 국적법을 개정할 때 국내외에서 1820명이 국적을 포기했는데, 살펴보면 전 국방장관, 외무장관, 대학총장의 손자 등이 있었고, 서울시 강남권이 40퍼센트 이상을, 그중 가장 부자라는 강남 도곡동의 타워팰리스에 사는 사람들이 단일 주소지 중 가장 많은 인원을 차지했다. 자기 이익 다 챙겨먹는 사람들이 정작 의무를 다하지 않는 경우가 많으니 잘 살펴봐야 한다.

마지막으로 전과기록. 생각보다 정치인들 중에 전과자들이 많다. 1987년 이후에는 민주화운동을 하다 감옥에 갔다 온 사람들이 정치계로 많이 들어갔지만 그런 경력 외에 사기나 뇌물수수 같은 잡범으로 감옥을 다녀온 사람들도 더러 있다. 민주화운동 때문에 전과기록을 가진 사람들은 대부분 그 사실을 함께 기록하니 상관없고 다른 범죄기록이 있으면 잘 확인하자. 고양이에게 생선가게를 맡기는 실수를 더 이상 범하면 안 되니까.

그리고 선거에 처음 나온 사람이 아니라 이미 공직을 맡고 있는 정치인이라면 그 사람에 관한 평가를 들어봐야 한다. 인터넷쇼핑을 할 때 상품평이나 사용후기를 보고 그 상품을 평가하듯이, 정치인도 그렇게 평가를 해야 한다. 그 사람이 발행하는 의정활동보고서나 의정활동백서에만 의존하지 말고 주변 사람들에게 물어보거나 인터넷 검색을 활용하면 어렵지 않게 평가 정보를 얻을 수 있다. 쇼핑 할 때는 눈이 빨갛게 정보를 검색하는 사람들이 투표할 때는 너무 신경을 안 쓴다. 이제 신경을 좀 써야 정치인들이 기억력 나쁜 국민들이라며 거만하게 굴지 않는다. 선거 끝나고 난 뒤에 후회하지 말고 미리 신경을 좀 쓰자.

사람됨을 어느 정도 평가했다면 다음 단계로 넘어가자.

스텝 2. 아무리 좋은 공약을 내걸더라도 실현될 가능성이 없으면 그건 말짱 도루묵이다. 그러니 공약의 수나 하겠다는 사업의 규모보다 실현가능성을 꼼꼼하게 따져봐야 한다. 옛날에는 당선되면 이것저것 다 해준다고 뻥을 칠 수 있었는데 요즘은 '매니페스토'(참공약)라고 해서 그 공약을 지킬 과정을 밝히게 한다. 2008년도에 개정된 공직선거법은 선거공약과 함께 각 사업의 목표, 우선순위, 이행절차, 이행기한, 재원조달방안을 게재하도록 하고 있으니 뻥을 치지는 않는지 잘 살펴보자. 이런 과정을 세세하게 밝히지 않는 사람이라면 일단 뻥쟁이로 봐야 한다.

한국매니페스토실천본부www.manifesto.or.kr에 가면 매니페스토운동과 관련된 여러 자료들을 찾아볼 수 있으니 참고하면 좋고, 중앙선거관리위원회 홈페이지에서도 여러 가지 선거정보와 선거자료 등을 찾아볼 수 있다. 매니페스토운동에 참여한 사람이라면 일단 그 공약을 한 번은 진지하게 고민한 사람이라고 할 수 있으니 약간은 더 신뢰할 만하다.

그리고 실현가능성과 더불어 중요한 것은 공약이 시민들의 욕구를 얼마나 반영했는가이다. 시민들은 당장 필요한 게 복지와 교육인데, 후보자들은 건설이나 재건축 등 엉뚱한 공약을 내는 경우가 많다. 실제로 한국에서는 대부분의 공약들이 아파트 재개발을 하고 커다란 편의시설을 세우고 다리를 놓고 도로를 닦는 하드웨어 쪽에 집중되어 있다. 일단 뭘 많이 세운다고 하는 사람들은 자세하게 따져봐야 한다. 왜냐하면 어떤 후보자들은 자신이나 가족들이 운영하는 기업에 이득을 가져다줄 공약들을 자기 지역을 위한 것인 양 선전하기 때문이다. 아니면 그냥 선거를 대행해주는 회사에 맡겨서 지역의 욕구와 무관한 사업들을 늘어놓기도 한다. 그러니 그 사업이 실제로 필요한 건지, 재정은 어떻게 조달할 것인지를 따져봐야 한다. 복지관이나 주민센터 등 주민들을 위한 시설을 만들겠다고 하는 경우에도 그 시설이 얼마만 한 규모로 어떤 위치에 세워지는지를 봐야 한다. 주민들이 잘 가지도 않는 곳에 어마어마한 돈을 들여 편의 시설을 세우는 경우도 많기 때문이다.

이사를 할 때는 다리품을 파는 만큼 좋은 집을 구할 수 있듯이 후보자의 정책을 평가할 때도 품을 들이는 만큼 좋은 사람을 대표로 뽑을 수 있다. 보통 후보자들은 선거사무소를 설치하니 그 사무실에 한번 방문해서 유권자의 지위를 실험해봐도 좋다. 직접 찾아갔는데 소 닭 보듯 한다면 주인을 제대로 섬길 준비가 안 된 대표이니 바로 리스트에서 지우자.

그리고 선거법에 따라 각 후보자들은 선거운동기간에 거리 유세나 전화, 문자, 이메일 등을 통해 자신의 정책을 알릴 수 있다. 대통령후보자는 텔레비전과 라디오 방송을 통해, 국회의원이나 자치단체장, 지방의원 후보자들은 지역의 유선방송을 통해 자신의 정책을 홍보한다. 또한 지정된 공개장소에서 연설하고 대담을 나눌 수 있다. 그러니 싹수가 보이는 인물인지 그 목소리에 귀를 잘 기울여보자.

또한 시민단체들은 보통 선거 때가 되면 후보들 간의 정책 토론회를 개최하곤 한다. 시간이 되면 한번 참석해서 무슨 얘기를 하는지 좀 들어볼 필요가 있다. 토론회에서 말을 잘하는 후보자보다는 하나의 정책이라도 진심을 가지고 대하는 후보자에게 귀를 기울이면 좋다.

자료를 찾아보고 꼼꼼하게 따져봤는데도 딱히 마음에 드는 사람이 없다면 다음 단계로 넘어가자.

스텝 3. 요즘 정치는 시장원리를 따라 정당이 정책을 생산하고 유권자가 정책을 선택한다는 논리를 많이 내세운다. 유권자가 직접 정책을 고민하지 않도록 최대한 소비자의 기호에 맞춰 정책을 만들고 뜻을 받들겠다고 외친다.

그런데 쇼핑할 때는 마음에 드는 상품이 없으면 사지 않는 게 최선의 선택이다. 만일 마음에 드는 후보가 없으면 어떻게 해야 할까? 마음에 드는 후보가 없는데도 자꾸 투표를 하라고 하면 어떻게 해야 할까?

마음에 드는 후보를 찾는 것도 시민의 몫이지만 마음에 들지 않는 후보를 떨어뜨리는 것도 시민의 선택 중 하나이다. 왜 이 물건이 마음에 안 드는지를 알려야 파는 쪽에서도 고민을 좀 할 게 아닌가? 좋은 상품이 나올 때까지 상품을 사지 않으면서 나쁜 상품을 계속 떨어뜨리는 것도 한 가지 방법이다. 제대로 된 후보자가 나올 때까지 계속 삐딱하게 굴자.

2000년에 문제 있는 사람들의 정당공천을 막고 선거에서

뽑을 만한 사람이 없다면
최소한 그 판이라도 깨끗하게 정화시키자.

떨어뜨리려는 낙천낙선운동이 불법임을 알면서도 벌였던 것도 잘못된 후보를 떨어뜨려 정치를 바꾸겠다는 취지였다. 어떻게 하면 마음에 안 드는 후보를 떨어뜨릴 수 있을까? 당시 낙천낙선운동에 대해 헌법재판소는 그 운동을 제한하는 선거법이 합헌이라는 결정을 내렸기 때문에 함부로 나섰다간 낭패를 볼 수 있다.

예를 들어 선거에 관한 단순한 의견을 표현하고 정당의 후보자 추천에 관한 지지나 반대를 표현할 수는 있지만 후보자나 배우자, 그 직계의 사생활에 관해 허위사실을 유포하면 7년 이하의 징역형 또는 500만 원 이상 3천만 원 이하의 벌금형을 받을 수 있다(워매, 무서워라). 그리고 후보자나 그 가족을 비방할 경우 3년 이하의 징역형 또는 500만 원 이하의 벌금형을 받을 수 있다. 다만 비방의 경우 진실된 사실이고 공공의 이익에 관한 것이면 처벌을 받지 않는다. 그러니 확실한 증거를 잡지 못하는 이상 섣불리 행동하지 말아야 한다.

따라서 안전하게 하는 방법은 후보자들이나 그 선거운동원들이 선거법을 잘 지키는지 감시하는 것이다. 문제가 있는 인물들은 반드시 선거법을 어기기 마련이다. 잘 감시하다가 그때를 노리자.

현행 공직선거법에 따르면, 공무원은 선거운동에 참여할 수 없고, 향토예비군 간부나 주민자치위원회의 위원, 새마을,

자유총연맹, 바르게살기운동협의회의 임원이나 대표자도 선거운동을 할 수 없다. 만일 이 사람들이 교육이나 모임을 빙자해서 "특정 정당이나 후보자의 업적을 홍보"하거나 "선거운동의 기획에 참여하거나 그 기획의 실시에 관여"하거나 "정당 또는 후보자에 대한 선거권자의 지지도를 조사하거나 이를 발표하는 행위" "선거기간 중 소속직원 또는 선거구민에게 명목 여하를 불문하고 법령이 정하는 외의 금품 기타 이익을 주거나 이를 약속하는 행위" "선거기간 중 국가 또는 지방자치단체의 예산으로 시행하는 사업 중 즉시 공사를 진행하지 아니할 사업의 기공식을 거행하는 행위" "선거기간 중 정상적 업무외의 출장을 하는 행위" "선거기간 중 휴가기간에 그 업무와 관련된 기관이나 시설을 방문하는 행위" 등을 한다면 모두 불법이다. 소위 '지역토호' 라 불리는 이런 사람들이 암암리에 선거에 개입하고 당선 이후에 그 대가로 온갖 이권을 챙긴다는 점을 고려하면 이런 사람들과 연관된 후보자들을 잘 감시하는 게 좋다. 선거운동기간에는 동네를 지날 때 누가 누구를 만나고 어떤 거래를 일삼는지 두 눈 치켜뜨고 지켜봐야 한다. 선거기간에는 향우회나 종친회, 동창회 모임을 열 수 없으니 그런 모임이 몰래 열리지는 않는지

자격 없는 후보자를 낙선시키는 정당한 방법:
불법선거운동 감시하기 (신고하면 포상금도 받을 수 있다)

- 정치자금이나 돈을 주고 받는지 감시하기
- 공무원이나 단체 대표들이 몰래 행사를 여는지 감시하기
- 불법 홍보물이나 이메일을 돌리지 않는지 감시하기

두 귀를 쫑긋 세우자.

이렇게 하면 최소한 아주 나쁜 후보가 당선되는 것을 막을 수 있다. 법을 지키지 않는 사람들이 당선되어 힘을 가지게 되면 더욱더 법을 지키지 않을 것이란 점은 당연하다. 그러니 처음부터 그 싹을 자르고 다른 후보자들에게 경고를 보내야 선거판을 깨끗하게 만들 수 있다. 뽑을 만한 사람이 없다면 최소한 그 판이라도 깨끗하게 정화시키자. 선거법 위반 현장을 목격하면 전국 어디서나 1588-3939번을 눌러 신고하면 된다. 그리고 중앙선거관리위원회 홈페이지를 통해서도 위반행위를 신고할 수 있다.

특히 중앙선거관리위원회는 거액의 불법정치자금이나 공천헌금을 받는 행위, 대규모 사조직이나 공무원조직을 동원하는 선거범죄의 경우 최고 5억 원, 금품·향응제공 등의 기부행위는 최고 5천만 원, 허위사실 공표, 비방·흑색선전 행위에 대해서는 최고 1천만 원, 인쇄물 배부 등 일반적인 선거범죄는 최고 200만 원까지 신고포상금을 지급하고 있다. 선거 때 얼굴도 모르는 후보자를 위해 춤추고 노래를 부르며 일당 3, 4만 원 받는 것보다 훨씬 좋은 아르바이트, 청년백수와 실업자 들을 위한 고소득 아르바이트이다. 돈도 벌고 사회에 좋은 일도 하니 불법선거를 감시하는 것은 행복한 정치 참여이다.

투표할 때 잊지 말아야 할 몇 가지들

미국의 경우 미리 등록한 사람들에게만 투표권을 주지만 한국은 19세 이상의 모든 국민에게 투표권을 주고, 지방선거에 한해서는 영주권을 얻은 지 3년이 지난 외국인도 투표권을 가진다. 그런데 투표권을 가질 수 있다는 것과 실제로 투표를 할 수 있는 것은 조금 다르다. 선거일은 법정공휴일이지만 직장이 쉬지 않으면 어쩌겠는가.

그리고 자기 주소지에 살지 않는 사람들은 선거일에 투표를 하지 못할 수 있기에 미리 부재자신고를 해야 한다. 군인이나 대학생, 직장인들처럼 자기 주소지가 아닌 곳에서 생활하는 사람들은 선거인명부 작성기간에 주소지의 자치단체장에게 서면으로 부재자신고를 해야 한다. 부재자신고서는 가까운 동사무소에서 받을 수 있고, 우편요금은 국가나 해당 지방자치단체가 부담하니 걱정하지 마시라. 부재자신고를 하면 지금 생활하는 주소지로 선거홍보물이 오니 앞의 스텝을 밟으면 된다. 그리고 그곳으로 배달되는 투표용지에 투표를 한 뒤에 다시 우편으로 보내면 된다.

국외에 있는 사람도 선거 실시 150일 전부터 60일 전까지 해외의 공관을 직접 방문하여 신고하면 투표를 할 수 있다. 여권사본과 국내의 최종주소지를 적은 신청서를 내면 된다. 국내와 다른 점은 기표용지에 ○표를 찍는 게 아니라 후보자의 성명이나 기호, 소속정당의 이름을 직접 적는다는 것이다.

자기 주소지에 사는 사람들은 선거 당일 투표소에 가서 투표를 하면 된다(간혹 선거인명부에 자기 이름이 누락되는 경우도 있으니 투표하기 전에 미리 명부를 확인하면 좋다). 투표일이 되면 중고등학생으로 구성된 투표 도우미들이 투표소마다 배치되니 노약자나 장애인 들은 도움을 받을 수 있다. 그리고 해당 선관위에 연락하면 차량이나 활동보조인을 지원해준다. 장애인이나 노약자의 이동을 고려해서 투표소를 1층에 설치하고 시각장애인용 투표보조용구도 비치된다.

투표소에 가서 주민등록증이나 여권, 운전면허증, 공무원증을 제시하고 투표용지를 받은 뒤에 투표를 한다. 앞서 말했듯이 국회의원선거나 지방선거의 경우 후보자에게 직접 투표하는 용지와 비례대표 투표용지를 따로 받아 각각 투표해서 기표함에 집어넣으면 된다. 잘못 찍었다고 다시 투표용지를 주지 않으

부재자투표를 하려면?

1. 가까운 동사무소에서 부재자신고서를 받아 작성 후 우편으로 발송한다.
2. 선거홍보물을 받고 후보자를 검토한다.
3. 투표용지가 배달되면 투표를 한 뒤에 우편으로 보낸다.

니 신중하게 한 번에 잘 찍어야 한다.

워낙 쓸 만한 인물이 없는 선거판인지라 대부분의 사람들은 기표소에 들어갈 때까지 망설이게 된다. '에라, 모르겠다 한 표 먹고 떨어져라' 하는 심정으로 투표할 수도 있지만 한번 떠난 투표용지는 다시 돌아오지 않는다. 미국에는 'no bullet, but ballot', 즉 '총알 대신 투표권'이라는 말이 있다. 총으로 해결할 일을 투표권으로 해결하라는 말이다. 그만큼 신중하게 찍어야 나중에 후회하지 않는다.

그리고 정 마뜩찮으면 무효표를 만들거나 투표를 거부해도 된다. 찍을 사람이 없는 선거판을 거부한다는 점을 표현하는 건 유권자의 권리이기도 하다. 유럽의 경우 실제로 투표거부운동이 벌어지기도 했고, 멕시코에서는 무효를 뜻하는 '눌로Nulo'를 찍자는 '보토눌로Voto Nulo' 캠페인이 벌어지기도 했다. 눌로 운동은 아무도 찍지 않는 것이 현직 정치인들을 뽑는 것보다 훨씬 낫다는 메시지를 전달하기 위해 벌어졌다고 한다.

다만 한국에서 이런 행위는 투표용지를 잘못 찍어 무효표를 만든 경우와 정치에 무관심해서 투표장에 가지 않는 경우가 구분되지 않기 때문에 그런 결심만으로는 충분하지 않다. 따라서 무효표를 만들거나 투표를 거부하려 한다면 최소한 웹사이트에서라도 그 운동의 취지를 알리는 블로그나 카페를 만들어 다른 사람들의 동참을 유도해야 의미를 가질 수 있다.

직업으로서의 정치?

이도저도 싫다면 당신이 직접 정치에 나서도 좋다. 까마귀 노는 곳에 백로야 가지 말라고 했으니 정치에 뭐하러 나설까 싶지만 정치도 이제는 하나의 직업이다. 요즘 같은 시절에 어디서 4년 동안 안정적으로 자리를 보장받을 수 있나? 그리고 재선, 3선, 계속 연장도 가능하다. 정치인이 되고 나서 누릴 수 있는 각종 특권을 생각하면 한번 도전해볼 만한 일이다.

한국의 대통령이 되면 국방과 외교, 정치, 경제 등 거의 모든 분야에서 핵심적인 결정을 내릴 수 있을 뿐만 아니라 다양한 혜택을 누릴 수 있다. 가족들에게까지 경호원이 붙는 건 물론이고 수많은 보좌관들이 청와대에서 함께 살며 도움을 준다. 연봉은 각종 수당을 포함해 2008년 기준 2억 원을 넘고, 매년 공무원 급여기준에 따라 인상된다. 이사철이 되어도 쫓겨날 걱정 없이 서울시 한복판 북악산이 보이는 목 좋은 땅에서 5년 동안 살 수 있고 벤츠와 BMW 등의 승용차, 대통령전용기 등을 탈 수 있다. 지금은 한 번밖에 못하지만 퇴임하고 난 뒤에도 연금을 받고 경호혜택을 누릴 수 있으니 그야말로 왕족의 생활이다.

대통령만이 아니라 국회의원들도 많은 특혜를 받고 있다. 약 1억2천만 원 정도의 연봉을 받고 매달 차량유지비, 통신요금, 정책개발비 등의 명목으로 670만 원 정도의 활동비를 받는다. 기차나 비행기를 무료로 이용할 수 있고 해외시찰이라는 명목으로 외국에 공짜로 다녀올 수도 있다. 국회에 사무실 공간도 무료로 제공받고 4급 보좌관 2명, 5급 비서관 1명, 6급 비서 1명, 7급 비서 1명, 9급 비서 1명을 채용해 업무를 돕게 하는데 이 비용도 모두 국가가 부담한다. 범죄를 저질러도 국회 안에서는 체포되지 않는 면책특권도 가지고 있다. 4년마다 한 번씩 시험대에 오르긴 하지만 일반 기업에 다니는 사람들 중 누가 이만한 권리를 누릴 수 있을까?

지방자치단체장의 권한도 그리 만만치 않다. 지방자치단체장은 지방공무원에 대한 인사권과 행정감독권, 자치단체의 정책을 짜고 집행할 권한을 가지고 있을 뿐 아니라 건축이나 위생 등 주민생활과 밀접하게 연관된 사업에 대한 인·허가권, 도시기본계획을 수립하고 승인할 권한도 가지고 있다. 적어도 자신의 지역 내에서는 대통령이나 다름없다. 자치단체장은 관사를 두고 그곳에서 생활할 수 있고, 그 자치단체에서 가장 많은 연봉을 받는다. 2008년을 기준으로 서울시장은 각종 수당을 합쳐 약 1억1천만 원의 연봉을 받고, 도지사나 광역시의 시장도 비슷한 연봉을 받는다. 하지만 단체장은 세 번까지만 할 수 있으니

12년 이내에 다른 자리로 옮기는 일이 많다.

국회의원과 비교하면 지방의원이 가지는 권한은 그리 많지 않다. 지방의원은 지방자치단체의 행정사무를 감사할 수 있고 예산을 심의할 수 있는 권한을 가진다. 그렇지만 지방의원은 국회의원처럼 정책을 제안하거나 결정할 수 있는 권한이 없고 단체장을 탄핵할 수 있는 권한도 없다. 현재의 지방자치제도에서 지방의원은 지방자치단체의 일을 보조하는 역할을 맡고 있다. 그래도 지방의원은 해외연수의 기회를 가지고 조례를 발의할 수 있는 권한을 가지며 상임위원회 활동을 하면서 이권에 개입하기도 한다. 그리고 지방의회에 사무실을 두고 각종 편의를 제공받는다. 또한 2006년부터 지방의원 유급제가 실시되면서 꼬박꼬박 연봉을 받는다. 서울시 시의원의 경우 연봉이 6804만 원으로 전국에서 가장 높다. 연봉이 가장 낮은 전라남도 도의원도 3960만 원을 받는다. 광역의원의 평균연봉은 4600만 원 정도로 웬만한 직장인만큼의 연봉을 받고, 기초의원도 평균 2700만 원 정도의 연봉을 받는다. 액수는 많지 않지만 임금체불 없이 매달 꼬박꼬박 받을 수 있고 추가혜택도 있다.

이런 권한을 마음껏 누릴 수 있기 때문에 많은 사람들이 정치에 뛰어든다. 그렇다면 나도 한번 도전해볼 수 있을까?

후보자로 나설 수 있는 권리를 '피선거권'이라 부른다. 공직선거법에 따르면, 5년 이상 국내에 거주한 40세 이상의 국민은 대통령 피선거권을, 25세 이상의 국민은 국회의원이나 단체장, 지방의원 피선거권을 가진다. 그런데 피선거권을 가진다고 모두가 선거에 나올 수 있는 것은 아니다. 보통은 정당의 후보자 추천을 받고, 무소속으로 출마할 경우에는 직접 주민들의 추천을 받아야 한다. 무소속으로 출마하는 대통령후보의 경우 5개 이상의 시·도에서 2500명 이상 5천 명 이하의 추천을 받아야 하고, 시도지사는 시·도의 3분의 1 이상의 자치구·시·군에서 1천 명 이상 2천 명 이하, 국회의원과 구청장·시장은 300명 이상 500명 이하, 광역의원은 100명 이상 200명 이하, 기초의원은 50명 이상 100명 이하의 추천을 받아야 한다.

정당에서 추천을 받을 때는 남자보다 여자의 경쟁이 조금은 덜 치열하다. 공직선거법은 비례대표후보 중 절반을 반드시 여성으로 추천하고, 선거에 나오는 후보 중 10분의 3 이상을 여성으로 추천하도록 노력해야 한다(안 지켜도 처벌을 받지는 않는다)고 규정하기 때문이다. 다른 나라에 비해 여성정치인의 수가 부족해서 강제로 여성후보자를 공천하도록 하기 때문에 여성후보간의 당내 경선이 조금은 덜 치열한 편이다(물론 그때그때 다르긴 하지만).

정당의 공천이나 주민의 추천을 받으면 후보자 등록을 하고 기탁금을 내야 한다. 대통령선거는 5억 원, 광역시도지사 선거는 5천만 원, 국회의원선거는 1천5백만 원, 자치구청장·시장

선거는 1천만 원, 광역의원선거는 3백만 원, 기초의원선거는 2백만 원이다. 원칙적으로는 모든 사람이 선거에 후보자로 나설 수 있지만 실제로는 이런 기탁금을 낼 수 있는 사람들만이 선거에 출마한다. 선거에서 유효투표의 100분의 15 이상을 득표하면 전액을 되돌려받고 100분의 10~15를 득표하면 절반을 돌려받는다. 비례대표들도 기탁금을 내는데 당선되면 전액을 돌려받는다. 일종의 위험비용이라 생각하고 반드시 되돌려받겠다는 각오로 선거에 임해야 한다.

중앙선거관리위원회가 운영하는 선거정보센터http://elecinfo.nec.go.kr에 가면 문헌자료만이 아니라 동영상자료, 사진자료, 선거공약, 홍보인쇄물자료 등을 볼 수 있으니 선거운동에 참고하면 된다.

본격적으로 선거운동에 들어가면 여러 가지 비용이 든다.

내가 직접 출마하려면?

자격

대통령 5년 이상 국내에 거주한 40세 이상의 국민

국회의원, 단체장, 지방의원 5년 이상 국내에 거주한 25세 이상의 국민

조건(무소속 기준)과 기탁금

대통령 5개 이상의 시도에서 2500~5000명의 추천, 5억 원

시도지사 사도의 3분의 1 이상의 자치구·시·군에서 1000~2000명의 추천, 5천만 원

국회의원 300~500명의 추천, 1천5백만 원

구청장, 시장 300~500명의 추천, 1천만 원

광역의원 100~200명의 추천, 300만원

기초의원 50~100명의 추천, 200만원

한국도 선거공영제를 실시하고 있기 때문에 선전벽보나 선거홍보물 발송, 방송을 이용한 정견발표 비용, 연설회 장소 대여비용 등을 국가가 부담한다. 하지만 그 외의 선거사무실 비용, 운동원 비용 등은 후보자가 부담해야 한다. 선거관리위원회는 특정 후보자가 많은 돈을 써서 당선되는 것을 막기 위해 선거비용의 상한선을 공지한다. 대통령선거의 경우 인구수×950원, 그러니 4500만 명을 한국 인구로 보면 대통령선거 비용은 427억 원 정도이다. 국회의원선거는 1억 원+(인구수×200원)+(읍·면·동 수×200만 원)으로, 특별시·광역시장 선거는 4억 원(인구수 200만 미만인 때에는 2억 원)+(인구수×300원), 도지사선거는 8억 원(인구수 100만 미만인 때에는 3억 원)+(인구수×250원)으로 상한선이 정해져 있다. 사실 이 상한선은 거의 지켜지지 않는다고 봐야 한다. 그래도 평범한 사람들에겐 큰 액수이니 이런 비용 때문에 선거에 나서는 것을 망설이는 경우가 많다.

사실 대통령선거에 드는 비용을 한 개인이 부담한다는 건 거의 불가능하다. 1992년 대통령선거에 현대그룹의 정주영 회장이 출마했는데, 그 정도 재력이 되어야 아마 출마가 가능할 것이다. 국회의원이나 자치단체장만이 아니라 광역의원이나 기초의원 선거도 최소한(선관위 얘기로는 최대한) 몇 천만 원의 선거비용을 써야 하므로 아무리 생각해봐도 선거에 직접 뛰어드는 건 좀 강한 결단을 필요로 한다. 그리고 선거를 도와줄 사람들도 필요하다.

하지만 언제 한번 동네에서 마이크 쥐고 경찰의 호위를 받으며 떠들고 싶은 곳에서 맘껏 하고 싶은 말을 다 할 수 있겠는가? 썩었다고 생각하고 내버려두면 알아서 정화되는 게 아니라 더 썩어들어가기 때문에 좋은 인물이 반드시 필요하다. 내가 직접 뛰어들기 어렵다면 주변의 친구나 동료들 중에서 괜찮은 사람을 적극적으로 도와주자.

뽑을 사람도 없고 그렇다고 내가 직접 선거판에 뛰어들 수도 없다면 이제 정치에 대한 관심을 접어야 할까? 그렇지는 않다. 대의민주주의의 문제점을 보완하려는 직접민주주의제도들이 한국에도 계속 도입되고 있다. 그런 제도들을 활용하면 우리의 정치적 불만을 조금이라도 해소하며 직접 정치를 경험할 수 있다.

선거 외에 정치에 참여할 수 있는 방법은?

대한민국 헌법은 모든 국민이 "인간으로서의 존엄과 가치를 가지며, 행복을 추구할 권리를 가진다"고 밝히고 있다. 어떤 사람이든 자신의 성性이나 신분, 종교 때문에 차별을 받지 않을 권리를 누려야 한다고 얘기한다. 하지만 우리의 삶은 그다지 존엄하거나 행복하지 않다. 여러 가지 이유가 있겠지만 일단 내가 발딛고 사는 사회가 그런 존엄과 행복을 보장하지 않는다. 남을 위해서 정치에 참여하자는 게 아니다. 내가 존엄하고 행복한 사람이 되기 위해, 더 좋은 노동조건과 적당한 월급을 받으며 인간답게 살기 위해 정치에 참여해야 한다. 헌법이 보장하는 우리의 권리를 좀 제대로 누려보자.

선거가 끝나면 당선된 사람들은 세상이 자기 것인 양 행동한다. 머슴에서 권력자로 안면을 싹 바꾼다. 선거 전에는 표를 구걸했지만 선거 후에는 '떼잡이'라며 경찰을 부른다. 이런 못된 인간들을 애써 참으며 고난의 시간을 보낼 필요가 없다. 한번 시작해볼까?

내가 뽑은 사람들을 감시하기

우리는 선거가 끝나면 할 수 있는 일이 아무것도 없다고 여기지만 그렇지는 않다. 내가 뽑은 사람이 자기 역할을 제대로 하고 있는지 감시의 눈길을 거두지 말아야 한다. 그래야 당선자들이 바짝 긴장하며 대표의 역할을 다하려 한다. 어떻게 감시할 수 있을까?

우리 사회에서 대통령을 감시할 수 있는 방법은 거의 없다. 아주 가끔 시장에 떡볶이 먹으러 나올 때가 아니면 가까이 접근하기 어렵고 신문이나 방송에서 보도된 내용 외에는 그 삶에 다가서기도 어렵다. 그래도 청와대 홈페이지www.president.go.kr에 가면 '대통령동정' 코너에서 대통령의 일정과 자료, 연설문 등을 확인할 수 있다. 자세하게 올라오진 않지만 대통령이 어떤 일을 계획하고 있는지를 알 수 있다. 그리고 '국정과제' 코너에서는 지금 정부의 국정철학과 주요정책과제, 정책자료 등 대통령이 어떤 생각을 가지고 어떤 정책을 추진하고 있는지를 확인할 수 있다. 이런 자료들을 잘 정리하면 앞으로 우리 사회에서 어떤 일이 일어날지를 미리 예측하는 것도 가능하다. 앞서 말했듯이 이런 정책들이 나와 우리의 요구와 얼마나 맞는지, 앞으로 추진하려는 계획들은 적절한지를 계속 지켜봐야 한다. 만일 불만이 있다면 '청와대광장' 코너에서 국민신문고를 클릭하면 국민권익위원회가 운영하는 국민신문고 사이트www.epeople.go.kr로 이동하니 불만을 털어놓자. 한 번 털어놓고 두 번 털어놓고 자꾸만 털어놓자. 설령 내 불만이 받아들여지지 않더라도 일단 속은 편하지 않을까?

혹 청와대의 내부가 궁금하다면 홈페이지의 '청와대 관람' 코너에서 관람을 신청할 수도 있다. 관람은 무료이고 청와대 관람을 갈 때에는 반드시 신분증을 지참해야 한다. 음식물을 가져가거나 동영상을 찍으면 안 되고 지정된 장소에서는 사진을 촬영할 수 있다.

대통령에 비하면 국회의원들을 감시하기가 조금 더 나은 편이다. 조금만 품을 팔면 국회의원들의 활동을 모니터하고 평가할 수 있다. 국회 홈페이지www.assembly.go.kr에 가면 지금 국회가 다루는 법률이나 국회의원들에 대한 정보들을 얻을 수 있다. '정보광장' 코너의 회의관련정보와 법률관련정보 등을 살펴보면 지금 국회가 어떤 내용의 법률을 다루고 있는지를 알 수 있다. 법률명이나 위원회, 내용으로 검색해서 궁금한 법률을 찾아서 볼 수도 있다. 그리고 '의원광장' 코너에서는 국회의원 현황과 국회의원들을 검색해서 볼 수 있고 그들의 홈페이지에도 찾아갈 수 있다. ‘의원실 통신’ 코너에서는 보좌관이나 정책비서를 모집한다는 채용공고도 볼 수 있으니 국회에 일자리를 구하고 싶은 사람들은 참고하면 좋다.

또한 ‘참여광장’ 코너에서는 국회에 직접 민원을 넣을 수도 있다. ‘국가기관의 불법 · 부당한 권한행사에 의한 피해의 구제’ ‘공무원의 비위 시정 또는 공무원에 대한 징계나 처벌의 요구’ ‘법률 · 명령 · 규칙의 제정 · 개정 또는 폐지에 관한 건의’ ‘공공의 제도 또는 시설의 운영’ ‘기타 공공기관의 권한에 속하는 사항’에 관해 국회의원의 소개를 받아 ‘청원’을 넣을 수 있고 직접 ‘진정’할 수도 있다. 또 정보공개법에 따라 국회와 관련된 정보를 공개하도록 요구할 수도 있다. ‘열린광장’ 코너에서는 정책을 제안하고 특정한 주제에 관해 토론을 할 수도 있다. 백문이 불여일견이라고 하다보면 조금씩 노하우가 쌓이고 청원 전문가가 될 수도 있다. 쓰라고 만든 홈페이지이고 제도이니 한 번쯤 활용하자.

그리고 국회 홈페이지에서 의원실 전화번호와 이메일을 알 수 있으니 우리 지역구의원을 찾아 계속 내가 원하는 바를 요구하자. 혼자 머릿속으로 생각만 하지 말고 대표들을 제대로 써먹

정치인들 감시 잘하는 방법

1. 직접 찾아가서 살핀다.
2. 인터넷에서 정보를 모은다.
3. 의견게시판이나 민원게시판, 국민신문고에 의견을 남긴다.
4. 의견에 대한 반응을 확인한다.

자. 전화하고 이메일을 보내다보면 언젠가는 답변을 들을 수 있다. 그렇게 들은 답변을 마을사람들과 나누며 또 다음 단계를 준비하자.

청와대처럼 국회 홈페이지에서도 국회 관람을 신청할 수 있고, 미리 신청하면 국회의원들의 회의장도 방청할 수도 있다. '국회방청규칙'에 따르면, 방청을 하고 싶은 사람은 미리 방청권을 받아야 하는데, 국회의원이나 국회소속기관의 2급 이상의 별정직 또는 서기관 이상의 일반직 공무원의 소개로 일반방청권을 받을 수 있다. 그리고 단체로 방청할 사람들은 미리 단체방청권을 신청해야 한다. 방청권을 받으면 주소, 이름, 직업, 연령 등을 적고 국회 내에서 이 방청권을 가지고 다녀야 한다. 그런데 국회의원들이 종종 방청을 제한하고 자기들끼리 얘기하는 경우가 있으니 매번 방청을 할 수 있는 건 아니다.

방청을 할 때 좀 어이없는 규칙들을 지켜야 하는데, 가령 방청객들은 모자나 외투를 입지 못하고 보자기나 기타 부피가 있는 물건도 가지고 들어갈 수 없다. 음식을 먹거나 담배를 필 수 없으며 신문이나 책을 읽지도 못한다. 그리고 회의장을 내려다보며 의견을 표시하거나 박수를 치지 못하고 소리를 내지도 못한다. 주인이 머슴들 일하는 것을 감시하러 왔는데 주인에게 예의를 지키라고 요구하니 이 무슨 어이없는 일인가. 자기들은 멱살 잡고 욕하며 온갖 난리를 치면서 주인들에게는 찍 소리 말고 물끄러미 지켜보라고 하는 꼴이다.

직접 조사하고 방청하는 부담감을 덜고 싶다면 참여연대가 운영하는 '열려라! 국회' 사이트http://watch.peoplepower21.org에서 잘 정리된 자료들을 볼 수도 있다. '의원모니터' 코너에서는 정당별, 지역별, 상임위원회별, 당선횟수별로 의원들을 검색할 수 있다. 국회의원들의 신상정보와 특이경력(선거득표율와 2위와의 표차, 당적이동현황 등), 의정활동(본회의 출석률, 본회의 투표현황, 대표로 발의한 법안, 상임위원회 출석률 등), 재산·후원금, 의원과 관련된 뉴스를 볼 수 있고, 국회의원에게 의견을 얘기할 수 있는 유권자 발언대도 마련되어 있다. 그리고 '국회모니터' 코너에서는 본회의 출석부, 본회의 표결현황, 상임위 모니터, 국회접수의안, 주요표결현황 등을 볼 수 있다.

국회만이 아니라 지방의회도 방청이 가능하다. 미리 지방의회 홈페이지를 방문해서 회기일정을 살펴본 뒤 지방의회로 가서 방청하면 된다. 국회와 달리 지방의회는 특별한 이유가 없으면 주민들의 방청을 막지 않는데, 상임위원회가 의결하면 비공개로 회의를 진행할 수는 있다. 지방의원들이 꼬박꼬박 출석해서 열심히 안건을 다루는지, 중간에 땡땡이를 치지는 않는지, 말도 안 되는 소리를 하지는 않는지를 잘 살피고, 대표 역할을 충실히 잘하는 사람을 눈여겨본다. 지방의원은 동네에서 길을 가다 만날 수도 있으니 얼굴도 익혀놓고 자주 들르면 감시하기 좋다.

지방자치단체장의 경우 각 지방자치단체 홈페이지에 들어가면 단체장과의 대화 또는 민원과 관련된 게시판들이 있다. 그곳에 글을 남기면 반드시 공무원들이 답변을 하도록 되어 있으니 궁금한 점이나 문제점을 계속 남기자. 국민권익위원회가 운영하는 국민신문고 사이트를 이용해도 좋다. 대표를 대표답게 길들이려면 끊임없이 문제점을 얘기하고 그것을 반영하도록 해야 한다.

기본적인 정보를 구해서 계속 의견을 내면 언젠가 한 번쯤은 반응이 온다. 특히 정치인들은 쪽수에 약하니 주변 사람들을 모아 함께하면 효과가 더 커진다. 정치인들은 시민의 눈을 의식해야 막나가지 않으니 정기적으로 한 번씩 쿡쿡 옆구리를 찔러줘야 한다. 품을 들이지 않고 쉽게 할 수 있는 일이니 상품평 올리듯이 한 번씩 글을 남기자. "I'll be back"이라는 마무리 멘트를 꼭 달아주고.

잘 못하는 정치인과 공무원 들을 괴롭히기

우리는 정치를 중앙정부에서 벌어지는 일들이라 생각하지만 미국과 같은 연방국가의 시민들은 연방정부의 주요 정치인들을 잘 모른다. 왜냐하면 자기 삶에 그다지 큰 영향을 미치지 못하는 사람들이기 때문이다. 외교나 조약, 전쟁과 같은 큰 이슈를 제외하면 실제 삶에 영향을 미치는 결정들은 대부분 주정부에서 내려진다. 그러니 연방국가의 시민들은 주정부의 정치인들에게 더 많은 관심을 가지고 그들을 감시한다.

만일 감시를 하다가 뭔가 미심쩍은 부분이 발견되면 어떻게 하면 좋을까? 아무리 감시를 해도 그걸 바로잡을 방법이 없다면 허무할 뿐이다. 한국에서 대통령이나 국회의원, 중앙부처의 장관들에게 직접 그 책임을 물을 방법은 없지만 앞서 얘기한 국민신문고를 통하면 공공기관이나 공무원의 부패를 신고할 수 있다. 신고한 사람이 피해를 입지 않도록 기피신청도 할 수 있으니 신문고를 잘 활용하자.

그리고 도지사나 시장, 구청장에게는 그 책임을 직접 물을 제도들이 있다. 대표적인 예가 바로 '주민감사청구제도' 이다.

주민감사청구제도는 지방자치단체장이 법을 위반하거나 공익을 해치는 행위를 할 경우 자치단체가 조례로 정한 서명수를 채워 상급기관에 감사를 직접 청구하는 제도이다. 예를 들어 구청장이나 군수의 문제점은 시장에게, 시장의 문제점은 도지사에게, 도지사의 문제점은 해당 부처 장관에게 감사를 청구할 수 있다. 수사나 재판과 관련된 사항, 개인의 사생활과 관련된 사항, 이미 다른 기관이 감사하거나 감사중인 사항을 제외하면 웬만한 일들에 관해 감사를 청구할 수 있다. 단체장이나 지방의원들의 비리나 부패, 잘못된 정책집행, 부조리한 공무원 인사 등 눈에 거슬리는 사안이면 어떤 것이든 청구가 가능하다.

그냥 서명만 받아 제출하면 되는 건 아니고 먼저 청구를 요

주민감사청구제도

지방자치단체장이 법을 위반하거나 공익을 해치는 행위를 할 경우 상급기관에 감사를 직접 청구하는 제도

1. 청구를 요구할 상급기관에 신청서를 제출하고 대표자 증명을 받는다.
2. 시·도는 6개월간, 시·군·구는 3개월간 청구인명부에 서명을 받되, 시·도는 19세 이상의 주민 중 500명, 인구 50만 이상의 대도시는 300명, 그밖의 자치구는 200명 정도의 서명이 필요하다.

주민소송제도

주민감사를 청구했으나 문제가 해결되지 않은 경우에 소송을 하는 제도

지방자치단체의 재정이나 회계와 관련된 분야로 제한되나 1명도 소송을 제기할 수 있다.

구할 상급기관에 신청서를 제출하고 대표자 증명을 받고 난 뒤에 청구인명부에 서명을 받아야 한다. 혼자서 서명을 받아야 하는 건 아니고 청구기관의 장에게 서명요청권 위임을 신고하면 여러 사람이 위임증을 받아 서명을 받을 수 있다. 서명기간은 시·도의 경우 6개월, 시·군·구의 경우 3개월이다.

물론 여러 명이 나눠서 받아도 길거리에서 주민들의 서명을 받는 것이 쉽지는 않다. 더구나 지방자치단체들은 주민들이 제도를 자주 활용하지 못하도록 많은 수의 서명을 받도록 하고 있다. 시·도는 19세 이상의 주민 중 500명, 인구 50만 이상의 대도시는 300명, 그밖의 자치구는 200명 정도의 서명을 받아야 한다.

하지만 독하게 마음먹고 달라붙으면 못할 것도 없다. 그리고 이렇게 서명을 받는 과정에서 동네주민들과 만나고 친해질 수도 있다. 혼자서 하기 힘들면 지역의 시민단체를 찾아가서 함께하자고 요청해도 좋다. 비리를 보고도 눈 감고 욕만 하며 가슴 태우는 것보다 그 책임을 묻는 게 결국에는 내 정신건강에 좋고 나와 우리들이 더불어 잘 사는 길이다. 공자님 가라사되, 덕 있는 자는 외롭지 않다고 했으니 반드시 뜻을 같이하는 사람이 나타날 것이다. 말만 이웃이지 고민을 나눌 만한 사람을 찾기 어려운 이 외로운 도시에서 잘하면 의로운 벗을 만들 수 있으니 마냥 힘든 일만은 아니다.

그래서인지 서울시의 경우에만 2008년까지 약 30여 건이나 주민감사청구가 이루어졌다. 지방의원들의 의정비 인상에 관한 내용부터 도시 및 주택개발과 관련된 내용, 쓰레기처리, 업무추진비, 학교운영위원회, 보육시설에 관한 내용까지 다양한 사안들에 관해 주민감사청구가 이루어졌다.

그런데 어렵게 주민감사를 청구해도 가재는 게 편이라고 상급행정기관이 하급기관의 잘못을 덮어주려고 하는 경우가 많다. 그럴 경우 '주민소송제도'를 활용할 수 있다. 2006년부터 도입된 주민소송제도는 주민감사를 청구했던 사람들 중에서 문제가 해결되지 않았다고 생각하는 사람이 소송을 제기할 수 있게 한다. 주민소송은 지방자치단체의 재정이나 회계와 관련된 분야로 제한되지만 1명도 소송을 제기할 수 있다.

이 제도가 도입된 이후 가장 많이 제기된 소송은 지방의회가 불법으로 인상한 의정비를 반환하라는 내용과 단체장과 지방의원들이 단란주점이나 관광, 격려금 등으로 부적절하게 사용한 업무추진비를 환수하라는 소송이었다. 지방의회의 불법 의정비 인상과 관련된 주민소송은 2008년 말 승소를 해서 서울 성동구, 양천구, 금천구, 도봉구 등의 지방의원들은 불법인상한 의정비를 반환해야 했다. 그러나 단체장과 지방의원의 부적절한 업무추진비를 고발한 주민소송은 패소했다. 서울행정법원의 판결문이 예술이다. "사회통념상 상당성의 범위를 벗어나 주민소송을 통한 책임을 물을 만큼 위법하다고 보기는 어렵다." 구의회 의장이 업무추진비를 단란주점에서 13차례나 사용하고 면세점에서 양주와 화장품을 구입하고 의원연수를 독도에서 하거나 5천만 원이나 되는 해외연수비를 주로 관광하느라 썼는데도 그것이 사회통념을 크게 벗어나지 않는다니 판사님들의 상식은 우리의 상식과 아주 다른 모양이다.

주민감사를 청구하거나 주민소송을 한다고 반드시 이긴다는 보장은 없지만 적어도 단체장과 지방의원 들에게 경고를 보낼 수는 있고 그들을 조금은 더 불편하고 귀찮게 만들 수 있다. 감사를 청구하거나 소송을 하면 적어도 주민들이 그 사람의 실체를 알 기회라도 생기고, 그래서 다음 선거에서 그 사람을 떨어뜨릴 수 있다. 귀찮다고 그냥 넘어가면 그들의 오만함은 극에 달하고, 결국 우리가 피땀 흘려 낸 세금이 그들의 쌈짓돈으로 변한다. 심지어 법원마저 그들의 손을 들어주니 그들이 누구의 눈치를 보겠는가. 이렇게 거만하고 못된 대표들은 혼쭐이 나야 조금이라도 정신을 차린다. 서글픈 현실이지만 우리가 주인임을 보여주고 주인으로 행동해야 그들도 대표로 행동한다.

정신 못 차리는 정치인들을 쫓아내기

그래도 정신을 못 차리는 정치인들이 있다면 어떻게 해야 하나? 한 가지 방법이 있다. 바로 '주민소환제도'를 활용해 그 자리에서 쫓아내는 방법이다. 2007년 5월부터 시행되고 있는 주민소환제도는 지방자치단체장이나 지역구 지방의원을 소환해서 그 책임을 묻고 해임시킬 수 있는 제도이다. 19세 이상의 주민과 영주권을 얻은 지 3년이 지난 외국인들에게 서명을 받아 소환을 요구할 수 있다. 시도지사를 소환하려면 총 주민의 10퍼센트 이상의 서명을 받아야 하고, 기초자치단체장(시장, 군수, 구청장)을 소환하려면 15퍼센트 이상의 서명을, 지방의원을 소환하려면 20퍼센트 이상의 서명을 받아야 한다. 서명을 받아 관할 선거관리위원회에 제출하면 선관위가 이를 검토한 뒤에 주민소환투표안을 공고한다. 이 공고가 나면 소환된 사람은 투표로 해임 여부가 결정될 때까지 자리를 내놓아야 한다. 투표 때 주민등록된 사람의 3분의 1 이상이 참여하여 절반 이상이 해임에 찬성하면 그 사람은 자동적으로 해임된다.

앞서와 마찬가지로 서명을 받을 때는 미리 신고를 해야 한다. 자신의 인적사항과 청구이유 등을 기재하여 관할 선관위에 신청한 뒤 서명을 받는다. 대표자와 서명요청권 수임자들이 시도지사의 경우 120일, 시군구청장이나 지방의원의 경우 60일 동안 서명을 받아 주민소환투표를 청구할 수 있다. 청구를 하면 관할 선관위가 검토한 뒤에 소환투표를 발의하고 투표를 실시한다.

'주민소환에 관한 법률'은 소환을 요구하는 이유를 제한하지 않는다. 어떤 이유로든 공직자를 소환할 수 있고 부패나 부도덕한 행위만이 아니라 무능함이나 독선적인 성품을 이유로 소환할 수도 있다. 그동안 정치인을 소환하려는 시도는 여러 번 있었지만 실제로 주민소환투표가 실시된 사례는 2건뿐이다. 왜냐하면 부패 사실이 드러나 소환운동을 벌이던 중에 구속되거나 자진사퇴해서 소환할 필요가 없어지기도 하고, 서명을 받아

주민소환제도

지방자치단체장이나 지역구 지방의원을 소환해서 그 책임을 묻고 해임시키는 제도

1. 소환 청구이유 등을 기재하여 관할 선관위에 신청한 뒤 주민들의 서명을 받는다. (소환대상이 시도지사이면 주민의 10퍼센트 이상, 기초자치단체장은 15퍼센트 이상, 지방의원은 20퍼센트 이상의 서명이 필요하다)
2. 서명을 관할 선관위에 제출하면 검토 후 주민소환투표안을 공고한다.
3. 이 공고가 나면 소환대상자는 투표로 해임 여부가 결정될 때까지 업무를 할 수 없다.
4. 투표 때 주민등록된 주민의 3분의 1 이상의 참여, 투표자 절반 이상의 찬성이면 해임된다.

야 하는 사람의 수가 너무 많고 서명방식이 까다로워 소환투표를 요구하기가 쉽지 않기 때문이다.

2007년 12월, 경기도 하남시에서 화장장 건립 추진과 관련해 시장과 시의원 3명을 상대로 주민소환투표가 진행되었다. 투표율이 3분의 1에 미치지 못해 시장과 1명의 시의원은 소환되지 못했고 시의원 2명이 실제로 소환되어 해임되었다. 이슈는 화장장 건립이었지만 실제 이슈는 시장이 지역에 큰 영향을 미치는 시설의 설립을 독단적으로 결정했다는 점이었다.

그리고 2009년 8월, 제주도에서는 도지사를 상대로 주민소환투표가 진행되었다. 주민소환의 이슈는 해군기지와 영리병원, 내국인카지노 건설 등이었지만 하남시와 마찬가지로 실제 이슈는 도지사가 마음대로 정책을 집행하는 것이었다. 투표율이 11퍼센트에 불과해 하남시와 마찬가지로 개표를 하지 않았기 때문에 도지사 소환은 실패했다.

하남시의 시의원 2명을 제외하면 정치인을 실제로 소환해서 해임시킨 사례는 없다. 그렇지만 소환투표 실시가 확정되면 그때부터 단체장이나 지방의원의 권한은 정지된다. 도지사나 시장, 지방의원의 모든 특권이 중지되기 때문에 정신을 차릴 따끔한 기회가 된다. 그래서 설령 소환되지 않았다 할지라도 그때부터는 주민들의 눈치를 살필 수밖에 없고, 다음 선거를 준비해야 하기 때문에 아무래도 마음대로 행동하기 어렵다. 아무것도 하지 않고 내버려두는 것보다 주민소환을 시도하면 정치인들을 길들일 수 있다.

앞으로는 대통령이나 국회의원들도 소환해서 해임할 수 있어야 국민들을 좀 무서워할 텐데 아직까지는 그런 제도가 없으니 어찌할 도리가 없다. 그렇다고 그들이 먼저 나서서 자신들을 소환할 수 있는 법을 제정할 리도 없으니 선거 때 잘 뽑는 것 외에 아직까지는 딱히 방법이 없다. 국민소환제도나 중간평가제도의 도입을 요구하는 시민운동을 벌이는 것 말고는(시민운동과 관련해서는 제4장을 참조).

내가 직접 조례를 만들기

헌법이 국가의 정신이라면 법률은 그 정신을 실현하기 위한 구체적인 지침이다. 현재 한국의 헌법에 따르면 입법권은 국회의 몫이다. 행정부나 대통령도 법안을 제출할 수 있지만 국회의 심의를 거쳐야 하니 실질적으로 국회가 법률의 제정과 개정, 폐지를 다룬다. 이 과정에 일반시민들이 참여할 수 있는 길은 거의 없다. 시민들은 국회의원을 통해서만 입법과정에 참여한다.

그런데 지역사회의 소소한 일을 정하는 조례의 경우에는 일반시민들의 참여가 가능하다. 2000년부터 '조례 제정 및 개폐 청구제도'가 만들어지면서 19세 이상의 주민이 일정한 수 이상의 서명을 받아 지방자치단체의 조례를 제정하거나 개정 또는 폐지할 것을 요구할 수 있다. 중앙정부의 법률은 국회의원의 소개를 거쳐서만 법안의 제정이나 개정, 폐지를 요구할 수 있지만, 지방정부의 법인 조례는 법을 위반하거나 세금을 걷는 일, 행정기구나 공공시설의 설치나 변경과 관련된 일이 아니면 대표자를 거치지 않고 주민들이 직접 제정과 개정, 폐지를 요구할 수 있다.

지방자치단체들이 조례로 정한 수 이상의 서명을 받아 자치단체에 제출하면 단체장이 이를 지방의회에 제출하고 지방의회가 심의한 뒤에 이를 조례로 확정하거나 부결할 수 있다. 행정안전부의 통계에 따르면, 2000년부터 2008년까지 총 158건의 주민발의가 있었고, 원안대로 의결된 것이 18건, 수정되어 의결된 것이 18건, 부결된 것이 17건, 이유가 적절하지 않다며 각하된 것이 12건, 주민들이 철회한 것이 4건, 의회가 심의하지 않아 자동폐기된 것이 8건, 진행 중인 것이 81건이다.

그 내용을 살펴보면 학교급식과 관련된 조례가 98건으로 전체의 62퍼센트를 차지하고, 도시계획과 관련된 조례가 17건으로 10.8퍼센트, 주거 및 상수도 시설에 관련된 조례가 12건으로 7.6퍼센트, 영유아 보육과 관련된 조례가 11건으로 7퍼센트를 차지한다. 그 외에도 시민참여나 시민감사관, 의정비와 관련해 조례가 발의되었다. 그 내용에서 드러나듯이 시민들이 직접 발의한 조례는 생활과 밀착된 내용들을 다루고 있다. 정치인들이 제대로 된 인물이라면 알아서 처리했어야 할 일인데도 그렇지 않으니 시민들이 직접 조례까지 만들어야 한다.

특이한 점은 이렇게 조례로 시작된 일들이 나중에 중앙정부

주민발의

생활에 필요한 내용을 조례로 만드는 제도

- 조례가 되면 정치인이 바뀌어도 효과가 계속된다.
- 학교급식, 보육, 도시계획 등 다양한 영역에서 활용할 수 있다.
- 중앙정치에도 영향을 미친다(정보공개, 학교급식 등).

의 법률까지 바꾸는 경우도 있다는 점이다. 예를 들어 1991년에 청주시의회가 '행정정보공개조례'를 통과시키면서 이슈가 되었고 나중에 국회가 이를 본받아 1996년에 '공공기관의 정보공개에 관한 법률'을 통과시켰을 정도이다. 학교급식조례도 비슷한 영향을 미쳐 조례제정에서 시작된 운동이 중앙정부의 변화를 이끌어냈고 2008년까지 전국 230개 지방자치단체 중 177개의 지방자치단체가 학교급식과 관련된 조례를 제정했다.

그러니 참여민주주의, 직접민주주의라는 말이 잘 들어맞는 사례는 이렇게 조례를 제정하고 개정하는 일이라고 얘기할 수 있다. 시민들이 함께 모여 마을의 공동관심사를 의논하며 서로 관계를 맺을 뿐 아니라 자연스럽게 정치가 어떤 과정을 밟으며 진행되는지를 경험할 수 있다. 민주주의의 학교는 바로 이런 과정을 뜻한다. 그리고 이런 변화는 나의 실제생활에 도움을 준다. 우리 아이가 건강한 먹거리를 먹으며 학교에 다닐 수 있고, 주거지역 안에 모텔이나 유흥시설이 난립하는 것을 막을 수 있다. 나 혼자라면 일일이 내 돈을 들여 해결해야 할 일이지만 이렇게 시민들이 힘을 모으면 모두가 조금 더 나은 생활환경을 누릴 수 있다. 정치는 혼자서 풀기 어려운 일을 함께 해결해가는 과정이다. 참여하는 만큼 나는 이익을 누리고 더불어 행복한 삶을 살 수 있다. 이렇게 즐거운 일이니 정치인들이 그 과정을 독점하려 드는 것이다. 이제 모두가 그런 공적 행복을 누려보자.

우리 동네일은 우리가 결정한다

정부가 갑자기 내 땅을 내놓고 다른 곳으로 떠나라고 명령하거나 우리 집 앞에 커다란 주상복합건물이 건설허가를 받으면 어떻게 해야 할까? 그래서 민원을 계속 넣어도 공무원들이 들은 척 만 척 한다면 어떻게 해야 할까?

대한민국 헌법에 따르면, 대통령은 외교·국방·통일 기타 국가안위에 관한 중요한 정책을 국민투표에 붙일 수 있고 헌법 개정안은 반드시 국민투표를 거쳐야 한다. 국민투표는 국민들이 국가의 중요한 정책을 직접 결정하도록 하는 직접민주주의인데, 안타깝게도 한국에서는 대통령만이 국민투표를 요구할 수 있다. 국민들이 중요하게 생각하는 결정이라도 대통령이 그렇게 생각하지 않으면 국민투표를 할 수 없고, 설령 국민투표를 하더라도 대통령이 자신에게 유리한 시기에 투표를 요구할 수 있다. 붕어빵에 붕어가 없다고 국민투표에도 국민을 빼는 이 안타까움을 어찌해야 할까?

국가 차원에서는 어렵지만 지역 차원에서는 이런 투표가 가능하다. 2004년 7월부터 시행된 '주민투표법'은 주민들의 삶에 큰 부담을 주거나 영향을 미치는 지방자치단체의 정책에 대해 주민들이 찬반의사를 밝히게 하는 제도이다. 법에 따라 단체장과 지방의회는 주민투표의 결과대로 행정적·재정적 조치를 취해야 하는 의무를 지기 때문에 주민투표는 매우 중요하다. 모든 사안에 대해 주민투표를 실시할 수 있는 것은 아니고 국가나 다른 지방자치단체의 권한에 속하는 일이나 법령을 위반하는 일, 행정기구나 공무원의 정원이나 신분에 관한 일 등에 대해서는 주민투표를 할 수 없다.

앞에서 얘기한 다른 주민참여제도들과 비슷하게 주민투표는 19세 이상 총 선거권자의 20분의 1에서 5분의 1 범위 내에서 지방자치단체가 조례로 정한 수의 서명을 받아 단체장에게 주민투표를 청구할 수 있다(단체장과 지방의회도 주민투표를 요청할 수 있다). 일단 주민투표가 발의되면 바로 투표를 하는 게 아니라 그 사안에 대해 찬성 또는 반대를 호소하는 투표운동을 벌일 수 있다. 운동이 끝난 뒤에 투표가 실시되고, 전체 투표권자의 3분의 1 이상이 투표하고 절반 이상의 지지를 받은 의견이 최종적인 결정으로 확정된다.

주민투표제도

마을의 중요한 정책이나 사업을 주민들의 투표로 결정하는 제도

1. 투표를 요구하는 주민들의 서명을 받아 주민투표를 청구한다.
2. 주민투표가 발의되면 사안에 대한 찬반운동을 벌인다.
3. 전체 유권자 중 3분의 1 이상의 참여, 절반 이상의 지지로 결정된다.

법이 제정된 이후 지금까지 주민투표는 모두 세 차례 실시되었다. 2005년 7월 제주도의 행정구조 개편에 관해 주민투표가 처음 이루어졌고, 같은 해 9월에 충청북도 청주시와 청원군이 통합하는 문제로 진행되었다. 그리고 2005년 11월 경상북도 경주시를 포함한 4개 지방자치단체에서 중·저준위 방사성 폐기물 처리장 유치를 둘러싸고 주민투표가 있었다. 그런데 이 세 건의 주민투표는 모두 주민들이 아니라 지방자치단체나 중앙정부가 청구해서 진행되었다. 그러다보니 말만 주민투표이고 실제로는 정치인들의 뜻을 주민들이 정당화하는 들러리 역할만 했다고 볼 수 있다. 똑같은 질문이라도 언제 어떻게 묻는가에 따라 그 답이 달라지는데 정부가 유리한 시기에, 유리한 방식으로 투표를 진행했다는 점에서 말만 주민투표이고 실제로는 관제투표였던 셈이다.

그런데 주민투표법이 제정되기 전인 2004년 2월 전라북도 부안에서는 주민들이 직접 선거명부를 작성하고 투표참관까지 담당하는 자발적인 주민투표가 진행되었다. 2003년 2월 중앙정부가 2조 원가량의 돈을 내걸고 방폐장을 유치하는 지역을 모집했고, 평소에 방폐장 반대를 외치던 부안군수가 하루아침에 찬성으로 돌변해 방폐장 유치를 신청했다. 정부는 이를 밀어붙여 불과 2주일 만에 산업자원부는 부안군 위도면 치도리 일대를 방폐장 부지로 확정 발표했다. 주민들의 동의도 구하지 않았고 부안군의회도 방폐장 유치신청을 부결했는데도 군수는 입장을 바꾸지 않았다. 그러자 주민들은 187일간 촛불집회를 열고 전북도청까지 삼보일배를 하는 등 반대의지를 보였고 정부는 대규모의 경찰병력을 보내 그 의지를 꺾으려 했다. 주민들이 찬성과 반대로 나뉘어 싸우고 경찰과 충돌하면서 구속자와 부상자가 늘어나는 등 사태가 수습되지 않자 부안 주민들과 전국의 시민사회단체들이 모여 실제 주민들의 의견을 들어보기로 하고 주민투표를 치르기로 발표했다. 그 결과 주민들의 91.83퍼센트가 방폐장 유치를 반대했다.

중앙정부는 반대결정이 난 뒤에도 이 투표를 인정하지 않는 치사함을 보였지만, 어쨌건 부안 주민들은 자신이 중요한 결정을 내릴 수 있는 정치주체임을 증명했다. 개표가 마무리되자 부안주민투표관리위원회는 "행정기관에 의한 투표보다 더 철저하고 더 공정하고 더 평온하게 진행됨으로써, 이제 앞으로 다가올 분권과 자치의 시대로 가는 길에서 더 없이 훌륭한 지침이 되고 교과서가 되었다고 확신합니다. 오늘 부안은 한국의 민주주의를 다시 썼습니다"라고 선언했다.

부안 주민들은 자신들에게 제대로 물어보지도 않고 잘못된 정보만 주면서 돈으로 주민들을 매수하려 했던 정부에 분노하면서 주민들은 정치에 적극적으로 참여했다. 주민투표가 끝난 뒤에 주민들은 독립언론인 '부안독립신문www.ibuan.com'을 만들어 그 의지를 가다듬었다. 부안 주민만이 아니라 우리도 민주주의의 역사를 다시 쓰는 정치주체가 될 수 있다. 그러니 두 주먹 불끈 쥐고 나한테 강요되는 부조리한 정책이나 결정들을 무조건 받아들이지 말자. 적절히 값을 쳐주겠다며 적선하듯 돈을 내미는 사람들에게 마을을 팔아먹지 말자. 주민투표는 그런 부조리에 맞서는 좋은 무기가 될 수 있다.

그런데 원래 주민투표는 어떤 정책을 결정하기 전에 미리 주민들의 의견을 구할 때 좋은 방향으로 활용될 수 있다. 이미 정책을 다 결정해놓고 주민투표를 실시할 경우 단순히 찬성/반대로 의견이 갈라지는 주민투표는 마을공동체를 갈가리 찢어놓기도 한다. 정치인들은 마을에 아무런 애정을 가지고 있지 않기에 주민투표를 자기 마음대로 이용하려 든다. 중앙정부는 방폐장을 선정할 수 없게 되자 경주를 비롯한 4개 도시에서 동시에 주민투표를 진행하고 찬성률이 가장 높은 곳에 방폐장을 세우고 그 대신 특별지원금 3천억 원, 연간 반입수수료 50~100억 원, 한국수력원자력 본사 이전 등을 준다고 약속했다(심지어 이런 약속마저도 제대로 지켜지지 않고 있다).

정치에 만병통치약은 있을 수 없다. 그런 만큼 두 눈을 크게 뜨고 신중하게 잘 살펴야 한다. 아직은 문제점이 많지만 이런 과정에서 주민들이 다양한 정보를 얻고 판단을 내리며 정치를 경험할 수 있기 때문에 주민투표제도는 중요하다.

마을예산, 이렇게 쓸 수 없나?

연말만 되면 여기저기 도로가 파헤쳐지고 멀쩡한 보도블록이 뜯겨나가기도 한다. 멀쩡한 시청이나 구청을 허물고 수십 층의 건물을 세운다고 하고 지역축제를 연다며 수십억 원을 뿌리기도 한다. 왜 이런 일이 반복될까?

돈이 남아서 이런 곳에 쓸데없이 돈을 쓰는 게 아니다. 서울시 강남구를 제외하면 대부분의 지방자치단체들의 재정은 턱없이 부족하다. 그러니 이런 쓸데없는 곳에 돈을 쓸수록 정작 필요한 곳에 예산이 사용되지 못한다. 나와 우리 마을에 필요한 일을 하라고 뽑아놨더니 정치인들은 쓸모없는 곳에 돈을 낭비하곤 한다. 감사원은 지방자치제 실시 이후 자치단체의 재정자립도가 떨어지는 주된 원인을 선심성·과시성 예산집행에서 찾고 있다. 매년 수천억 원의 예산이 낭비되고 있다.

그렇다면 지방정부의 예산을 우리가 원하는 방향으로 쓸 수 없을까? 지구 반대편에 있는 브라질의 포르투 알레그리라는 도시에서는 지역주민들이 모여 시의 예산을 사용할 곳을 직접 정한다. 시민이 직접 지방정부의 예산을 결정하는 것을 '참여예산participatory budgeting'이라 부른다. 처음에는 전체 시예산의 2퍼센트 정도만을 정했고 참가자가 700명 정도에 불과했지만 차츰 참여자가 늘어나면서 시예산의 25퍼센트 이상을 다루고 참여자가 11만 명에 이르는 기적을 이루었다. 인구 130만 명의 거대한 도시에서 수만 명의 시민이 참여하는 정치의 장이 마련되고 있다. 그리고 참여예산제도는 전세계 수백 개의 도시들로 수출되었고, 영국이나 캐나다, 스페인 등에서도 활발하게 실시되고 있다.

브라질 사례가 알려지면 한국에도 시민운동과 민주노동당이 참여예산제도의 도입을 주장하기 시작했다. 2003년 광주광역시 북구에서 주민참여예산제도가 처음 시행되었고, 그다음으로 울산광역시 동구와 북구, 대전광역시 대덕구, 경기도 안산시 등으로 퍼져나갔다. 그리고 2006년에는 행정자치부가 표준조례안을 지방자치단체에 배포하면서 지방정부들이 참여예산조례를 제정하기 시작했다. 2009년 6월까지 전국 90개의 지방자치단체들이 참여예산 관련 조례를 제정했다.

한국의 참여예산제도는 지방자치단체의 조례에 따라 조금씩 형태가 다르지만 공통된 점은 예산위원회를 구성하고 시민들 중에서 예산위원을 선출한다는 점이다. 주민자치위원회의 주민자치위원 또는 지역에서 추천을 받거나 직접 선출되는 예산위원들은 공무원이 제안하는 예산편성안을 검토하고 조정하는 역할을 맡는다. 행정안전부가 운영하는 자치법규정보시스템www.elis.go.kr이나 법제처가 운영하는 국가법령정보센터 www.law.go.kr 또는 지방자치단체의 홈페이지에 가면 우리 지역의 다양한 조례들을 검색할 수 있고 참여예산조례도 검색할 수 있다. 조례에 따라 나도 예산위원으로 나설 수 있으니 조례를 잘 살펴보자.

꼭 예산위원이 되지 않더라도 지방정부의 예산에 관해 의견을 낼 수 있다. 지방정부의 예산서는 지방정부 홈페이지에서 다운받을 수 있는데, 장난 아니게 두껍다. 그리고 우리 같은 평범한 도시생활자들에게 익숙하지 않은 단어와 숫자들이 가득하다. 그 두께와 내용을 보면 참여예산제도를 이용하겠다는 결심이 확 흔들린다.

그래서 이런 예산분석을 돕는 단체들이나 예산분석과 관련된 책을 보면 좋다. 예산분석을 전문적으로 하는 시민단체인 좋은예산센터http://issue.action.or.kr/cat의 도움을 받거나, 지방정부 예산분석의 전문가인 오관영의 『예산을 알면 지역이 보인다: 우리 동네 곳간을 지키는 예산감시운동』(이매진, 2009)을 보면 예산서를 보는 법을 배울 수도 있다.

참여예산제도

지방정부의 예산편성 과정에 주민이 직접 참여하는 제도

1. 지방정부의 참여예산 관련 조례를 검색해서 예산위원으로 신청한다.
2. 지방정부 홈페이지에서 예산서를 확인한 뒤 민원을 제기한다.

그러다 예산의 문제점을 발견하면 중앙부처의 홈페이지나 지방정부의 홈페이지에서 민원을 제기하거나 정보공개를 청구할 수 있다(정보공개청구를 하는 법은 제5장을 참조). 요즘은 민원을 제기하면 1주일 내에, 정보공개를 청구하면 10일 내에 담당 공무원이 답변을 하도록 하니 문제점에 대한 공무원의 생각을 확인할 수 있다. 담당 공무원이 직접 전화를 거는 경우가 많아서 좀 끈질기게 물고 늘어지면 분명 성과를 거둘 수 있다. 부족하다고 느껴지면 또 민원을 넣고 자꾸 넣고 될 때까지 넣다보면 나도 어느 순간 지역사회의 유지가 될 수 있다.

조금 따분하고 힘들어 보여도 예산을 따져보는 것은 매우 중요하다. 예산은 돈을 어디에 쓰고 있는지를 나타낼 뿐 아니라 앞으로 돈을 어디에 쓸 것인가도 보여주기 때문이다. 정책이 계획되고 집행되려면 돈이 필요하기 때문에 모두 예산에 반영된다. 따라서 예산을 잘 보면 지방정부의 정책을 알 수 있고, 예산안을 바꾸고 우리에게 필요한 방향으로 사용하면 내가 사는 마을의 모습이 확 바뀐다.

예산의 문제점을 지적할 뿐 아니라 이렇게 쓸 돈을 요렇게 쓰면 좋겠다는 계획을 세우고 마을 사람들과 함께 얘기를 나누어도 좋다. 만나고 떠들고 꿈을 꾸는 과정에서 행복한 마을이 만들어질 수 있다.

한국의 선거제도

선거	임기	재선여부	선출방식	참고사항
대통령	5년	재선 불가능 (단임제)	• 직접투표로 선출 • 후보자들 중에서 표를 가장 많이 얻은 사람이 당선	• 임기 중 소환 불가능
국회의원	4년	임기제한 없음	• 직접투표와 비례대표투표로 선출 • 직접투표의 경우, 표를 가장 많이 얻은 사람이 당선 (소선거구제) • 비례대표의 경우 득표율을 따져서 정당이 미리 발표한 비례대표순서대로 당선	• 임기 중 소환 불가능 • 국회 재적의원 2/3 이상이 찬성하면 제명 가능 • 100만 원 이상의 벌금이나 징역 이상의 형을 받으면 의원직 상실
단체장	4년	3번까지 가능	• 직접투표로 선출 • 후보자들 중에서 표를 가장 많이 얻은 사람이 당선	• 임기 중 소환 가능 • 100만 원 이상의 벌금이나 징역 이상의 형을 받으면 단체장직 상실
지방의원 (광역/기초)	4년	임기제한 없음	• 직접투표와 비례대표투표로 선출 • 기초의원 직접투표의 경우 표를 많이얻은 순서대로 여러 명이 당선(중대선거구제) • 비례대표의 경우 득표율을 따져서 정당이 미리 발표한 비례대표순서대로 당선	• 임기 중 소환 가능 • 100만 원 이상의 벌금이나 징역 이상의 형을 받으면 의원직 상실
교육감	4년	연속 3번까지 가능	• 자격요건은 교육경력과 교육 행정경력 5년 • 정당 개입 금지 • 투표용지에 기호 없음 • 직접투표로 선출 • 후보자들 중에서 표를 가장 많이 얻은 사람이 당선	• 임기 중 소환 가능 • 100만 원 이상의 벌금이나 징역 이상의 형을 받으면 교육감직 상실
교육의원	4년	2010년 선거가 마지막 선거 (제주도 제외)	• 교육경력과 교육행정경력 5년 • 정당 개입 금지 • 투표용지에 기호 없음 • 직접투표로 선출 • 후보자들 중에서 표를 가장 많이 얻은 사람이 당선	• 임기 중 소환 가능 • 100만 원 이상의 벌금이나 징역 이상의 형을 받으면 교육의원직 상실

3

정당 활용하기

아무리 생각해도 나 혼자 정치에 참여하는 게 부담스럽다면 비슷한 문제의식을 가진 사람들과 손을 잡으면 좋다. 대의민주주의제도를 갖춘 나라들은 시민들의 정치 참여를 도울 다양한 시스템들을 마련하고 있다. 정당이 대표적인 시스템이다. 원론적으로 얘기하면, 정당은 민심을 대표할 사람들을 선발하고 훈련시켜서 공직을 맡기고, 국가의 주요정책을 세우고 결정하며, 당원들의 정치교육을 담당하는 중요한 정치조직이다. 그래서 정당은 소수의 개인적인 이해관계가 아니라 시민들의 보편적인 이해관계, 즉 공공성을 지향해야 한다. 만일 그렇지 않다면 그것은 정당political party이 아니라 당파faction일 뿐이다.

그런데 한국에서는 정당이 시민의 정치 참여를 위한 도구나 민주주의의 기둥이라 얘기되지 않는다. 오히려 정당은 권력을 잡으려는 정치꾼들이 득실대는 악의 소굴처럼 여겨지곤 한다. 2007년에 서울대 사회발전연구소가 조사한 사회기관 및 단체에 대한 신뢰도 조사를 보면, 정당에 대한 신뢰도는 1996년 5.3퍼센트에서 2007년 2.9퍼센트로 계속 떨어지고 있다. 100

명 중 고작 3명만이 정당을 신뢰한다고 얘기하니 정당이 시민들의 대표성을 가진다고 얘기하기는 어렵다. 그리고 선거 때의 여론조사를 봐도 어느 정당도 지지하지 않는 '무당파층'이 제일 많다. 왜 한국의 정당은 이 모양일까?

그건 우리의 현대사와 관련되어 있다. 일제 식민지에서 해방되자 한국으로 돌아온 독립운동가들과 정치인들이 만든 정당들은 시민의 정치 참여를 위한 조직이 아니라 이들의 사조직으로 운영되었다. 당원들이 정당의 대표를 뽑고 정당의 정책을 토론하고 당론을 결정하는 것이 아니라 정당의 보스들이 일방적으로 당을 운영했다.

한국의 정당은 정당이 아니라 마치 당파처럼 움직였다. 정당이라면 그것이 내세우는 중요한 정책과 의제가 있어야 하는데, 한국의 정당은 누구누구의 당, 어느 계파의 당이었다. 언론

정당은
소수의 개인적인 이해관계가 아니라
시민들의 보편적인 이해관계,
즉 공공성을 지향해야 한다.
그렇지 않다면
정당이 아니라 당파일 뿐이다.

들도 정당의 정책보다는 정당의 우두머리들이 하는 말과 행동을 주로 보도했다. 그러다보니 우리 사회에서 정당은 권력을 잡기 위한 수단일 뿐 민주주의와 관계가 없는 것처럼 여겨진다. 사실 한국 정치가 지지부진하고 혼탁하기 그지없는 건 제대로 된 정당이 없는 탓이 크다. 그러니 정당을 계속 이대로 방치할 수는 없는 노릇이다. 정당의 역할과 기능을 좀 바로잡아야 한다.

중앙선관위가 운영하는 정당정보시스템http://party.nec.go.kr에 들어가면, 한국의 정당과 관련된 각종 자료들을 찾아볼 수 있다. 정당정보시스템은 정당들의 현황과 그 정당들의 정책, 소식 등을 담고 있다. 그런데 정당법이 제정된 1963년부터 2010년 2월까지 한국에는 몇 개의 정당이 창당되었을까? 모두 142개의 정당이 창당되었고, 한 정당의 평균수명은 대략 3년 정도이다. 정당보다 당파의 성격이 강하니 보스들 사이에 의견이 일치되지 않으면 바로 당을 뛰쳐나와 새로운 당을 만든 결과이다. 당내에서의 토론보다는 분당과 합당이 반복되었으니 한국의 정당은 이념이나 정책보다 두목들의 이해관계에 따라 분화되어왔다고 말해도 지나치지 않다.

짧은 시간 동안 새로운 정당들이 많이 생겨났으니 웬만한 정당 이름은 이미 다 사용되었다. 그래서 정당을 창당할 때 앞에 수식어를 더 붙여서 당명을 짓고, 실제로 쓸 때는 줄여서 사용한다. 예를 들어, 1963년에 민주당이 처음 만들어졌는데,

1987년에 만들어진 통합민주당도 민주당, 2000년에 만들어진 새천년민주당도 민주당, 2008년에 만들어진 통합민주당도 민주당이라 이름을 쓴다.

한국 정치를 바꿔야 한다는 얘기를 할 때 제대로 된 정당을 만들어야 한다고 말하는 이유는 그만큼 정당의 역할이 중요하다는 뜻이기도 하다. 어찌되었건 정당의 후보자들이 대부분의 실제 권력을 차지하기 때문에 현실정치에서 정당의 역할이 중요할 수밖에 없다. 무조건 정당을 불신하고 거부하는 것보다 직접 정당에 들어가 통제하고 올바른 방향으로 바꿔보려는 노력도 필요하다. 그리고 정 싫다면 무엇이 문제인지를 분명히 드러내야 해결책을 함께 찾을 수 있다.

정당의 당원이 된다는 건 정치에 한 발짝 가까이 다가섰음을 뜻한다. 요즘은 개인이 정당에 내는 당비나 후원금에 대해 소득금액에서 10만 원까지 세액공제하고, 10만 원을 초과하는 금액은 전액 기부자의 소득액에서 공제된다. 따라서 당비를 내도 가계부에 전혀 부담을 주지 않으니 정당에 가입해서 정치게임을 즐겨보는 것도 나쁘지 않다.

그럼, 우리도 한번 정당의 당원이 되어볼까?

당원이 되면 무엇을 할 수 있을까?

정당의 당원이 되는 법은 그리 어렵지 않다. 당원이 되려면 입당원서를 작성해서 정당의 시·도당이나 창당준비위원회에 제출하면 된다. 그리고 인터넷 상에서 입당원서를 작성해 보내도 당원이 될 수 있다. 현재 한나라당www.hannara.or.kr, 민주당www.minjoo.kr, 미래희망연대www.gokorea.org, 민주노동당www.kdlp.org, 진보신당www.newjinbo.org, 사회당www.sp.or.kr을 비롯한 거의 대부분의 정당들은 인터넷을 통해 입당할 수 있는 시스템을 마련해놓고 있다. 원칙적으로 정당은 입당원서를 접수하고 난 뒤 당원자격 심사기관의 심의를 거쳐 입당 허가를 하고 당원증을 발급하도록 되어 있지만 대부분 심사 없이 당원의 자격을 준다. 그리고 당을 떠나는 법도 그리 어렵지 않다. 입당할 때와 마찬가지로 시·도당이나 중앙당에 탈당신고서를 제출하거나 인터넷을 통해 탈당할 수 있다.

그런데 지금의 정당법에 따르면, 모든 사람이 당원이 될 수는 없다. 대통령이나 국회의원, 단체장, 지방의원, 대학 총장이나 교수, 강사를 제외한 공무원과 학교 교사는 당원이 될 수 없다. 이들에게는 정치적 중립의 의무가 있기에 특정 정당에 가입할 권리가 허용되지 않는다. 그리고 외국인이나 선거권을 가지지 못한 19세 미만의 청소년도 당원이 될 수 없다(그렇지만 민주노동당과 진보신당, 사회당 등은 청소년의 가입을 허용하고 있다). 외국의 경우 공무원이나 교사들의 정당 가입을 허용하고 있는데, 한국은 옛날 권위주의 정권이 공무원이나 교사 들을 동원해서 불법선거를 일삼았기 때문에 이를 금지하고 있다. 누구나 정치적 신념을 가지고 정치활동을 펼칠 수 있어야 한다는 점을 생각하면 이런 금지조항은 그리 바람직하지 않다. 그리고 독일 사민당의 경우 14세 이상의 청소년에게도 정당 가입을 허용하고 있다. 정치를 권력의 행사로만 이해하지 않고 공적인 세계에 참여하고 그 세계를 변화시키는 과정이라 본다면 정당 가입과 정치활동의 자유는 인간의 가장 기본적인 권한이다.

그리고 정당은 자발적으로 가입하는 조직이다. 정당법은 정당이 재정을 자립하고 당원들의 의지를 모으기 위해 당비를 받아야 한다고 규정하고 있다. 당원은 다른 사람의 당비를 대신 부담할 수 없고 만일 그런 당원이 있다면 당비를 다른 사람에게 내게 한 사람이나 대신 내준 사람 모두 1년간 당원자격을 정지시키도록 규정하고 있다.

당원의 자격

- 공무원과 교사를 제외한 모든 시민은 가능하다.
- 외국인과 19세 미만의 청소년은 당원이 될 수 없다.
- 당비를 내야 당원의 권리를 누릴 수 있다.

잠깐, 당신들 당비는 내고 당원 하나?

어떤 정당에 가입을 하는 것이 좋을까? 정당은 이념과 정책을 실현하는 조직이니 당연히 그 정당의 정신이라 할 당헌黨憲을 먼저 봐야 한다. 그래서 모든 정당들은 자신의 홈페이지에 당헌을 공개하고 있다.

그런데 잠깐, 한국 사회의 특수성을 고려해서 그 정신을 보기 전에 정당조직의 뿌리부터 먼저 따져보자. 당원으로 가입한다는 건 정치에 관심을 가지고 적극적으로 참여하겠다는 뜻이다. 따라서 자기 조직을 유지하고 키우는 일에 당원들이 참여해야 한다는 점은 당연하다고 하겠다.

그러나 한국의 정당이 원래 정당의 목적을 잘 충족시키지 못하고 있듯이, 불행히도 이 당원규정 또한 거의 사문화되어 있다. 현재 모든 정당은 당헌에 당원의 당비 납부를 의무로 규정하고 있다. 그런데 중앙선거관리위원회의 자료에 따르면, 2008년 한국의 당원들 중에서 당비를 내는 사람은 7.1퍼센트에 불과하다. 당원이 당비를 내는 비율이 높은 정당부터 순서대로 얘기하면, 진보신당이 64.8퍼센트로 으뜸이고, 민주노동당이 57퍼센트, 사회당이 31.8퍼센트, 한나라당이 11.1퍼센트, 민주당이 1.4퍼센트, 창조한국당이 0.6퍼센트, 자유선진당이 0.3퍼센트, 친박연대(지금의 미래희망연대)가 0.2퍼센트이다. 진짜 정당이라면 100퍼센트가 당연할 터인데 절반도 넘기지 못하는 정당들이 대부분이다. 오죽했으면 당비를 내는 당원을 '진성당원'이라 따로 부를까?

그렇다면 당비를 내지 않는 당원들은 도대체 누구일까? 그리고 왜 당원으로 남아 있는 걸까? 조금 더 노골적으로 물어보면 그들은 자신이 당원인 줄은 알고나 있을까? 정당법은 당원명부를 작성하고 탈당한 사람에 대해서도 탈당원명부를 비치하도록 하고 있다. 자발적인 결사체이기에 정당은 모든 시민이 아니라 입당원서를 내고 정치활동을 하려는 시민만을 당원으로 받아들여야 한다. 그러니 당비를 내는 사람이 1퍼센트 미만인 정당들은 사실상 허깨비당원을 두는 '유령정당'이라고 봐야 한다. 정당의 탈을 쓰고 있기는 하지만 실제로는 여기저기서 의지도 없는 사람들을 끌어들인 허깨비조직일 뿐이다. 연말정산으로 정당에 낸 돈을 모두 돌려받는데도 당비를 내지 않는다는 건 그 당의 활동에 아무런 관심이 없다는 뜻이 아닐까?

그렇다면 이런 허깨비당원이 왜 필요할까? 일단은 당의 규모를 과시하기 위해 필요하다. 아무래도 당원이 많은 정당은 다른 정당들보다 더 힘이 강해 보이지 않겠는가. 그리고 그보다 더 중요한 이유. 정당은 공직에 진출할 후보자들을 발굴하는 역할을 맡는데, 그 공천과정에서 당원들이 결정권을 행사한다. 원칙적으로 당비를 내지 않는 당원은 그 권한을 행사할 수 없지만, 실제로 당비를 내는 당원이 많지 않기 때문에 한국의 정당들은 유보조항을 두고 있다. 즉 공천을 앞두고 6개월 이상 연속해서 당비를 납부한 사람에게 후보자로 나설 피선거권과 투표권을 주고 있다. 그러니 평상시엔 당비를 내는 사람이 없다가 선거가 다가오면 갑자기 당비가 팍팍 늘어나고 다른 사람의 당비를 대신 내주는 착한 당원(?)까지 생긴다. 이런 허깨비당원들이 공천과정에서 투표권을 행사한다. 한국의 정당이 비민주적이라 비판을 받는 이유는 보스들이 의사결정권을 장악하고 있을 뿐 아니라 이처럼 허깨비당원을 동원해서 공직을 사고파는 일이 일상화되어 있기 때문이다.

여기서 놀라운 사실 하나 더. 당비조차 제대로 걷지 않는 정당은 도대체 무슨 돈으로 운영될까? 놀랍게도(?) 한국의 정당들 대부분은 국가에서 보조금을 받아 정당을 운영하고 있다. 2008년도에 한나라당이 받은 국고보조금은 약 243억 원으로 당비로 걷은 172억 원보다 약 77억 원이 많다. 민주당의 국고보조금은 약 250억 원으로 당비로 걷은 75억 원보다 무려 175억 원이 많다. 국고보조금보다 당비를 더 많이 걷는 정당은 민주노동당과 진보신당뿐인데, 진보신당은 국고보조금 약 4억 원보다

19억 원이 많은 약 23억 원을 당비로 걷고 있다. 정부가 유령정당을 해산시키기는커녕 막대한 돈을 대며 유지시키고 있으니 참으로 아이러니다. 정부가 법을 지키지 않는 불법집단을 묵인하고 있으니 이 무슨 일일까?

종합하면 이런 판단이 딱 나온다. 당비납부비율이 낮은 한국의 정당들은 평상시엔 국고보조금을 받아 국민의 세금으로 당을 유지하고 당원들도 거의 방치하는 유령정당이다. 그러다가 선거가 다가오면 갑자기 정당으로 거듭나서 당원들의 돈을 걷고 공직을 거래한다. 민주주의와 상관이 없을뿐더러 되레 민주주의를 파괴하는 가장 악랄한 세력이 바로 이런 정당들이다. 공직자를 배출하는 정당이 법을 지키지 않으니 백날 법치주의를 외쳐봐야 아무도 그 소리를 귀담아 듣지 않는다.

따라서 제 아무리 좋은 이념, 정책을 내걸고 있더라도, 당헌의 내용이 아무리 좋고 민주적이더라도 당비를 제대로 걷고 쓰지 않는 정당은 빛 좋은 개살구일 뿐이다. 보수/진보, 좌/우를 다 떠나서 당비를 내는 당원의 비율로 그 정당의 건강성을

당비납부비율이 낮은 한국의 정당들은
평상시엔 국고보조금을 받아
국민의 세금으로 당을 유지한다.

평가해야 한다. 당비를 제대로 걷고 당비를 제대로 쓰는 정당에 가입해야 내가 관객으로 소외되지 않고 정치에 참여할 수 있다. 돈을 내는 당원이 많다는 것은 당의 운영과 의사결정에 관심을 가진 당원들이 그만큼 많다는 것을 뜻하기 때문이다. 진성한 당원이 늘어나야 정당이 제 역할을 하고, 그래야 우리가 썩은 정치를 바로잡을 수 있다.

그리고 당비를 내지 않는 당원들이 있는 반면 당비를 내고서도 정당의 활동에 관심을 두지 않고 참여하지 않는 '나 몰라라 당원'들도 있다. 당비로 내는 돈이야 연말공제로 돌려받을 수 있으니 굿이나 보고 떡이나 먹자는 심정일지도 모른다. 하지만 그것은 정당 내부의 의사결정구조를 장악한 패거리들이 바라는 바이다. 나의 무관심이 못된 패거리들에게 힘을 실어주는 격이니, 정당에 가입했다는 사실만으로 정치를 바로잡기는 어렵다. 더 나은 정치를 기대한다면, 당원으로서의 권리와 의무를 적극적으로 활용해야 한다.

당원이 되면 무엇을 할 수 있을까?

모든 정당들은 당헌과 당규에 당원이 누리는 권리를 규정하고 있다. 그러니 당헌과 당규를 잘 살펴보자. 한나라당의 경우 당원은 선거권, 피선거권과 함께 당의 의사결정에 참여할 수 있는 권리, 당의 조직활동에 참여할 수 있는 권리, 당원협의회 임원이 될 수 있는 권리, 당의 처분에 이의가 있을 때 이의를 제기할 수 있는 권리를 가진다. 즉 당원은 당내에서 직책을 맡거나 직접 선거의 후보자로 나서거나 다른 후보자의 공천을 지지할 권한을 가지고 당내의 정치활동에 참여할 수도 있다.

민주당의 당규도 이와 비슷하게 당원의 권리를 규정한다. 당원은 당직자선거와 선거후보자 공천에서 선거권과 피선거권을 가질 뿐 아니라 당의 정책입안과 의사결정, 당의 조직활동에 참여할 권리를 가지고 당의 활동에 관한 자료를 제공받고 의견을 제출할 수 있는 권리도 함께 누린다.

보통 정당은 이런 당원의 권리와 함께 당원에게 당의 강령과 기본정책에 따를 의무, 당헌과 당규를 준수하고 당론과 당명에 따를 의무, 당의 후보자를 지원할 의무, 당의 교육훈련을 받을 의무 등을 규정하고 있다.

그런데 민주노동당과 진보신당은 다른 정당들과 달리 당원들에게 한 가지 권리를 더 주고 있다. 민주노동당과 진보신당의 당원은 당의 모든 선출직 및 공직선거 당선자에 대하여 당규에 정해진 바에 따라 소환을 요청할 권리를 가진다. 그리고 사회당은 따로 당원소환제에 관한 규정을 두고 있다. 당원소환제는 당의 명예를 더럽힌 간부를 당원들이 소환하는 것으로 모든 선출직 당간부를 소환할 수 있다.

이렇게 당원의 권리가 구체적으로 잘 규정되어 있을수록 당원의 권한이 더욱더 커진다. 요즘은 당의 활동과 당직자선거에 관한 내용을 이메일로 받아볼 수 있으니 당원의 권리를 적절히 활용해야 한다. 그리고 정당 홈페이지의 당원게시판에 글을 올리며 당내의 여러 가지 이슈들에 자기 목소리를 내야 한다. 그래야 정당이 올바른 방향으로 발전할 수 있다.

그런데 정당 내에서 모든 당원들이 똑같은 권리를 가지는 건 아니다. 정당들은 여성과 장애인 같은 사회적 약자의 권리를 보장하기 위해 특별한 규정들을 두고 있다. 한나라당은 각종 의결기관의 선임 대의원 및 선거인단을 구성할 때 여성비율을 50

당원의 권리

- 당내의 의사결정 과정에 참여할 수 있다.
- 대의원으로 선출되면 전당대회에 참여할 수 있다.
- 공직자를 소환해서 책임을 물을 수 있다.
- 공직자 후보로 나설 수 있다.

퍼센트로 하고, 각종 선거(지역구)의 후보자 추천 시 여성비율을 30퍼센트로, 주요 당직 및 각종 위원회 구성 시 여성비율을 30퍼센트로 한다는 규정을 두고 있다. 그리고 민주당은 중앙당 및 시·도당의 주요당직과 각급 위원회의 구성, 공직선거의 후보자 추천에 있어서 당헌·당규로 정하는 바에 따라 여성당원이 30퍼센트 이상 포함되도록 노력한다는 규정을 두고 있다. 여기에 더해 민주당은 만 45세 이하인 청년의 정치 참여 기회를 확대하기 위해 당직과 공직선거의 후보자 추천에서 청년당원이 일정 비율 이상 포함되도록 노력한다는 규정도 두고 있다.

민주노동당과 진보신당은 여성의 정치 참여를 확대하고 실질적인 남녀평등을 실현하기 위하여, 모든 선출직과 임명직에 여성당원 30퍼센트 이상을 할당한다는 조항, 장애인의 정치 참여를 확대하고 실질적인 사회활동을 보장하기 위하여 모든 선출직과 임명직에 장애인당원 5퍼센트 이상을 할당한다는 조항을 따로 두고 있다. 그리고 사회당은 국회의원 비례대표후보나 중앙위원 선출 시 여성비율을 50퍼센트 이상으로 높이고 당직자 채용에서도 여성을 우대하도록 규정하고 있다.

그러니 다른 정당들에 비해 여성과 장애인들은 민주노동당이나 진보신당, 사회당의 당원이 되면 다른 정당들보다 조금 더 많은 권리를 누릴 수 있다.

정당의 공천을 받은 사람들이 선거에서 승리하는 경우가

많으니 당원이 되면 '간접적으로' 중요한 정책결정이나 의사결정과정에 영향을 미칠 수 있다. 정당은 공직자를 선출할 뿐 아니라 그런 공직자들을 관리하고 책임지는 역할도 맡기 때문에 당원은 어떤 사안에 대한 정치적인 책임을 정당 내부의 규정을 통해 물을 수 있다. 예를 들어, 정당의 윤리위원회는 당헌이나 당규를 위반하거나 비리를 저지른 당원, 뇌물이나 불법정치자금을 받은 당원을 기소하고 징계할 수 있다. 이런 규정을 활용하면 어렵게 주민감사제도나 주민소환제도를 쓰지 않고 당 내부에서 문제 있는 정치인을 징계할 수도 있으니 이런 권한을 잘 활용해야 한다.

그리고 당원은 단순히 좋은 공직자를 선택하는 역할만 맡지 않는다. 앞서 선거를 살피면서 얘기했던 내용들을 고스란히 정당 내에서도 적용할 수 있다. 당원은 당에서 중요한 직책을 맡은 사람들의 활동을 모니터하고 감시하며 정당의 정책을 구성하거나 결정하는 과정에 참여할 수 있다. 만일 내가 속한 정당이 대통령을 당선시키거나 국회의 다수당이 된다면 그만큼 내가 지지하는 바를 현실에서 실현할 수 있다.

우리는 정치를 공직자 선거로만 생각하는데, 정당에 가입하면 그런 과정을 정당 내부에서 한 번 더 경험할 수 있다. 정치는 외우고 학습하는 게 아니라 경험하고 판단하는 것이다.

정당은 어떻게 당론을 결정할까?

모든 정당들은 당론을 결정하고 자기 정당의 공직자를 통해 이 결정을 추진한다. 그렇다면 당론은 어떻게 결정될까? 모든 정당들은 당헌에서 전당대회가 당의 가장 중요하고 최고권위를 가진 기관이라 규정한다. 전당대회는 보통 1, 2년마다 한 번 개최되기 때문에 세세한 일들을 결정하지는 못하고 큰 맥을 주로 다룬다. 대의원이 되면 이런 전당대회에 참여해 권한을 행사할 수 있다.

한나라당의 전당대회는 특별한 일이 없으면 2년에 한 번 소집되는데, 일반 당원들은 당원협의회의 추천을 받아 시·도당 운영위원회에서 의결을 받거나 국회의원의 추천을 받으면 대의원이 될 수 있다. 일반 당원이 대의원 총수의 50퍼센트 이상을 차지해야 하는데, 그중 50퍼센트는 여성으로, 그리고 20~40퍼센트는 만 40세 미만의 당원으로 채운다. 전당대회는 당강령이나 당헌의 채택과 개정, 당의 해산과 합당, 대표최고위원, 최고위원, 대통령후보자 지명 등 중요한 역할을 맡는다.

민주당 역시 전국대의원대회가 당의 중요한 결정을 내리

는데, 각 지역위원회에서 선출된 당원들이 대의원으로 참여할 수 있다. 선출되는 대의원 중 70퍼센트는 지역구 국회의원 선거구 수에 따라 배분되고, 30퍼센트는 지역구 국회의원 선거구별 당원 수 및 최근 실시한 전국 규모 선거에서의 득표율에 따라 배분된다. 전국대의원대회는 전당대회와 비슷한 권한을 행사한다.

민주노동당은 당대회를 최고의결기관으로 두는데, 당원들은 지역위원회나 당원선거를 통해 지역대의원으로 선출되거나 노동, 농민 등의 부문대의원으로 선출된다(부문대의원의 수는 지역대의원 수의 절반이다). 앞서 당헌의 규정에 따라 대의원 중 여성비율이 30퍼센트 이상, 장애인이 5퍼센트 이상이어야 한다. 당대회 대의원은 당의 중요한 결정만이 아니라 '3분의 2의 찬성으로 최고위원에 대한 탄핵 발의'와 '당의 주요정책 및 진로에 대한 당원총투표 회부'의 권한을 가진다. 정기 당대회는 2년에 한 번 5월 말 이내에 소집된다.

진보신당도 당대회를 최고의결기관으로 두는데, 당원들은 민주노동당과 비슷하게 지역대의원과 부문대의원으로 선출되면 당대회에 참여할 수 있다(민주노동당과 달리 부문대의원은 지역대의원 총수의 15퍼센트를 넘을 수 없다). 특이한 점은 진보신당이 추첨대의원을 선출한다는 점이다. 추첨대의원은 지역대의원 총수의 10퍼센트(그중 여성당원을 50퍼센트 이상, 장애당원을 5

퍼센트 이상)로 당원 중에서 추첨된다. 진보신당의 경우 당대회는 민주노동당에 있는 탄핵 발의나 당원총투표 회부권을 가지지 않고, 당원총투표 회부는 전국위원회의 권한으로 되어 있다.

사회당의 경우에도 당대회가 중요한 결정권을 가진다. 특이한 점은 사회당의 경우 따로 공천과정을 두지 않고 당대회에서 대통령후보와 국회의원 비례대표후보를 선출한다는 점이다. 대의원들이 그만큼 많은 권한을 가지고 있다.

주목할 만한 점으로 민주노동당과 진보신당은 당비 납부만이 아니라 회의규정도 당규에 자세하게 정하고 있다. 의사진행을 어떻게 할 건지, 발언권을 어떻게 얻을 건지(예를 들어, 발언을 하고자 할 때는 먼저 손을 들고 '의장'을 불러 의장에게 발언권을 신청한다. 다만, 최고위원회의 경우에는 '의장'을 부르는 것을 생략할 수 있다), 발언횟수와 시간까지도 당규에 정하고 있다. 그리고 인터넷 게시판 등 정보통신과 관련해서도 세세하게 규정을 두고 있다.

당원은 정당이 제 역할을 잘하도록 당헌과 당규를 꼼꼼하게 살피며 권리를 활용해야 한다. 당규는 정당이 스스로 만든 규칙이니 그 규칙이 세부적인 사항까지 세세하게 규정하고 있

대의원의 권리

- 당강령과 당헌을 개정한다.
- 정당을 해산하거나 합당한다.
- 최고위원을 선출하거나 탄핵한다.
- 당원총투표를 회부한다.

다면, 당원이 이를 통해 자기 의사를 잘 반영할 수 있다. 반면에 그런 규정이 구체적으로 없다면 당원의 입김이 약할 수밖에 없다.

정당에 가입해서 공직후보자만 뽑을 게 아니라 이런 과정들에도 신경을 좀 써야 한다. 한국의 정당들은 규정에 없으면 일을 제대로 처리하지 않는 경우가 많으니 당규를 꼼꼼히 살펴봐야 한다. 그리고 불합리한 규정이 있다면 정당에 바로잡을 것과 새로운 조항을 만들 것을 요구해야 한다. 정당에 가입하면 자동적으로 정치를 할 수 있는 게 아니라 그 속에서 정치를 실현하기 위해 노력해야 한다.

어쨌거나 당원의 입장에서는 대의원들이 일반 당원들의 직접투표로 선출되는 것이 좋다. 추천이나 의결과정 없이 당원들의 투표로 직접 대의원이 선출되면 당원들의 다양한 의견이 당론에 반영될 수밖에 없다. 그리고 사회적 약자들이 일정한 비율로 대의원에 참여하도록 보장하는 것은 불평등한 현실의 권력관계를 바로잡는 데 도움을 준다. 또한 전당대회나 당대회가 핵심권력의 소환을 요구하고 그 책임을 물을 수 있다면 당원들의 관심도가 높을 것이다.

당내의 의사결정 과정에 관한 규정에서 잘 따져봐야 할 또 다른 점은 국회의원들로 구성되는 의원총회와 전당대회의 관계이다. 보통 국회의원들은 힘을 가진 사람들이기 때문에 일반 당원들보다 당내의 의사결정에 많은 영향을 미친다. 따라서 이런 힘의 불균형을 바로 잡을 장치가 있어야 당원들의 입김이 강해질 수 있다. 그런 점에서 의원총회보다 전당대회가 더 많은 권한을 가지는 것이 좋다.

예를 들어 한나라당은 "국가주요정책, 입법안 및 각종 국회 상정의안 등에 관한 당론은 의원총회의 의결로 결정한다. 다만 의원총회의 위임이 있거나 긴급한 사유가 있을 경우에는 최고위원회의가 결정하고 추후에 의원총회의 추인을 받아야 한다"는 규정을 두고 있다. 이런 점에서 한나라당의 경우 의원총회의 역할이 다른 정당에 비해 아주 강하다. 의원총회의 힘이 세다는 말은 아무래도 권력을 쥔 사람들의 입김이 당의 결정에 영향을 미친다는 점을 뜻한다. 민주당도 의원총회가 당의 일상적 원내 활동이나 입법활동에 필요한 주요정책, 국회에 제출되는 법안과 의안의 심의, 의결을 담당한다고 규정하고 있다. 반면에 민주노동당과 진보신당은 의원단총회를 두지만 의원단총회는 중

정당에 가입하면
자동적으로 정치를 할 수 있는 게 아니라
그 속에서 정치를 실현하기 위해
노력해야 한다.

앙위원회의 방침에 따라 원내활동 계획을 수립하고 집행한다. 그리고 진보신당은 의원단총회가 중앙위원회 및 최고위원회의 방침을 집행할 뿐 아니라 원내활동 계획의 수립 및 집행, 국회 상임위원회 활동의 조정, 기타 국회활동에 관한 사항을 결정한다고 규정하고 있다. 민주노동당보다는 진보신당에서 의원단의 역할이 더 많지만 한나라당이나 민주당에 비하면 그 비중이 낮다. 대의원으로 선출되기 쉽고 대의원이 많은 권한을 가진 정당이 공공성을 보장할 가능성이 높기 때문에 정당구조를 그렇게 만들어야 한다. 정당 내부에서부터 민주주의의 원리가 실현되어야 우리 사회의 민주주의도 제자리를 찾을 수 있다.

정당에 가입하는 것은 선거와 정책결정 등 제도화되어 있는 정치에 참여할 수 있는 첫걸음이다. 아무래도 당원이 되면 정치의 주요한 흐름에 참여할 수 있다. 그리고 꼭 대의원으로 선출되지 않더라도 당원은 여러 가지 정치활동에 참여할 수 있다.

지구당은 왜 폐지되었을까?

2004년 선거법을 개정하면서 정당들은 정치개혁을 위해 지구당을 폐지하자고 합의했다. 지구당은 중앙당과 지방의 시민들을 연결하고 지방의제를 전국의제로 만드는 중요한 역할을 한다. 그리고 지구당은 정당의 일상적인 정치활동, 즉 정치교육과 훈련, 새로운 정치활동을 만드는 과정에서 중요한 역할을 담당한다. 그런데 왜 정치를 개혁하기 위해 지구당이 폐지되어야 했을까?

기존의 지구당 제도가 폐지된 것은 지구당에 너무 많은 비용이 들어갔기 때문이다. 지구당의 사무국장만이 아니라 총무, 각종 관리장과 통·반별 담당자들을 두려면 많은 돈(보통 1년에 2~3억 원 정도)이 필요할 수밖에 없다. 그리고 현역 국회의원들이 지구당위원장을 맡아서 공천과정에서 지나치게 많은 권한을 행사하기도 했다. 그래서 정치를 개혁한다는 명목으로 지구당 제도를 폐지하고 시·도당만 남겨두었다.

그래서 지금 정당들은 지구당을 없애고 그에 준하는 당원 조직들을 구성하고 있다. 한나라당은 전당대회 대의원이나 전국위원, 위원장을 선출하는 시·도당을 운영한다. 그리고 국회의원 선거구별로 당원협의회를 구성하고 있다. 민주당도 시·도당과 지역위원회를 두고 있다. 지역위원회는 한나라당의 당원협의회와 마찬가지로 국회의원 선거구별로 구성되는데, 민주당은 지역별로 지역대의원대회를 구성해서 지역위원장 선출 등의 권한을 행사하도록 하고 있다.

민주노동당도 광역시·도당과 지역위원회를 두고 있다. 지역대의원대회는 지역위원장을 선출하고 지역위원회의 사업과 예산을 승인하는 권한을 갖는다. 민주노동당의 경우 지역위원회는 국회의원 선거구별로 구성되지 않고 당비를 내는 당원이 100명 이상이면 지역위원회를 구성할 수 있다. 그리고 100명이 되지 않아도 광역시·도당이 지역위원회의 구성을 승인할 수 있다. 지역위원회의 운영위원회는 일상적인 사업을 결정하고 월 1회 소집된다. 이렇게 민주노동당은 지역위원회 수준까지 대의민주주의 절차를 마련하고 있다. 그리고 민주노동당은 지역위원회보다 당원과 더욱더 밀착된 조직으로 분회도 두고 있다(당의 기초조직인 분회는 지역위원회 운영위원회의 결정에 따라 지역·

지구당과 지역위원회(당원협의회)의 역할

- 공직후보자와 대의원을 선출한다.
- 당원들의 일상적인 정치활동을 하는 바탕이 된다.
- 강연회, 소모임 등 당원 교육을 한다.
- 시민의 의견을 수렴한다.
- 지역의 비전을 구상한다.

직장·부문별로, 15~29명으로 구성되는 작은 조직이다).

진보신당도 광역시·도당과 당원협의회를 두고 있다. 모든 당원은 당원협의회에 소속되어야 하고 당원협의회가 설치되지 않은 곳은 시·도당의 지도를 받는다. 지역당원협의회는 자치시·군·구를 기본단위로 구성되는데, 민주노동당과 마찬가지로 당비를 내는 당원이 100명 이상일 경우 구성될 수 있다. 진보신당도 민주노동당과 마찬가지로 아래로부터 의사를 수렴할 대의민주주의 절차를 당원협의회 수준까지 마련하고 있다.

정당은 아래로부터 당원들의 의사를 가장 먼저 수렴하고 다음으로 일반시민들의 의견까지 수용해서 정책을 만들어야 한다. 그리고 정당은 지역적인 이슈를 전국적인 이슈로 만들고 평범한 사람들이 재벌이나 부조리한 권력의 힘에 억눌리지 않도록 보장해야 한다. 그런데 한국의 정당들은 이런 역할을 제대로 실천하지 않고 있고 반대로 중앙정치의 바람이 지역정치를 집어삼키게 하고 힘있는 자들의 목소리만을 반영하려 한다. 이런 분위기를 바꾸지 않고서는 정치개혁이 불가능하다.

따라서 한국 정당정치를 근본적으로 바꾸려면 지역위원회와 당원협의회의 역할이 중요하다. 지역위원장이나 당원협의회장, 위원회의 임원이 당원투표로 선출되어야 하고 자체적으로 당사업을 기획하고 진행할 수 있어야 한다. 지역위원회나 당원협의회가 지역사회에 뿌리를 내리고 당원과 지역주민을 네트워킹하는 살아 있는 조직이 되어야 한다. 그렇지 않으면 지역위원회나 당원협의회가 중앙당의 사업을 기계적으로 지역에서 실행하는 하부기관으로 움직이게 된다.

외국의 경우 민주적이고 분권화된 정당구조를 가진 정당들은 지구당을 민주적으로 운영하고 지구당의 총회를 활성화시키는 데 많은 힘을 쏟고 있다. 특히 독일은 정당이 지역조직에 바탕을 둔 당원 중심의 조직이어야 한다는 점을 법으로 정하고 있다. 그리고 정당의 민주적인 운영을 위해 당심판원을 두고 당의 집행부가 중요한 결정을 내리기 전에 평당원들의 의견을 듣는 당평의회를 운영하기도 한다. 당론이 결정되고 난 뒤에 당원들의 의사를 묻는 것이 아니라 정당의 당론이 결정되기 전에 아래로부터 의사를 수렴하는 과정이 제도적으로 보장되어야만 당원들이 적극적으로 정치에 참여할 수 있다.

그리고 정당의 선거후보자 공천과정에서도 당원들이 후보자들의 정치적인 입장이나 정책을 듣고 판단할 수 있도록 토론회를 열어야 한다. 그런 토론과 논쟁과정에서 공천과정의 민주성이 자연스럽게 담보되고 정책도 더욱더 발전될 수 있다. 그리고 선거 때만이 아니라 당원들이 지속적으로 당에 관심을 가지고 의견을 개진할 수 있도록 지역 차원의 정당활동이 활발해져야 한다.

물론 지구당의 부활이나 지역위원회의 강화가 만병통치약

은 아니다. 그 속에서도 부정이나 부패가 발생할 수 있다. 허나 일상생활이나 정치적인 삶 모두에서 한 번도 제대로 자신의 권리를 행사하지 못했던 사람들이, 그리고 그렇게 짓눌려 살아온 사람들이 인간으로서 자신의 자존심을 세우고 정치의 주체가 되려면 시행착오를 거치면서 성장해야 한다. 말로만 정치를 경험하는 게 아니라 실제 정치를 경험하고 성장하려면 권한이 있어야 한다. 평범한 당원들, 평범한 시민들이 권한을 가질 때 변화가 시작될 수 있다.

재미있는 정치는 불가능할까?

정당 밖의 선거처럼 정당 내의 선거도 다분히 형식적으로 치러지는 경우가 많다. 당내에서 힘 있는 사람들이 주로 후보자로 나서고 평범한 사람들은 단순히 투표하는 역할만 담당해왔다. 사실 정당의 후보자공천은 그런 힘의 관계를 반영할 수밖에 없는 구조이다. 옛날처럼 돈이나 권력이 공천과정을 좌지우지하지 않더라도, 후보자를 선택하는 기준이 '당에 대한 공로'이기 때문이다. "그동안 당을 위해 열심히 일해온 사람이 누구인가?"라고 묻는데, 평범한 도시생활자들이 자신의 직장과 가정을 팽개치고 정당의 일에 올인하기는 어렵다. 그러다보니 시간이 지날수록 평당원들은 당의 일에 흥미를 잃고 정치에 관심을 두지 않는다. 정치활동의 디딤돌이 되어야 할 정당활동이 오히려 정치활동에 대한 무관심을 낳는 이 아이러니를 어떻게 해결해야 할까?

상생相生의 정치, 서로가 서로를 살리는 긍정의 정치를 하자고 얘기하지만 사실 선거라는 판 자체가 그런 분위기를 가로막는다. 내 편, 네 편을 가르는 순간 상생은 어려워지는데, 선거는 경쟁을 붙여서 이긴 편을 택하는 규칙이기 때문이다. 어떤 논리와 이유를 대든 일단 이겨야 모든 권한을 가질 수 있으니 선거에 나오는 사람들은 필사적으로 경쟁에 임한다. 그러니 선거에서 이기든 지든 한번 그 과정을 겪은 사람들은 다시 사이좋게 지내기가 어렵다. 열심히 선거운동을 할수록 서로 어울리며 힘을 북돋우는 게 아니라 내 편, 네 편이 분명해지고 조금씩 사람들이 줄어든다.

좀 재미있는 정치판을 만들 수는 없을까? 흔히 축제와 같은 정치를 얘기하지만 우리 사회에서는 그런 축제가 불가능한 듯하다. 그것은 정치가 지나치게 권력자를 배출하는 과정, 즉 선거를 중심으로 진행되기 때문이다. 일상적인 정치활동이 활발해지고 그 속에서 다양한 사람들의 '끼'가 드러나야 선거라는 장도 즐거운 축제로 변할 수 있다. 그러니 정당의 정치활동도 단순히 선거를 준비하는 과정을 벗어나야 한다.

그러려면 최소한 두 가지가 필요하다. 하나는 정보이다. 정보가 있어야 관심이 생기고 사람들이 참여할 수 있다. 아무런 정보도 제공하지 않으면서 당원들의 적극적인 참여를 기대하면 안 된다. 그런 점에서 정당은 시민들에게 자신의 정책을 홍보하

정치개혁을 위한 정당의 과제

- 정치와 정책에 관한 정보를 제공하기
- 정책연구소와 연수원을 당원들의 눈높이에 맞추기
- 당 내부의 권한을 분권화하고 아래로부터의 의사수렴 과정 만들기

는 것 외에 당원들이 정치에 관심을 가질 수 있는 다양한 정보를 제공해야 한다. 선거 때만 반짝하는 정책이 아니라 당원들이 정책을 제안하고 구성하는 과정을 즐길 수 있도록 여러 가지 프로그램들을 마련해야 한다.

그런 점에서 정당의 정책연구소나 연수원의 역할이 중요하다. 단순히 선거후보자를 교육하고 선거용 정책을 만들어내는 것 외에 당원들에게 미래의 비전을 보여주고 그런 사회로 가기 위해 당원들의 삶을 변화시킬 수 있는 방법들을 함께 고민하는 프로그램들이 필요하다. 이런 기관들은 어려운 정책이나 행정용어들을 주민의 눈높이에서 만화나 동영상 등 다양한 언어를 활용해 설명하고 주민들이 쉽게 참여할 수 있는 다양한 과정들을 마련하는 역할을 적극적으로 실천해야 한다.

그리고 다른 하나는 권한이다. 참여는 그냥 말만 하고 돌아서는 게 아니라 자신이 말하고 행한 바가 이후의 결과에 어떤 영향을 미치는지를 확인할 수 있을 때 더욱더 활성화된다. 지금껏 정당들이 해왔던 “좋은 얘기 감사합니다. 알아서 잘 반영하겠습니다”라는 식의 형식적인 ‘접대’로는 참여를 활성화할 수 없다. “그 부분은 이렇게 반영되어 이런 변화가 있었습니다”라고 보여줘야 한다. 당의 권한이 아래로 내려오고 분권화되어서 지역위원회와 당원협의회가 그런 과정을 확인하고 요구할 수 있어야 한다. 분권 없이는 재미있는 정치가 불가능하다.

정당을 바꾸려면 어떻게 해야 할까?

2006년 지방선거에서 작은 사건이 터졌다. 지금 정당법으로는 전국에 시·도당을 둔 중앙정당만이 가능한데, 충청북도 옥천에서는 풀뿌리옥천당이 만들어졌다. 지역에서 시민운동, 농민운동을 하던 사람들이 모여 정당을 만들고 중앙정치가 지역정치를 좌지우지하는 흐름에 반기를 들었다. 비록 풀뿌리옥천당의 후보는 당선되지 못했지만 이 사건은 작은 바람을 일으켰고 선거의 분위기를 바꿔놓았다. 그런데 우리의 검찰은 지역정치를 바로잡으려는 이들의 노력을 북돋우기는커녕 풀뿌리옥천당 임원들을 정당법 위반으로 고발했다. 시민이 자발적으로 정치에 참여해서 그 분위기를 바꾸려는 것을 처벌하는 나라는 전세계적으로 그리 많지 않을 것이다.

일본이나 외국의 경우 정당을 만드는 조건을 까다롭게 제한하지 않는다. 그래서 전국적인 정책을 내걸지 않고 자기 지역에 관한 정책을 내거는 지역정당local party들이 활성화되어 있다. 한국에서는 지역정당이라고 하면 지역 연고를 따지는 지역주의가 연상되어 부정적인 이미지만 떠오른다. 경상도당, 전라도당, 충청도당, 이런 식으로 지역에 기반한 정당들이 선거 때마다 유권자들을 유혹하기 때문이다.

그러나 한국의 지역주의는 대부분 위선이다. 선거 때만 되면 자신이 그 지역을 대변하고 지역을 위해 일하는 척하지만 실제로는 모두 수도권을 위해 일한다. 한국의 모든 자원은 수도권으로 집중되어 있고 지방은 식민지처럼 존재한다. 청와대나 국회의 결정들은 대부분 수도권을 고려해서 내려지고 선택과 집중이라는 핑계를 대며 모든 자원을 수도권으로 흡수한다. 그러면서 몇 가지 개발사업을 선심 쓰듯 지방에 나눠준다. 물론 그조차도 지방 간에 치열한 경쟁을 붙여서 말이다. 이러니 농촌에서 선출된 국회의원들이 농촌을 배신하고 지방에서 올라온 국회의원들이 자기 지역구를 배신한다. 그러니 설령 지역주의를 주장하는 정당이 나온다 하더라도 지금의 상황보다 특별히 나빠질 것은 없다.

이리저리 둘러봐도 마음에 드는 정당이 없으면 어떻게 해야 할까? 내가 직접 새로운 정당을 만들어야 하나? 정당법에 따르면, 정당을 창당하려면 서울에 중앙당을 두고 전국에 5개 이상의 시·도당을 두되 각 시·도당에 주소를 둔 1천 명 이상의 당원이 있어야 한다. 그리고 정당을 창당하더라도 국회의원선거나 지방선거에 참여하지 않거나 국회의원선거에 참여하여 후보자를 당선시키지 못하고 유효투표수의 2퍼센트 이상을 얻지 못하면 정당등록이 취소된다. 또한 정당의 활동이 민주적 기본 질서를 어길 경우 정부가 제소하면 헌법재판소의 결정에 따라 정당이 해산될 수도 있다.

단지 조직만 갖추면 되는 것도 아니다. 정당법은 당의 정신이라 할 당헌에 다음과 같은 내용들을 공개하도록 하고 있다. 즉 당의 이름, 당의 조직구성 및 권한, 대표자나 간부의 선임방법과 임기, 의무, 당원의 입탈당과 권리, 의무, 대의기관의 설치 및 소집절차, 재정에 관한 사항, 공직선거후보 선출에 관한 사항 등을 담아야 한다. 그러니 정당을 새로 만들려면 여러 모로 준비해야 할 일이 많다.

따라서 새로운 정당을 만드는 데 쏟을 노력과 시간, 자원이 있다면 지금 있는 정당들이 바른 길을 가도록 감시하고 비판하는데 그 힘을 쓰는 것이 더 현실적이다. 뜻을 같이하는 사람들이 뭉쳐서 같은 정당에 가입하고 지역위원회를 활기차게 만들어보는 것도 필요하다. 그렇다면 당내에서 어떤 일을 벌이면 좋을까?

공천과정을 바꿔보자

예전에는 정당들이 소위 '공천장사'를 많이 했다. 선거 때 보따리에 돈을 많이 싸들고 오는 사람들에게 공직을 팔았다. 공천권을 심사하거나 중요한 결정권을 가진 사람들의 자동차 트렁크엔 현금을 가득 채운 사과박스들이 실렸다. 2002년 국회의원선거 이후 한나라당에 '차떼기정당'이라는 낙인이 찍혔던 이유도 바로 그 때문이다. 돈을 내고 공직을 살 수 있으니, 돈 있는 사람들이 권력을 장악하고 또 그 권력을 이용해서 부를 더욱더 늘리는, 소위 힘 있는 자들이 갈수록 더 많은 힘을 독점하는 악순환이 반복되었다.

이런 비판 때문에 요즘 정당들은 공천과정을 민주적으로 만들기 위해, 또는 민주적인 것처럼 보이기 위해 노력하고 있다. 국민경선제나 오픈 프라이머리open primary는 그런 노력의 일환이다. 이런 제도들은 당원만이 아니라 일반시민들도 공천과정에 참여하도록 함으로써 공천과정을 투명하게 만들고 공직자의 책임성을 높이려 한다.

한나라당의 경우 대통령후보를 선출할 때 국민참여선거인

단을 구성하도록 하고 있다. 국민참여선거인단 중 8분의 2의 선거인은 전당대회 대의원으로, 8분의 3은 전당대회 대의원이 아닌 당원으로, 나머지 8분의 3은 일반국민을 대상으로 공모한다. 지역구 국회의원 후보자는 중앙당 공천심사위원회의 심사와 최고위원회의의 의결로 확정된다. 중앙당 공천심사위원회는 서류심사 및 여론조사를 거쳐 국민참여선거인단대회를 통하여 공직자후보를 심사하되, 중앙당 공천심사위원회의 결정에 따라 그 대회를 여론조사, 면접, 후보 간 토론회 등으로 대신할 수 있다. 비례대표 국회의원후보는 중앙당 공천심사위원회에서 후보자와 그 순위를 정하여 최고위원회의의 의결을 거쳐 대표최고위원이 추천한다. 시도지사후보는 시·도 선거인단에서 선출되고 기초자치단체장후보는 시·도당 공천심사위원회의 심사와 시·도당 운영위원회의 의결을 거쳐 최고위원회의의 의결로 확정된다. 지방의원후보는 시·도당 공천심사위원회의 심사와 시·도당 운영위원회의 의결을 거쳐 최고위원회의의 의결로 확정한다.

민주당은 중앙당과 시·도당에 공직선거후보자추천심사위원회를 설치하고 운영한다. 이 위원회는 위원장을 포함하여 15

후보자를 제대로 뽑기

- 당내 경선과정에 적극적으로 참여하기
- 유령당원 몰아내기
- 밀실공천 반대하기
- 윤리위원회, 당기위원회 활용하기

인 이하의 위원으로 구성하며, 필요시 외부인사를 위원으로 위촉할 수 있고 여성위원이 30퍼센트 이상이어야 한다. 대통령후보는 국민경선 또는 국민참여경선으로 선출되고, 시·도지사나 지역구 국회의원후보는 중앙당심사위원회가 심사하여 2인 이상으로 정하고 경선을 통해 확정한다. 비례대표 국회의원은 중앙당비례대표후보자추천심사위원회를 통해, 기초자치단체장이나 광역지방의원은 시·도당위원회가 심의하여 2인 이상으로 선정하고 경선을 진행한다. 민주당은 공직선거후보를 당내경선을 통해 추천하되 여론조사를 포함한 국민경선 방법을 활용하고 있다(최근에는 시민공천배심원제도를 도입했다).

민주노동당의 경우 대통령후보는 전체 당원들의 직선으로 선출한다. 경선일 경우에는 당원 과반수 투표참여에 의해 과반수의 득표를 얻은 후보가 당선되고, 과반수 찬성을 얻은 후보가 없을 경우 제1, 2위 득표자에 한해 결선투표를 실시한다. 국회의원후보는 그 선거구 지역위원회 당원들의 직선으로 선출된다. 비례대표후보 역시 당원의 직선으로 선출되고 여성에게 50퍼센트 이상을, 장애인에게 10퍼센트 이상을 할당한다. 광역단체장이나 광역비례대표의원 후보는 시·도당 당원들의 직접투표로, 기초단체장이나 기초의원 후보도 선거구 지역위원회 당원들의 투표로 선출된다.

진보신당은 모든 선거를 당원의 직접, 평등, 비밀, 무기명

투표로 진행한다는 당규를 정하고 있다. 중앙과 광역시·도당에 선거관리위원회를 두고 선거와 관련된 업무를 담당하도록 하고 있다. 사회당은 1년에 한 번 열리는 당대회에서 대통령후보, 비례대표 국회의원후보를 선출한다. 그 외의 공직자 후보는 관련된 최고의사결정기관에서 선출한다.

선거후보자를 선출하고 당선 이후에 그를 책임지는 것은 정당의 중요한 기능 중 하나이다. 그런데 한국에서는 그 점에서 어려움이 생긴다. 진성당원의 수가 적기 때문에 당원투표로 후보자를 결정하는 것은 깨끗하고 공정한 공천을 보장하지 못한다. 그렇다고 외부의 여론조사나 일반시민의 참여폭을 넓힌다면 정당후보자로서의 의미가 떨어진다. 기본적으로 정당이 선거에 후보자를 내는 목적은 당의 당헌과 정책을 실현하기 위해서인데 당원들의 의사를 존중하지 않는 것은 당헌의 정신을 거스르기 때문이다.

당선가능성을 고려해 후보를 정하자니 당선 이후에 통제하기가 어렵고 당 내부의 결정만을 존중하자니 선거에서 당선되지 못하면 말짱 도루묵이다. 우리 당의 후보자가 더 많이 당선되면 좋겠지만 오로지 그 목적만을 추구하다보면 전략적인 이합집산이 선거 때마다 반복되고 철새 정치인들이 줄을 잇는다.

결국 깨끗하고 공정한 공천과정이 마련되고 정당이 공직자를 제대로 통제하려면, 정당 내부의 민주주의가 확립되어야 하고 정책정당의 중요성이 부각되어야 한다. 그리고 그런 변화를 이루려면 당원들이 지속적으로 참여해서 정당의 정치문화를 바꿔야 한다. 당비를 납부하지 않는 당원들을 당에서 몰아내고 유령정당을 없애야 한다. 밀실공천, 선락공천을 막고 공개공천과 정책토론의 문화를 확립해야 한다.

그러니 정당마다 설치된 윤리위원회나 당기위원회를 적절히 활용해서 부정부패를 막고, 여성위원회나 장애인위원회, 지방자치위원회 등 다양한 위원회에 적극적으로 참여하자. 변화는 자동적으로 이뤄질 수 없고 우리의 관심과 참여를 필요로 한다.

정당의 돈줄을 잡아라

어느 조직이나 마찬가지이지만 자본주의 사회에서는 아무래도 돈의 흐름을 보는 게 중요하다. 마찬가지로 정당의 기능을 바꿀 때도 중요한 것이 정치자금이다. 어떤 모임이건 그 모임이 실제로 운영되려면 돈이 필요하다. 법에 따르면 '정치자금'은 정치활동을 위해 정당과 공직자, 후보자, 정당간부 등의 사람에게 제공되는 당비와 후원금, 기탁금, 보조금, 정당의 부대수입 등을 가리킨다. 정치자금을 제공하려는 사람은 반드시 정치자금법을 지켜야 하고 불법으로 정치자금을 주고받으면 5년 이하의 징역 또는 1천만 원 이하의 벌금을 내야 한다. 그리고 다른 사람의 이름이나 가명으로 정치자금을 낸 사람은 200만 원 이하의 벌금을 내야 하고, 국내외의 단체 또는 법인은 정치자금을 낼 수 없다.

정치인의 후원회에 연간 300만 원 이상(대통령후보의 경우 500만 원)의 고액 기부금을 내는 사람의 인적사항과 금액은 공개된다(단, 이 공개내역을 정치적 목적으로 인터넷에 공개하는 것은 금지되어 있다). 그리고 후원인이 기부할 수 있는 후원금은 연간

2천만 원을 초과할 수 없으며, 후원인은 1회 10만 원 이하, 연간 120만 원 이하의 후원금을 익명으로 기부할 수 있다. 후원회는 우편·통신(전화, 인터넷전자결제시스템 등을 말함), 정치자금 영수증과의 교환에 의한 모금 및 신용카드, 예금계좌 등에 의한 모금, 그밖에 정치자금법과 정당법 및 공직선거법을 어기지 않는 방법으로 후원금을 모금할 수 있지만 후원금을 모으기 위해 집회를 여는 것은 금지되어 있다.

그리고 이렇게 걷은 정치자금은 정치활동을 위해서만 사용되어야 하고 개인적으로 쓰거나 부정한 용도로 사용되면 안 된다. 정치자금을 불법으로 사용할 경우 2년 이하의 징역 또는 400만 원 이하의 벌금을 내야 한다.

이렇게 정치자금을 걷고 쓰는 과정이 깨끗하도록 정당은 회계내역을 열람할 수 있도록 회계보고서와 정치자금의 수입·지출 내역을 공개해야 한다(다만 선거비용에 관한 회계보고서는 지정된 시기에만 공개한다). 선거관리위원회는 보고서와 내역을 확인하고 불법의 혐의를 찾을 경우 정당과 후원회, 정치인, 후보자에게 질문·조사를 하거나 자료의 제출을 요구할 수 있다. 만일 불법자금을 받은 것인 확인되고 100만 원 이상의 벌금형을 선고받으면 공직자의 경우 당선은 무효로 되고 5년 동안 공

정치자금 살피기

- 당내 회계보고서 검토하기
- 후원금·기부금 내역 검토하기

직에 다시 나설 수 없다.

정치자금과 관련된 규정을 엄격하게 적용하는 대신 국가는 정당에게 국고보조금을 지불하는데, 국회의석수가 20석 이상이라 원내교섭단체를 구성한 정당에는 보조금의 절반을 정당별로 똑같이 나눠서 지급하고, 의석수가 5~19석인 정당에는 5퍼센트씩, 의석이 없거나 5석 미만인 정당에는 2퍼센트씩 지급한다. 의석수비율을 제외한 나머지 금액은 국회의석을 가진 정당에 그 의석수에 비례하여 지급한다. 보조금은 매년 분기별로 2월, 5월, 8월, 11월 15일에 정당에 지급된다. 또한 지역구후보에 30퍼센트 이상을 여성으로 추천한 정당은 공직후보자 여성후보추천보조금의 절반을 정당별 국회의석수의 비율에 따라 지급받는다.

이렇게 지급받는 보조금은 정당의 운영, 즉 인건비, 사무용비품 및 소모품비, 사무소 설치·운영비, 공공요금, 정책개발비, 당원 교육훈련비, 조직활동비, 선전비, 선거관계비용 외에 다른 곳에 사용될 수 없다. 그리고 보조금을 지급받은 정당은 보조금 총액의 30퍼센트 이상은 정책연구소에, 10퍼센트 이상은 시·도당에 배분·지급하여야 하며, 10퍼센트 이상은 여성정치 발전을 위해 사용하여야 한다.

당비와 후원금을 내는 당원들은 자신들이 쓴 돈이 어떻게 사용되는지를 확인해야 하고 그 돈이 어떻게 쓰여야 하는지를 요구할 권리를 가진다. 시민이 낸 세금을 시민이 직접 결정하자고 주장하듯이, 당비도 전체 액수의 일정 부분을 당원들이 결정하게 하는 제도를 만들어야 한다. 자신이 간절히 바라는 분야와 특정한 정책이 있다면 그것에 지지를 보낼 뿐 아니라 그 정책이 당의 핵심정책이 되도록 지원을 아끼지 말아야 한다. 예를 들어, 복지정책을 중요하게 여긴다면, 정책개발비나 연구용역비, 사업비가 그쪽으로 사용되도록 유도해야 한다.

또한 싹수가 보이는 정치인이 있다면 후원회에 가입해서 힘을 팍팍 실어주는 것도 한 가지 방법이다. 갑부가 아니라면 정치인들의 주머니는 계속 비기 마련이다.

그와 더불어 당원들은 정당보조금이 어떻게 사용되는지, 국고보조금이 정해진 곳에 적절히 사용되고 있는지도 확인해야 한다. 돈이 어디서 들어오고 어디로 나가는지만 분명하게 드러나도 정당의 활동이 민주적으로 변화될 수 있다. 실제로 부정부패를 추방하려면 자금의 흐름이 투명하게 드러나야 한다. 이런 과정을 투명하게 만드는 것만으로도 정당의 의사결정구조를 상당히 민주적으로 만들 수 있다. 자본주의사회에서는 돈이 있는 곳에 권한이 있다.

선거제도부터 바꿔라

정당을 바꾸는 방법은 정당 내에서 변화를 추구하는 것 외에 선거제도를 바꾸는 것으로도 가능하다. 지금 한국의 선거제도는 지나친 경쟁을 강요할 뿐 아니라 시민의 대표성 면에서도 그 수준이 떨어진다. 예를 들어, 대통령선거의 투표율이 갈수록 떨어지는데도 지금 선거제도는 단순히 더 많은 표를 얻은 사람을 당선시킨다. 만일 대통령당선자가 50퍼센트의 투표율에 그중 40퍼센트의 지지를 받고 당선되었다면, 그는 전체 유권자의 4분의 1도 안 되는 지지를 받고 당선된 셈이다. 후보자가 많이 나올 경우 문제는 더욱더 심각해지고 최악의 경우 전체 유권자의 10분의 1도 안 되는 지지를 받은 사람이 당선될 수도 있다. 이런 사람이 국민 전체나 지역 유권자 다수의 의견을 대표한다고 말하기는 어렵다.

그래서 외국에서는 결선투표제도라는 것을 둬서 최고득표자가 과반수의 표를 받지 못할 경우 일정 기간이 지난 뒤에 2위의 후보자와 다시 투표를 실시해서 과반수의 표를 얻으면 당선을 확정한다. 이런 결선투표제도를 도입한다면 사람들이 후보와 정책에 대해 한 번 더 생각할 여유를 가질 수 있고, 후보자가 순간적인 인기몰이로 당선되기 어렵다.

결선투표제도가 비례대표제도와 더불어 사용된다면 그 효과를 더욱 높일 수 있다. 비례대표제도는 후보자가 아니라 정당에 투표를 하는 제도로 인물선거에서 정책선거로의 전환을 가져올 수 있다. 물론 비례대표제도를 실시하는 나라에서도 특정 지도자가 인기를 얻으면 정당의 지지도가 함께 상승한다. 하지만 그럴 경우에도 정당의 정책이 함께 부각되기 때문에 후보자의 개성이 정책을 압도하는 한국 선거의 문제점을 바로잡을 수 있다.

특히 비례대표제도는 당선 이후에 정당이 공직자들의 비리나 문제점을 책임지게 하고 직접 정당에 책임을 물을 수 있게 한다. 한국의 경우 한 번 당선된 대통령이나 국회의원을 시민 개개인이 통제한다는 것은 거의 불가능한데, 정당이 그 역할을 맡을 수 있다.

> 비례대표제도는
> 후보자가 아니라 정당에 투표를 하는 제도로
> 인물선거에서 정책선거로의
> 전환을 가져올 수 있다.

그리고 비례대표제도는 정책전문성을 강화시킬 뿐 아니라 다양한 계층의 욕구를 수렴하기에 좋은 제도로 알려져 있다. 비례대표제도는 소수의 의견을 완전히 묵살하지 않고 어느 정도 의견을 정책에 반영할 수 있다.

그러니 선거에서 모든 걸 얻을 수는 없겠지만 무엇도 얻지 못하는 상황, 승자가 모든 것을 차지하는 지금 선거의 문제점은 어느 정도 고쳐질 수 있다. 또한 강자의 이익만을 대변하는 지금의 불평등한 정치구조도 어느 정도 개선될 수 있다.

이렇게 선거제도를 바꾸면 정당도 그에 맞춰서 자신의 내부구조를 변화시킬 것이다. 그러니 당원으로서 갖는 권리와 더불어 시민으로서 갖는 권리를 함께 사용하면서 나의 권리를 찾고 하나씩 요구하며 실현시켜야 한다.

내게 맞는 정당 찾기

예전에 경실련이라는 시민단체가 선거 때 시민들이 자신과 통하는 정당을 선택할 수 있는 프로그램을 운영했다. 각 당의 경제, 정치, 통일·인권, 사회복지·교육, 부동산·주택에 관한 주요정책을 분석해서 각 당의 입장이 일치하는 점과 다른 점을 나눈 뒤에 시민들이 스스로 내린 판단과 비교하도록 했다. 지금은 이 프로그램이 운영되고 있지 않는데, 이를 응용하면 다음과 같은 체크리스트를 만들 수 있다.

1 분배보다 성장이 중요하다. ☐
2 한미FTA협정은 반드시 필요하다 ☐
3 4대강 사업은 빨리 추진되어야 한다. ☐
4 수도권에 더 많은 공장이 만들어지도록 그린벨트를 해제해야 한다. ☐
5 경제를 살리려면 대기업들을 집중적으로 지원해야 한다. ☐
6 대형할인마트나 기업형 슈퍼마켓의 영업자유를 보장해야 한다. ☐
7 기초단체장이나 지방의원의 정당공천제도는 유지되어야 한다. ☐
8 행정구역을 통합해서 광역도시를 만드는 것이 바람직하다. ☐
9 신문사와 방송사 겸업을 허용한 미디어법은 바람직하다. ☐
10 한국의 사법부는 독립적이고 공정한 기구로 활동하고 있다. ☐
11 북한에 대한 햇볕정책은 잘못이다. ☐
12 한반도 평화보다 한미군사동맹이 더욱더 중요하다. ☐
13 양심에 따른 병역거부를 인정하는 대체복무제도는 인정되면 안 된다. ☐
14 사형제도는 유지되어야 한다. ☐
15 고교평준화정책은 폐지되어야 한다. ☐
16 영어수업, 원어민강사수업과 같은 영어몰입교육을 더 확대해야 한다. ☐
17 사회복지예산을 늘리는 것보다 일자리를 많이 만들어야 한다. ☐
18 무상급식, 무상보육은 적절한 절차와 시기를 밟아 실시되어야 한다. ☐
19 민간건설사의 분양원가를 지금 당장 공개하는 것은 무리이다. ☐
20 대대적으로 재건축·뉴타운 계획을 추진해야 한다. ☐

앞의 질문들에서 ○표가 많을수록 당신의 정당선호도는 한나라당이나 자유선진당, 미래희망연대와 가깝고, ×표가 많을수록 민주노동당이나 진보신당, 사회당과 가깝다.

4

엔지오 활동하기

엔지오란 무엇일까?

선거와 투표, 정당 및 주민참여 등 법률로 정한 참여제도나 정당을 통하지 않아도 나라와 공동체를 변화시키기 위해 내 목소리를 낼 수 있는 방법들이 있다. 그중 하나가 바로 엔지오NGO를 통한 정치 참여이다. '생활정치'라는 말이 유행하듯 시간이 흐를수록 엔지오도 정치에서 중요한 역할을 맡고 있다. 특히 정당이 정책대안을 제시하기는커녕 인물 중심의 보스정치에 빠져서 허우적대는 한국 사회에서 엔지오는 정책대안을 개발하고 제안하는 중요한 역할을 담당해왔다.

그래서 엔지오는 뉴스나 신문에서 빠지지 않는 단골손님이다. 한식집 식탁에서 김치가 빠지지 않듯이 거의 대다수의 뉴스에 엔지오는 빠지지 않고 등장한다. 때론 뉴스 1면을 장식하는 사건을 일으키기도 하고, 때론 사회문제에 관한 의견을 내놓는 오피니언 리더로, 비평자로, 감시자로 혹은 지지자로 등장하기도 한다.

사실 1990년대 초반까지만 해도 엔지오라는 말을 아는 사람은 많지 않았다. 그러다 1992년 브라질 리우에서 환경회의가 열리면서 엔지오라는 말이 언론을 타기 시작했다. 전세계의 정부기구들과 어깨를 나란히하며 정책과 대안을 논하는 전세계 엔지오들의 모습은 한국 사회를 매혹시키기에 충분했다.

1990년대 이후 정치, 경제, 사회, 환경, 교육, 인권 등 각 분야에서 수많은 엔지오가 만들어지고 활발하게 활동하면서 엔지오는 기성정치가 갖는 문제점을 보완하고 이를 해결할 수 있는 새로운 대안으로 떠오르게 됐다. 부패한 여의도 정치에 신물이 난 시민들은 새롭게 등장한 엔지오의 참신함과 개혁지향, 그리고 도덕성에 후한 점수를 주었고, 정치인이나 관료들이 정책을 계획하고 집행하는 데 엔지오의 참여 없이는 그 효과를 예측하기 힘들 정도가 되었다. 2004년 한 시사주간지는 대통령을 제외하고 '한국을 움직이는 가장 영향력 있는 집단 혹은 세력'이 누군지를 묻는 여론조사를 실시했는데, 엔지오(시민사회)가 국회와 각 정당, 언론과 검·경찰, 재벌(사기업) 등을 물리치고 1등을 차지할 정도였으니 그 기세를 짐작할 수가 있다. 물론 그 이후에는 비슷한 조사에서 엔지오의 순위가 점차 하락한 것으로 나타났지만 여전히 엔지오는 우리 사회를 움직이는 중요한 축이다.

하지만 엔지오는 낯설고 어려운 개념이다. 국내에만 3만여 개가 넘는 엔지오들이 활동하고 있다고 하니 가히 엔지오의 시대라 부를 만하지만 그만큼 어떤 엔지오의 정책이 올바른 것인지를 판단하기는 더욱 어려워졌다. 또한 엔지오의 활동이 더욱 더 전문화되고 다양화되면서 어디서부터 어디까지를 엔지오라고 불러야 할지, 도대체 엔지오의 활동영역은 어디까지인지를 판단하는 것도 아리송하기만 하다. 그렇다고 엔지오 대한 관심을 포기할 수는 없으니, 지금부터 엔지오에 대한 궁금증을 한번 파헤쳐보자.

엔지오, 넌 누구냐?

짐작하겠지만 엔지오란 말은 외국어이다. 풀어쓰면 Non Governmental Organization인데, 문자 그대로 번역하면 정부가 아닌 기구나 조직으로, 개인이나 민간이 만든 '비정부기구' '비정부조직'이다. 그럼 정부가 아닌 모든 기구나 조직은 엔지오일까? 그건 아니다. 물론 엔지오가 국내외를 막론하고 헤아릴 수 없을 정도로 많기 때문에 그 범위와 유형을 정의하고 '엔지오는 바로 이거다'라고 말하기는 어렵지만 우리가 어떤 기구나 조직을 엔지오라고 부르려면 몇 가지 중요한 요소를 따져봐야 한다.

우선 엔지오는 시민들의 자발적이고 능동적인 참여를 바탕으로 만들어져야 한다. 겉으로는 개인 혹은 민간이 만든 단체처럼 보이지만 시민들의 자발성이나 능동성과는 상관없이 정부의 정책을 홍보하고 지지하기 위해 만들어진 단체들이 한국에 많다. 이런 단체들은 사실 정부의 지원을 받아 설립되고 지금도 재정의 많은 부분을 정부지원에 의존하고 있는데, 그러다보니 단체의 사업이나 조직, 대표자의 선출이 정부의 영향을 받을 수밖에 없다. 과거 권위주의 정부 아래에서 만들어진 새마을운동협의회, 바르게살기운동협의회, 자유총연맹 등이 대표적인 예인데, 이들은 별도의 법령을 근거로 정부로부터 재정지원을 받고 있어 엔지오가 아닌 관변단체로 분류된다.

엔지오의 또 다른 중요한 요소는 엔지오가 단체 구성원 및 회원의 직접적인 이해관계를 넘어 공공의 이익을 추구해야 한다는 점이다. 일례로 사학비리로 몸살을 앓은 상지대의 경우 전국엔지오연대 등이 주축이 돼 '상지학원·상지대학교 진실규명 및 설립자 학교 찾아주기 운동본부'를 결성, 비리파동으로 쫓겨난 전 이사장의 복귀활동을 벌이고 있다. 이런 단체는 엔지오라기보다는 사익을 추구하기 위해 만들어진 이익집단라고 보는 게 더 적합하다. 또한 변호사들이 가입돼 있는 대한변호사협회나 의사들의 연합체인 의사협회, 각 회사에 만들어져 있는 노동조합 등은 사안에 따라 공익을 추구하고 공공선을 부르짖긴 하지만 일차적으로 자신들의 이익을 위해 만들어지고 활동한다는 점, 또한 누구나 회원으로 가입할 수 없고 특별한 자격요건을 갖춘 사람만 회원으로 받아들인다는 점에서 엔지오라기보다는 이익집단, 직능집단에 가깝다.

또한 자발성과 자율성을 중심으로 만들어진 비영리집단이

엔지오의 조건

- 시민들의 자발적이고 능동적인 참여를 바탕으로 한다.
- 구성원의 이해관계가 아닌 공공의 이익을 추구한다.

라고 해서 종교단체, 교육기관, 사회복지시설, 친목모임 등이 엔지오라 불리지는 않는다. 이런 조직이나 기구들은 엔지오라는 말보다는 엔피오NPO, 즉 비영리집단Non Profit Organization으로 분류되는데 이는 엔지오보다 더 큰 개념으로 국가나 시장영역에 속하지 않는 모든 자발적인 민간부문을 가리킨다.

좀 어렵고 까다롭긴 하지만 정리하면 엔지오란 사회의 공공성을 실현하기 위해 시민들의 힘으로 만들어진 자발적인 단체들을 뜻한다. 이런 엔지오들이 늘어날수록 시민사회도 한 단계 더 성숙한다고 볼 수 있다.

엔지오와 시민단체는 뭐가 다를까?

우리 사회에서는 엔지오라는 말이 시민사회단체라는 의미로 많이 사용되는데, 이는 엔지오라는 말이 1987년 6월 민주화운동 이후의 사회변화를 반영하기 때문이다. 엔지오는 민주화운동이나 시민운동과 같은 사회운동의 결과물로 받아들여졌고, 엔지오라는 개념에는 군부권위주의의 쇠퇴와 정치적 민주화의 전진이라는 우리 사회의 역사적·사회적 특성이 반영되어 있다.

1989년 경제정의실천시민연합(경실련)이 만들어진 뒤에 환경운동연합(1993), 참여연대(1994), 인권운동사랑방(1994)처럼 사회운동의 성격과 공익성을 동시에 가진 엔지오들이 만들어지기 시작했다. 이런 영향 때문인지 오늘날 한국의 엔지오들은 정부와 시장 권력을 견제하고 부조리하고 불평등한 정책의 변화를 요구함으로써 시민의 권리를 옹호할 뿐만 아니라 공공서비스를 제공하기도 하고 사회적 약자의 이익을 대변하기도 한다. 그리고 사회의 갈등을 조정하고 시민교육을 담당하기도 한다.

이런 엔지오의 활동은 1990년대를 거쳐 2000년대 이후 더욱 다양화되고 전문화되어 현재 정치, 경제, 환경, 여성, 인권,

교육 등은 물론이고 주민자치, 문화, 사회복지, 언론, 소비자, 정보화, 경제, 자원봉사 등 다양한 영역에서 이루어지고 있다. 최근에는 제3세계나 다른 나라의 시민들과 연대하는 국제 엔지오들도 만들어지고 있다.

이렇듯 엔지오가 우리 사회 곳곳에 뿌리를 내리고 움직이고 있으니 엔지오의 활동을 공동체나 정치와 떼어내서 따로 생각하는 것은 불가능하다. 이들 엔지오들은 서민들의 삶에 영향을 미치는 각종 정책과 사회문제들을 바로잡기 위해 비슷한 생각을 가진 엔지오끼리 연합하거나 연대해가며 활동하기도 하며, 정부·정당·국회·기업 등과는 사안에 따라 대립·비판·견제 하거나 협력하는 등 다양한 형태의 활동을 펼치고 있다.

그런 점에서 엔지오와 시민단체는 한국사회에서 거의 비슷한 의미로 사용되고 있다. 다만 시민단체는 시민운동의 맥을 잇는다는 점에서 사회운동의 의미를 많이 담고 있다.

엔지오 고르기

환상의 짝꿍 엔지오 찾기

엔지오 활동은 정치적 의사결정에 직접 참여함으로써 대의민주주의의 한계를 보완하고 직접민주주의를 실현하는 참여민주주의의 중요한 방법 중 하나이다. 또한 비슷한 지향이나 목적을 가진 동료시민들과 만나고 토론하고 함께 실천함으로써 민주주의를 경험하고 학습할 수 있는 아주 좋은 놀이터이다. 그동안 각종 사회문제에 귀를 쫑긋 세워왔으면서도 '나 혼자 뭘 할 수 있겠어' 라며 낙심하거나 애써 외면하고 살아왔다면 나의 문제, 공동체의 문제를 해결하기 위해 직접 엔지오 활동에 나서보면 어떨까? 백짓장도 맞들면 낫다고, 혼자라면 조금 두렵겠지만 여럿이 똘똘 뭉친다면 세상을 바꾸는 건 그리 불가능한 일만은 아니다.

우선 엔지오 활동은 뭔가 특별한 사람들만 하는 것이라는 편견을 버려야 한다. 물론 기존의 많은 엔지오들이 고학력의 소위 운동권들의 주도로 만들어진 것은 사실이지만 이들의 힘만으로는 세상을 바꿀 수 없고, 이들의 뜻대로 세상이 바뀌는 것도 올바르지 않다. 가끔씩 엔지오 쪽에서도 비리사건이 터지듯이 고인 물은 썩기 마련이다. 평범한 시민의 자발적인 참여와 지지를 받지 못한 엔지오는 결국 사회적인 신뢰와 정당성, 그리고 영향력을 잃기 마련이다. 따라서 엔지오에 필요한 건 평범한 바로 당신이며, 옆집 아줌마, 이웃집 아저씨다.

우리 사회가 계속 이렇게 가면 안 된다고 생각하는 사람, 공동체를 우리 힘으로 변화시키고 싶은 사람이 엔지오라는 마당에서 비슷한 생각을 가진 사람들을 만나 사회를 바꿀 수 있는 다양한 일을 벌이면 된다. 그러니 엔지오 활동이라고 해서 '전문가가 되어야 하나' 혹은 '운동권만이 하는 거 아냐'라고 덜컥 겁을 내지 말고 과감하게 문을 두드려보자. 그러면 예상하지 못했던 신세계가 열릴지 모른다.

엔지오 활동에 참여하리라 마음먹었다면 다음으로 할 일은 내 취향과 관심분야에 맞는 엔지오를 고르는 일이다. 내 삶과 관련되어 있고 관심있는 분야일 때 좀더 애착을 가지고 활동할 수 있기 때문이다. 현재 국내에서 활동하고 있는 엔지오로 통계에 잡힌 것만 3만여 개라고 하니 내 취향과 지향에 맞는 엔지오가 어딘가에 하나는 있기 마련이다. 하지만 그 수가 많은지라

엔지오 고르는 방법

- 나의 취향과 관심분야 파악하기
- 인터넷이나 신문, 잡지 검색하기
- 단체에 이메일 소식지나 소개자료 신청하기
- 단체의 재정, 의사결정구조, 투명성 살펴보기
- 단체의 활동역사 살펴보기
- 단체 사무실의 위치 보기

엔지오 초보인 나에게 맞는 엔지오를 고르는 일이 쉽지만은 않을 수 있다. 게다가 지역사회에서 특정집단의 이해를 관철시키기 위한 단체들도 생겨나고, 선거 때만 되면 이름도 다양한 엔지오들이 특정후보를 지지하기 위해 급히 만들어지기도 하니 '엔지오 사기'를 피하기 위해서는 엔지오의 옥석을 가리는 일이 필요하다. 아, 그렇다고 해서 시작도 하기 전에 겁먹고 포기할 필요는 없다. 이참에 제대로 엔지오를 파헤쳐보면 되니까.

앞서 말했듯이, 나와 찰떡궁합인 엔지오를 찾기 위해서는 나의 취향과 관심분야를 파악하는 것이 중요하다. 그동안 내가 주로 읽었던 책이 어떤 것이며, 뉴스나 신문을 볼 때 어떤 면을 가장 관심 있게 보는지, 혹은 어떤 사건에 가장 분노가 치밀고 '그건 이렇게 했어야 하는데'라는 생각을 갖게 되는지를 차근차근 되짚어보면 대충 내가 어느 분야에 관심을 가지는지를 파악할 수 있다.

하지만 머리를 굴려도 그리 신통하게 떠오르는 게 없다면, 또는 떠오르는 게 너무 많다면, 『한겨레21』이 2010년 1월부터 연재하고 있는 「운동합시다」 코너를 찾아 읽어보는 건 어떨까? 이 코너에서 관심 이미지 클릭을 통해 독자의 성향을 파악해서 찰떡궁합 단체를 추천해준다. 또한 10가지 질문을 통해 나는 얼마나 운동을 하고 싶은가에 대한 욕구를 측정하기도 하니, '그래 이거야' 할 정도로 신통하진 않더라도 재미삼아 테스트에 임해볼 만하다. 또한 엔지오 활동을 하고 싶어하는 사람들의 상담과 이미 엔지오에서 활동하고 있는 사람들의 실전경험 등을 함께 싣고 있으니, 선배들의 얘기도 들어볼 겸해서 한 번쯤 찾아 읽어봐도 시간이 아깝지는 않을 게다.

자신의 취향이나 관심분야를 파악했다면 다음으로 해야 할 일은 관련된 활동을 하는 엔지오를 찾는 것이다. 집을 구할 때 가장 좋은 방법은 발품을 많이 파는 것이다. 엔지오도 마찬가지다. 뉴스나 언론매체를 통해, 혹은 인터넷 서핑을 통해 맘에 드는 엔지오를 쉽게 찾을 수도 있겠지만, 매체에 보도되는 엔지오와 인터넷 검색으로 찾을 수 있는 엔지오가 엔지오라는 바다의 아주 작은 일부분이라는 점을 감안하면, 발품을 팔아야 한다.

엔지오의 정확한 단체이름이나 활동을 알고 있다면 인터넷 검색을 통해 그 단체의 활동을 파악하거나 단체 홈페이지를 방문해 정보를 모으면 된다. 하지만 그렇지 않다면 시민사회단체연대회의 홈페이지www.civilnet.net를 방문해보자. 시민사회단체연대회의에는 약 450여 단체들이 가입해 있는데 이 홈페이지에서 가입단체들의 이름을 확인할 수 있다. 또한 가입단체 이외에도 여러 단체들의 동정이나 행사 등이 업데이트되기 때문에 여러 엔지오들의 다양한 소식들을 접할 수 있다.

이와 비슷한 역할을 하는 인터넷 홈페이지들이 있다. 만일 인권운동에 관심이 있다면 인권단체연석회의 홈페이지www.hrnet.

or.kr를 둘러보거나, 국가인권위원회 홈페이지www.humanrights.go.kr에 있는 추천 사이트를 클릭해보자. 모든 인권단체들이 명기돼 있진 않지만 목록에 나와 있는 단체를 탐방하다보면 새로운 단체들을 발견하게 될 것이다. 풀뿌리단체, 지역단체에 관심이 있다면 풀뿌리자치연구소 이음의 홈페이지http://blog.grasslog.net를, 여성문제에 관심이 있다면 한국여성단체연합의 홈페이지www.women21.or.kr를 즐겨찾기에 추가하는 것도 좋은 방법이다.

어디로 가야 할지 대충 마음을 먹었다면, 대부분의 엔지오들이 홈페이지를 갖추고 있으니 그 홈페이지를 방문해서 엔지오의 이메일 소식지를 신청하거나 인터넷회원으로 가입해보자. 소식지 신청이나 인터넷회원 가입은 대부분 무료이며, 많은 개인정보를 요구하지 않으니 크게 걱정할 필요가 없다. 만일 관심있는 엔지오가 많다면, 여러 엔지오의 이메일 소식지를 신청해도 괜찮다. 단 규모가 큰 엔지오나 정보화에 민감한 엔지오의 경우 홈페이지가 잘 구축되어 있고 업데이트도 활발하지만, 작은 규모의 엔지오라면 인력과 재정상의 이유로 홈페이지가 아예 없거나 제때 업데이트가 이뤄지지 않는 경우도 있다. 그렇다고 해서 관심을 끊지 말고 전화를 하거나 이메일을 보내 단체의 활동이나 소식을 들을 수 있는 방법을 물어보자.

엔지오를 고르는 기준은?

자신의 취향이나 관심분야가 일치하는 단체를 찾았다면 그다음으로 해야 할 일은 '선택'이다. 이거다 싶은 엔지오가 있다면 금상첨화이지만 다들 비슷비슷해 보여 선택이 어렵다면 무엇을 눈여겨보고, 어떤 기준으로 회원으로 가입할 단체를 정해야 할까?

엔지오를 선택할 때 내 취향이나 관심분야만큼이나 꼼꼼히 따져봐야 일이 있다면 그것은 정당과 마찬가지로 엔지오의 기본운영에 관한 것이다. 특히 엔지오의 재정자립도, 의사결정구조, 투명성 등을 잘 살펴봐야 한다. 우선 재정자립도는 그 엔지오의 성격을 가늠하는 잣대라고 해도 지나친 말이 아니다. 엔지오의 전체 수입 중 벌어들인 사업비와 일반시민들의 소액후원이 차지하는 비율이 높을수록 재정적으로 건강하고 활동에서도 자율성이 높은 엔지오로 볼 수 있다. 특히 소액후원이 많다는 건 그 단체에 소속감을 가진 개미 후원자들이 많다는 건데, 그건 그 엔지오가 자기 분야에서 성실하게 활동하고 있다는 점을 뜻하기도 한다.

물론 엔지오의 활동이 활발하고 사회적 기대도 많이 받지만 반면에 기부문화가 활성화되지 않은 우리 사회에서 대부분의 엔지오들의 재정은 취약할 수밖에 없다. 그럼에도 정부나 기업이 공모하는 프로젝트 사업비에 많은 부분을 의지하다보면 엔지오도 스폰서인 정부나 기업의 눈치를 보거나 할 말을 제대로 하지 못할 수 있다. 그리고 정부나 기업의 후원이 끊어지면 엔지오의 활동과 사업이 중단될 가능성도 있기 때문에 단체의 존립이 외부의 손에 좌지우지될 수 있다.

예를 들어, 지난 2008년 촛불시위 이후 정부는 촛불시위를 주도했던 광우병대책회의의 소속단체 1842개의 엔지오 명단을 작성해서 불법폭력시위 관련 단체라며 2009년 비영리민간단체 지원사업 공모에서 탈락시켰다. 그리고 최근에는 한국작가회의라는 문화예술단체에 재정을 지원하는 대신 앞으로 불법시위에 참여하지 않겠다는 각서를 쓰라고 요구해서 논란을 일으켰다. 이런 일이 벌어지는 이유는 정부가 엔지오의 약점인 취약한 재정상태를 공격해서 엔지오를 길들이고 독립성을 훼손시키려고 하기 때문이다. 이런 일에 휩쓸리지 않으려면 엔지오의 재정적 자립이 중요할 수밖에 없다.

그리고 의사결정구조와 논의과정의 투명성도 잘 따져봐야 할 부분이다. 엔지오의 취지가 아무리 좋고 좋은 일을 한다고 하더라도, 그 의사결정구조가 민주적이지 않고 중요한 결정을 내리는 과정이 공개되지 않는다면, 그 엔지오에게 건강한 활동을 기대할 수는 없다. 이런 엔지오의 경우 실무를 맡는 활동가들이나 참여하는 회원들이 아니라 몇몇 이사나 선임활동가들이 중요한 결정을 내리는 경우가 많다. 그러다보면 이런 엔지오는 공무원이나 기업처럼 위계질서를 따르고 관료화되기 쉽다. 따라서 이런 의사결정구조를 갖춘 엔지오에서 활동가는 물론이고 회원들도 돈을 내는 사람 이상의 의미를, 자원활동은 바쁜 일손을 돕는 것 이상의 의미를 갖기 어렵다. 그리고 엔지오 내부의 활발한 토론이나 모임, 실천 활동을 기대하기도 어렵다. 즉 민주주의를 학습하고 경험하는 게 어렵다. 또한 사업의 성과가 모든 활동가들에게 돌아가지 않고 몇몇 명망 있는 활동가들의 몫이 되기 쉽다. 이런 엔지오에서는 엔지오 활동에 참여하며 기대했던 바, 즉 개인적인 일에서는 느끼지 못했던 뿌듯함과 행복, 나아가 동료시민들의 연대의식을 느끼기 어렵다. 따라서 엔지오라는 이름을 내걸었다고 무조건 좋다고 여길 게 아니라 그중에서도 옥석을 가려야 한다.

엔지오의 이모저모를 눈여겨봤다면 남은 건 선택의 시간이다. 이때 별로 권하고 싶지 않는 일은 무조건 큰 엔지오, 혹은

적절한 엔지오를 선택하기 위한 기준

- 한 가지 사안을 꾸준히 다뤄온 엔지오
- 내 생활반경 안에 있는 엔지오
- 정부나 기업의 후원 없이도 사업을 꾸려가는 엔지오
- 의사결정 과정이 민주적인 엔지오

뉴스나 매체에서 들어봐서 익숙해진 엔지오에 가입하는 일이다. 흔히 작은 엔지오들은 자신들을 '등 단체' 라고 부르며 씁쓸하게 웃는 일이 있다. 이는 신문이나 언론이 시민운동의 소식을 전하며 몇몇 유명한 엔지오의 이름만 얘기하고 나머지 단체는 '등 몇 개 단체' 로 표시하는 것을 비유하는 표현이다. 방송사나 언론사 들은 어떤 사안을 보도하면서 그 일을 오랫동안 주도적으로 다뤄온 엔지오보다 사회적으로 영향력이 크거나 사람들에게 익숙한 큰 규모의 엔지오의 이름을 앞세우곤 한다. 그러다보니 막상 그 일을 주관해온 엔지오는 규모가 작고 영세하다는 이유로, 또는 내세울 만한 '유명인사' 가 없다는 이유로 '등 단체' 로 떠밀려난다. 따라서 귀에 익숙한 단체만 선호할 것이 아니라 세심하게 관찰하면서 관련분야에서 오랫동안, 묵묵히 활동해온 엔지오를 찾아보는 게 좋다.

한 가지 더 권한다면, 공간을 따져볼 때 내 활동반경을 크게 벗어나지 않는 곳에 있는 엔지오를 짝꿍으로 삼는 게 좋다. 한국의 전체 엔지오 중 절반 이상이 서울에 사무실을 두고 있다. 그러니 내가 서울에 살거나 서울에서 직장을 다니고 있다면 가급적 자기 동네에 사무실을 두고 있는 엔지오를 짝꿍으로 선택하는 것이 좋다. 반대로 내가 지방에 살고 있다면 서울에 있는 엔지오에 가입할 게 아니라 우리 동네의 엔지오에 가입하는 게 좋다. 그래야 엔지오가 주최하는 행사나 모임 등에 참여할 수 있고, 그렇게 참여해야 품평만 하는 회원이 아니라 함께하는 회원이 될 수 있다.

우리는 심심치 않게 '시민 없는 시민운동'이라는 비난을 듣거나 하곤 한다. 이는 시민운동단체나 엔지오가 시민들과 함께 고민하고 행동하지 못하는 점을 비판하는 것이기도 하지만 반대로 생각하면 이름만 걸쳐놓고 '알아서 잘하겠지'라며 방치하는 시민들의 책임이기도 하다. 따라서 엔지오의 활동이 몇몇 사람들의 몽상으로 그치지 않으려면, 그리고 그 활동이 엔지오에서 일하는 간사나 활동가들의 전유물이 되지 않으려면, 당신의 적극적인 활동과 참여가 반드시 필요하다. 그러기 위해서는 굳은 다짐도 중요하지만 내 활동반경 안에서 있어서 짬이 날 때 쉽게 들를 수 있는 곳에 있는 엔지오에 가입해야 한다. 여유가 날 때는 가끔 술이라도 한잔 같이해도 좋고, 엔지오의 일손이 모자랄 때 일감을 나눌 수도 있다. 자주 보는 친구에 비해 가끔 만나는 친구가 반갑기는 해도 서먹서먹하듯, 엔지오도 사람들이 모여 하는 일이다보니 가까운 거리에 있어야 정이 더욱 들고 쉽게 친해진다. 요즘에는 지역과 동네의 문제를 화두로 동네에서 활동하는 풀뿌리 엔지오들도 많으니 이런 단체들을 사랑방 삼아 마실다니는 재미도 쏠쏠하다.

엔지오 활동하기

웬만큼 '눈팅'을 했다면, 그리고 적극적으로 엔지오에 활동할 마음이 생겼다면, 그중 몇 개의 엔지오에 직접 연락해보자. 후원이나 자원활동을 하려고 하는데 어떻게 해야 하나요? 이번 달에 뭔가 재미난 모임이나 행사는 없나요? 연락을 할 때는 뻘쭘하지만 대부분의 엔지오들은 이런 관심을 반갑게 맞이한다.

백문이 불여일견이라고 엔지오가 주최하는 공개된 행사장을 슬쩍 방문해서 분위기를 파악해도 좋다. 물론 너무 까다롭게 처음부터 잴 필요는 없다. '딱 이거다'라는 느낌은 없어도 활동을 하다보면 그런 느낌이 새록새록 생길 수 있고, 아니면 기대나 예상에 미치지 못할 수도 있는데, 그때는 정중하게 탈퇴하면 된다.

또 엔지오 활동을 하다보면 예전에 미처 알지 못했던 엔지오들에 관한 정보도 얻고 새로운 엔지오와도 친분을 쌓을 수 있다. 좋은 만남을 위해 여러 번 소개팅을 하는 심정으로 엔지오 활동을 가볍게 시작해도 좋다.

후원하기

맘에 드는 엔지오가 생겼다면 회원가입을 한 뒤 회비나 후원금을 내야 한다. 인터넷으로만 가입하면 이런 돈을 내지 않을 수도 있지만 앞서 말했듯이 엔지오들의 열악한 재정상황을 생각하면 회비를 내는 게 좋다. 만일 처음부터 돈을 내는 것이 부담스럽다면 신용카드 포인트나 인터넷 포털사이트 네이버 마일리지인 '해피빈 콩' www.happybean.com 등으로 기부하는 방법도 있다. 보험상품이나 언론매체와 연계해 엔지오를 지원할 수도 있다. 예를 들어 시사주간지 『한겨레21』은 '아름다운 동행' 캠페인 h21blog.hani.co.kr을 통해 정기구독을 신청하면서 자신이 후원할 시민단체를 지정하면 구독료 중 일정액을 단체 후원금으로 지급한다. 『경향신문』 역시 정기구독을 신청하면서 비정규직 철폐를 위한 희망릴레이에 참여하면 비정규직 철폐운동을 벌이는 관련 단체들에 구독료 일부를 기금으로 낸다.

이런 간접 후원보다 직접 후원을 하기로 맘을 먹었다면 후원회원을 신청해보자. 일반적으로 후원회원들은 매달 CMS나 자동이체를 통해 일정금액을 후원한다. 엔지오에 후원의사를 밝히고 CMS를 신청하면 매월 내 계좌에서 지정한 액수가 자동 출금된다. 엔지오가 알아서 이 과정을 처리해주니 따로 은행을 방문해서 신청할 필요가 없다. 하지만 자동이체를 원한다면 본인이 직접 은행을 방문하거나 인터넷뱅킹으로 신청하면 된다. 정기후원금의 액수는 엔지오마다 다른데 최소 1천 원이다.

후원회원이 되면 여러 가지 권리를 누릴 수 있다. 우선 인터넷회원이 되거나 온라인 소식지를 통해서는 접하지 못했던 엔지오의 운영이나 살림살이에 대한 정보에 접근하고 이를 요구할 수 있는 권한이 생긴다. 그리고 엔지오가 주최하는 토론회나 모임 등에 참여할 수 있는 것은 물론이고 인원이 제한된 유료 강좌의 경우 참여 우선권과 함께 수강료의 일부를 할인받을 수 있는 혜택도 누린다. 또한 각 엔지오의 의사결정구조에 따라서 회원은 총회에 참석해 발언하고 결정할 권리도 가지니 후원회원에 가입하면서 회원이 가지는 권리를 꼭 확인하자.

최근에는 기부금에 대한 연말소득공제가 확대되면서 엔지

후원하는 방법

간접 후원

신용카드 포인트나 인터넷 포털 마일리지(해피빈), 신문·잡지 정기구독자 후원 등을 이용한다.

직접 후원

후원하려는 엔지오를 통해 CMS를 신청하면 계좌에서 자동출금된다. 은행에서 자동이체할 수도 있다.

연말소득공제

소득공제액의 최고 15퍼센트를 공제받는다.

오에 낸 후원금도 소득공제를 받을 수 있다. 엔지오에 기부한 후원금에 대해서는 소득공제액의 최고 15퍼센트를 공제받을 수 있다. 그런데 후원금에 대한 소득공제가 되지 않는 작은 엔지오도 있으니 소득공제를 바란다면 후원회원에 가입할 때 이 점을 확인해야 한다. 만일 소득공제가 되는 엔지오라면 연말 소득공제 기간에 1년 동안 낸 특별·정기후원금을 정산해서 기부금 영수증을 보내준다. 단 신청자에 한해 기부금 영수증을 보내주는 엔지오도 있으니 사전에 확인해야 하염없이 우편함을 여닫는 수고를 줄일 수 있다.

후원회원들의 후원회비는 엔지오 활동가들의 사기를 진작시키는 것은 물론 엔지오의 자율성과 독립성을 확보하는 초석이다. 세금으로 예산을 확보하는 정부나 사업을 통해 이윤을 벌어들이는 기업과 달리 엔지오들은 회비와 기부금으로 운영된다. 물론 정부나 재단, 기업 등이 공모하는 각종 사업과 프로젝트에 응모해서 사업비를 벌기도 하지만 이런 프로젝트에 너무 의존할 경우 앞서 말했듯이 엔지오는 본연의 역할, 즉 정부나 기업을 감시·견제·비판하는 데 눈치를 보거나 둔감해질 수 있다.

내 지갑을 여는 간단한 방법만으로도 세상을 바꾸는 데 기여할 수 있다. 그리고 돈 가는 데 마음 간다고, 후원을 하다보면 자연스레 단체의 활동에도 관심을 두게 된다.

자원활동하기

매달 회비를 납부하는 것을 넘어서 조금 더 적극적인 활동을 하고 싶다면 시간을 쪼개 엔지오가 주관하는 각종 모임에 나가거나 자원활동에 참여하면 좋다. 예전에는 '자원봉사'라는 이름으로 불리기도 했지만 '봉사'라는 말이 가진 일방적이고 수동적인 의미 때문에 최근에는 '함께한다'는 뜻을 지닌 자원활동이라는 말이 널리 쓰이고 있다. 모임에 참여하길 원하거나 자원활동을 하고 싶은 마음이 있다면 각 엔지오의 홈페이지에 마련된 모임이나 자원활동 코너에서 신청하거나 이메일, 전화를 걸어 참여의사를 밝히면 된다.

대부분의 엔지오에서는 상근하는 활동가에 비해 일이 넘쳐나기 때문에 자원활동을 반기지 않는 엔지오는 없다. 그리고 반복되는 일상으로 타성에 젖을 수도 있는 엔지오 활동가들에게 자원활동가들의 등장은 새로운 만남과 교류를 통해 새로운 기운을 받을 수 있으니 반갑고 흥분된 일이다. 따라서 '아무것도 모르는데 괜히 짐만 되는 거 아냐'라는 부담을 떨치고 문을 두드려보자. 다만 약속 없이 무턱대고 엔지오를 방문할 경우 담당자가 자리에 없을 수도 있으니 사전에 약속일정을 확정하는 게 좋다.

일반적인 경우 자원활동을 신청하면 담당자와 면담을 하게 되는데, 궁금한 것이 있었다면 그 자리에서 마음껏 물어보면 된다. 물론 면담을 통해 엔지오의 가치나 활동이 나의 예상과 다르다면 '다음 기회에'라고 말하며 자리를 떠나도 무방하다. 마음에 든다면 자신의 일정이나 관심분야, 가능한 일 등을 말하면 된다. 그러면 담당자가 그 점을 고려해서 해야 할 일을 적절히 나눠줄 것이다.

이때 자원활동의 영역은 단순한 복사 및 전화 업무에서부터 시작해 정책결정을 위한 준비와 논의, 거리의 1인시위까지 매우 폭이 넓다. 특히 국제 엔지오의 경우 상근 활동가보다 비상근 자원활동가의 비율이 훨씬 높다. 시간에 여유가 있는 대학

자원활동의 첫걸음은
'아무것도 모르는 내가 짐만 될 것 같다'는
부담을 떨치는 것이다.
시민의 참여를 늘리고 과중한 업무도
나눌 수 있는 자원활동가들을
반기지 않는 엔지오는 없다.

생이거나 관련분야에서 일하고 싶은 사람이라면 엔지오가 운영하고 있는 인턴이나 실습 제도를 활용해 활동해봐도 좋다. 대부분의 엔지오가 이런 제도를 채택하고 있으니 맘에 드는 엔지오에 연락하면 쉽게 사리를 얻을 수 있을 것이다.

이런 활동을 하다보면 내가 몰랐던 세상의 이야기와 나도 몰랐던 나 자신의 모습을 새로이 발견할 수 있다. 새로운 자아를 만난다고 해야 하나? 물론 모든 일이 항상 즐겁지는 않다. 허나 생명이 껍질을 깨고 나와 새로운 세상을 접하듯, 그런 부대낌과 고됨은 새로운 세상을 마중하는 길이기도 하다. 관심을 가지고 움직이는 만큼 세상을 바꾸지는 못할지라도 나 자신을 바꿀 수는 있다.

그러다보니 가끔 자원활동을 하다가 아예 전업활동가로 나서는 사람들도 있다. 새로운 곳에서 새로운 일을 하고 있는 당신을 한번 꿈꿔보라.

단체 만들기와 지원받기

딱히 이거다 싶은 엔지오가 없다면 비슷한 생각과 욕구를 가진 사람들과 함께 엔지오를 직접 만들 수도 있다. 엔지오를 만드는 데 필요한 자격요건은 없다. 옛날에는 단체를 만들려면 일정한 조건을 갖춰서 정부에 신고하고 등록해야 했지만 요즘은 그런 제도가 없으니 자유로이 단체를 만들 수 있다. 낮에는 직장인, 밤에는 활동가로 살아갈 수 있으니, 회사나 일상생활에서 느끼지 못했던 만족과 기쁨을 얻을 수도 있다.

엔지오를 만들 때 아무래도 가장 크게 걸리는 부분은 재원과 사람이다. 뜻을 같이하는 사람들과 일을 나눈다 하더라도 재원은 어떻게 마련해야 할까? 내 재산을 털어서 엔지오 활동을 할 수도 있겠지만 평범한 사람들이 그런 결심을 하기는 쉽지 않다.

그럴 경우 사업비를 정부에서 지원받을 수도 있다. 단, 엔지오를 만들어 정부의 지원을 받고 싶다면 적절한 요건을 갖춰야 한다. 현재 우리나라는 비영리민간단체지원법을 제정해서 비영리민간단체로 등록된 단체들을 지원하고 있다. 비영리민간단체지원법은 "비영리민간단체의 자발적인 활동을 보장하고 건전한 민간단체로 성장하도록 지원함으로써 비영리민간단체의 공익활동 증진과 민주사회 발전에 기여"(1조)하기 위해 2000년도에 제정되었다.

비영리민간단체로 등록하기 위해서는 다음의 요건을 갖추어야 한다. ① 사업으로 이익을 보는 사람들이 정해져 있지 않은 불특정 다수일 것 ② 단체의 구성원들이 이익을 나눠갖지 않을 것 ③ 특정한 정당이나 정치인을 지원 또는 지지하거나 특정한 종교의 교리를 전파하는 것을 주된 목적으로 삼지 않을 것 ④ 회원의 수가 100명 이상일 것 ⑤ 최근 1년 동안 공익활동의 실적이 있을 것 ⑥ 법인이 아닌 단체인 경우 대표자나 관리인이 있을 것 등이다. 이런 자격요건을 갖춘 뒤에 단체의 활동영역과 관련이 있는 행정부서의 장관이나 시·도지사에게 등록을 신청하면 된다. 비영리민간단체 등록에 대한 좀더 자세한 내용은 중앙행정기관 혹은 각 시·도 행정국이나 행정과로 문의하면 되는데, 행정안전부 지방행정국 홈페이지www.mopas.go.kr나 서울시 행정국 홈페이지http://club.seoul.go.kr/ngo를 방문하면 비영리민간단체로 등록하는 방법과 필요한 서류, 등록했을 때의 혜택 등에 대한 정보들을 손쉽게 구할 수 있다.

참고로 2009년 12월 현재 비영리민간단체에 등록한 단체는 모두 9003개로, 이중 981개가 33개의 중앙행정기관에,

8022개가 시·도에 등록돼 있으니 전체 엔지오 중 등록한 엔지오는 3분의 1 수준이다. 비영리민간단체에 등록한 단체와 단체별 주요사업 등은 행정안전부 지방행정국 홈페이지에서 확인할 수 있다.

이렇게 비영리민간단체로 등록하면 단체에서 준비 중인 공익사업의 소요경비를 지원받을 수 있다. 매년 행정자치부 장관이나 시도지사는 지원할 수 있는 공익사업의 유형을 결정해서 공개모집을 하는데, 이 공모에 응모, 당첨될 경우 재정지원을 받을 수 있다. 또한 조세 감면과 공익활동에 필요한 우편물 요금의 감액을 요청할 수 있다. 물론 이런 재정적 보조를 받으려면 사업의 목적과 내용, 소요경비 등을 기재한 사업계획서를 해당 회계연도 3월 말까지 행정자치부 장관이나 시도지사에게 제출해야 한다. 그리고 사업계획서에 따라 사업을 완료한 때에는 다음 회계연도 1월 말까지 사업보고서를 제출해야만 한다.

정부가 아니면 기업의 사회공헌팀의 도움을 받을 수도 있다. 웬만한 대기업들은 사회공헌팀을 두고 단체들을 지원하고 있다. 그러니 각 기업의 사회공헌 담당자와 상담해서 부족한 재원을 마련하는 것도 한 가지 방법이다.

또한 엔지오가 회원으로부터 받은 회비 또는 후원금에 대해 소득공제 영수증을 발급할 수 있으려면 기획재정부의 '지정'이 필요하다. 소득공제가 되는 범위는 15퍼센트로, 소득공제의 대상이 되는 기부금 대상 민간단체의 지정요건은 소득세법(소득세법 시행령 제80조 제1항 제5호)에 정해져 있는데, 우선 비영리민간단체 지원법에 따라 등록된 단체로서 지정요건을 갖춘 단체여야 한다. 신청을 위해서는 우선 비영리민간단체로 신청한 후 행정안전부 민간협력과의 추천을 받아 기획재정부의 지정을 받아야 한다. 1년에 두 번 신청을 받는데, 상반기에는 2~3월에 접수해서 6월 말에 결과가 통지되고, 하반기의 경우 8~9월에 접수를 받아 12월 말에 결과를 통지한다. 결과는 기획재정부와 행정안전부 홈페이지에 공고되기도 한다. 이에 관한 자세한 내용은 기획재정부와 행정안전부 지방행정국 홈페이지에서 확인할 수 있다.

엔지오 활동, 세상을 바꿀 수 있나?

엔지오는 마법의 도구가 아니다. 하지만 기존의 제도정치와 다른 방법을 통해, 그리고 대표나 몇몇이 명망가나 유명인사가 아닌 우리의 힘으로, 세상을 변화시키고 그 과정에서 나 스스로를 변화시키고 성장시키는 데 기여할 수 있다는 점에서 엔지오 활동이 갖는 의미는 대단하다.

지난 20년 동안 엔지오의 활동은 우리 사회에서 아주 막강한 힘을 발휘해왔다. 이를 잘 보여주는 상징적인 사건 중 하나가 바로 2000년 4·13총선 과정에서 전개된 낙천낙선운동이다. 낡고 썩은 정치에 대한 개혁을 요구하던 엔지오들이 하나둘 모이기 시작해 900여 개의 엔지오로 구성된 총선시민연대는 4월 총선을 앞두고 '유권자가 알아야 할 제15대 국회의원'이라는 이름으로 퇴출대상 정치인 명단을 발표했다. 각 지역의 시민단체들도 지역별로 명단을 발표했고 노동단체들도 낙선운동에 합류했다. 이는 불가능할 것 같은 엔지오의 반란이었다.

하지만 이 반란은 성공했다. 선거 결과 낙천대상자로 지목된 86명 가운데 절반 이상이 정계를 스스로 은퇴했거나 공천을 받지 못했고, 선거에 출마한 낙선대상자도 68.6퍼센트 정도가 낙선했다. 이 운동을 통해 낡은 정치질서가 완전히 새롭게 만들어지지는 못했지만 이 사건은 엔지오가 선거판에 큰 변화를 가져올 수 있다는 가능성을 제시한 사건이었다. 또한 이 운동을 계기로 우리 사회의 시민사회운동, 엔지오는 일대 도약기를 맞이하게 됐다. 이러한 저력은 이후 2002년 12월 노무현 전대통령이 당선되었던 대통령선거, 2004년 3월 대통령 탄핵반대 촛불집회, 2004년 4월 17대 총선에서도 발휘되었다.

선거와 같은 정치영역에서만 엔지오의 힘이 발휘되었던 것은 아니다. 한국 재벌을 감시하고 왜곡된 경제구조를 바로잡으려는 엔지오의 노력도 빛을 발했다. 예를 들어, 참여연대의 소액주주운동은 한국 재벌들의 일방적인 경영에 제동을 걸면서 기업지배구조의 투명성을 보장하려는 운동의 기틀을 다졌다. 소액주주운동은 많은 소액주주들을 모아 지분을 확보하고 그에 따라 주주총회에서 권리를 행사했다. 이 운동으로 재벌들의 왜곡된 기업 내 지배구조에 대한 문제점이 드러났고 소유와 경영을 분리시켜야 한다는 사회적인 공감대가 형성되었다. 이 운동에 대한 평가는 다양하지만 재벌을 감시하고 문제를 제기하는 새로운 방법을 선보였다는 점에서 의미를 찾을 수 있다.

그리고 정당민주주의가 뿌리를 내리지 못한 한국 사회에서 엔지오들은 정책대안을 제시하는 역할을 맡기도 했다. 가장 대표적인 사례가 바로 2000년 10월부터 시행된 국민기초생활보장법이다. 1994년부터 참여연대 사회복지위원회를 중심으로 복지와 공공부조를 요구하는 공익소송이 시작되었고 1999년 64개의 엔지오가 연합해서 국민기초생활보장법 제정추진 연대회의를 구성했다. 연대회의는 IMF라는 심각한 경제위기를 극복하고 시민들의 기초생계를 보장하기 위해 국가가 노력해야 한다는 공감대를 이끌어내고 법을 제정시켰다. 여러 가지 한계를 지닌 법으로 평가되고 있지만 국가가 시민들의 복지를 책임져야 한다는 공감대를 형성했다는 점에서 이 법의 의의를 찾을 수 있다.

또한 엔지오의 활동을 얘기하면 생태계보호가 자연스럽게 연상되듯이 많은 환경 엔지오들이 우리나라의 생태계의 보존과 회복을 위해 활동해왔다. 대표적인 사례가 강원도 영월의 동강댐 반대운동이다. 1997년 희귀식물과 멸종위기식물이 자라던 동강에 댐을 세우려던 정부의 계획은 환경단체들과 주민들의 반대에 부딪혔고 3년이 넘는 기간 동안 싸움이 계속되었다. 결국 2000년에 김대중 대통령이 동강댐 건설 백지화를 선언함으로써 반대운동은 성과를 거두고 동강을 보존하게 되었다. 이 사건은 한국 환경운동사의 중요한 사건으로 기록되고 이런 사건이 있었기에 우리는 아직도 동강의 생태계를 누릴 수 있다.

그밖에도 엔지오들은 무시당하고 배제되는 소수자들의 인

권을 보호하고 지역사회의 민주화를 이끌며 중앙정부와 지방정부를 감시하는 역할을 해왔다. 도시생활자들이 일일이 참견하고 참여하지 못하는 문제들을 엔지오들이 대신해서 꼼꼼히 챙겨왔고 민주주의와 인권, 참여의 중요성을 사회에 확산시키고 교육하는 역할을 담당해 왔다.

우리는 잘 인식하지 못하지만 엔지오들이 이미 상당히 많은 변화들을 이루어왔다. 그래서 어떤 이는 '성공의 역설'을 얘기하기도 한다. 엔지오들이 열심히 활동해서 사회를 바꾸다보니 사회가 변하는 만큼 엔지오들의 활동영역은 줄어든다. 즉 잘못된 무언가를 바꾸기 위해 활동하는데 그 일이 바로잡히니 엔지오들이 더 이상 존재할 이유가 없어지는 것이다. 그럴 정도로 한국 사회에서 엔지오들은 중요한 역할을 담당해왔다고 얘기해도 지나치지 않다.

그러니 이런 엔지오의 활동에 참여하는 건 나 자신의 역사를 새로 쓰는 일이기도 하다. 그 사건이 벌어졌을 때 나도 이런 일을 하고 있었다고 생각하면 가슴이 얼마나 뿌듯할까? 우리 아이들에게 부끄럽지 않은 모습을 보여줄 수 있지 않을까? 그러니 안 될 거라며 좌절하지 말고 그 가능성을 믿고 나를 움직여보자.

생활 속의 엔지오

엔지오가 만드는 변화의 흐름을 정치영역으로 한정시킬 필요는 없다. 언제부터인가 유기농이라는 말이 우리에게도 그리 낯설지 않게 느껴진다. 유기농이나 친환경 먹거리가 웰빙이라는 세련된 단어로 포장되면서 한국 사회에서도 유기농의 바람이 불고 있다. 동네 곳곳에 친환경 먹거리를 다루는 매장들이 생기고 아이들의 학교급식에 친환경 먹거리를 사용하자는 주장도 심심찮게 들린다. 풀무원이나 대상 같은 일반기업들이 영리를 목적으로 친환경매장을 운영하고 수십 년 동안 협동조합운동을 벌여온 소비자생활협동조합(이하 생협)들도 이런 사업에 적극적으로 참여하고 있다.

그러면서 협동조합이라는 단어도 조금씩 널리 쓰이고 있다. 어떻게 보면 협동조합이라는 말은 우리에게 이미 친숙한 단어이기도 하다. 농협, 수협, 축협처럼 국가의 관리를 받는 협동조합 아닌 협동조합들을 마을 곳곳에서 볼 수 있고, 서울우유나 부산우유 같은 회사들도 협동조합이라는 이름을 가지고 있다.

하지만 이런 것들을 진정한 협동조합이라 볼 수 없는 이유는 협동조합의 중요한 원칙이 바로 조합원들의 민주적인 경영 참가와 지역사회에 대한 기여이기 때문이다. 국제협동조합연맹ICA은 협동조합이 ① 자발적이고 열린 조합원제 ② 조합원의 민주적인 운영 ③ 조합원의 경제적 참여 ④ 협동조합의 자치와 자립 ⑤ 조합원들에 대한 교육과 훈련, 홍보 ⑥ 협동조합 간의 협동 ⑦ 지역사회에 대한 기여라는 7가지 원칙을 지켜야 한다고 강조한다. 진정한 협동조합은 사업을 확장하며 이윤만을 쫓지 않고 이런 원칙을 고민하면서 활동해야 한다. 그래서 생협의 매장은 단순히 물건만 사고파는 공간이 아니라 조합원들의 일상사와 모임들의 소식, 지역사회의 주요한 이슈들을 소통하는 공간이다.

흔히 정치와 경제, 정치와 생활을 구분해서 생각하지만 이런 삶 속으로 들어가면 생활이 곧 정치가 된다. 예전에는 자본주의를 바꾸는 것이 정치혁명을 통해서 가능하다고 생각했지만 이제는 내 생활을 바꾸는 것으로도 자본주의가 조금씩 변화되기 시작한다. 이렇게 정치는 이미 우리 일상생활 속으로 들어오고 있다.

사실 협동조합이라는 조직은 매우 정치적인 조직이다. 옛

세상을 바꾸는 소비

- 악덕 재벌이나 초국적기업의 상품을 사지 않는다.
- 소비자생협의 먹거리를 이용한다.
- 의료생협을 다니며 건강하고 즐겁게 산다.
- 작지만 함께 일할 수 있는 일터를 함께 만든다.

날 사회주의자들도 협동조합에서 사회주의의 미래를 보기도 했는데, 시민들은 협동조합을 통해 혼자서는 실현할 수 없던 삶을 꿈꿀 수 있기 때문이다. 19세기 유럽의 협동조합운동은 가난한 사람들이 처절한 빈곤에서 벗어날 수 있는 힘을 주었고, 러시아의 협동조합운동은 러시아혁명을 지탱하는 중요한 기둥이 되었다. 한국에서도 협동조합운동은 두레나 계처럼 아주 오랜 전통을 갖고 있을 뿐 아니라 1920년 경성소비조합이나 1921년 조선노동공제회의 소비조합들이 일찍부터 협동조합의 형태를 갖추며 새로운 사회를 꿈꿨다.

협동조합이라는 공동의 조직을 통하면 우리는 소비자가 원하는 바를 생산자에게 요구하고 생산자와 소비자가 함께 살 수 있는 방법을 찾을 수 있다. 협동조합은 분리된 삶터와 일터를, 도시와 농촌을 다시 합칠 수 있는 방법을 마련하기 때문이다. 생산자협동조합은 삶터와 일터의 분리를 극복할 단초를 마련하고, 소비자협동조합은 도시와 농촌을 잇는 다리를 놓는다. 협동조합을 통해 생산자와 소비자는 분리되지 않고 조합원이라는 이름으로 서로 연결된다. 그리고 신용협동조합에 내가 저축한 돈은 은행이나 대기업을 배불리는 이윤이 아니라 다른 이웃의 미래를 준비하는 종잣돈이 되고, 열심히 일한 노력은 자본가나 공무원이 아니라 협동조합과 지역사회를 살찌우는 거름이 된다. 비록 내가 가진 것은 그리 많지 않을지라도 우리가 가진 것이 점점 커져서 삶을 풍요롭게 만들고 자치와 자급을 가능하게 한다. 협동조합운동은 이런 엄청난 변화를 가능하게 한다. 그래서 칼 폴라니, 프루동, 크로포트킨, 간디 등 많은 사상가들이 대안사회를 만드는 과정에서 협동조합이 중요한 역할을 맡을 것이라고 예상했다.

협동조합에 가입하고 그 속에서 적극적으로 활동한다면 우리는 생활로도 세상을 바꿀 수 있다. 대형마트나 기업형 슈퍼마켓이 아니라 협동조합의 매장을 이용하고, 종합병원이나 대형병원이 아니라 의료생협의 병원을 이용하고, 비싼 영어유치원이나 어린이집에 아이를 보내지 않고 공동육아협동조합을 만들어 우리 아이들을 함께 키우고, 재벌이나 부조리한 자본의 기업이 아니라 생산자협동조합이나 사회적 기업에서 일한다면, 그런 삶 자체가 하나의 대안일 수 있다. 이렇게 스스로 삶의 욕구를 충족시키고 공동체를 만들어가는 과정을 어찌 정치라고 부르지 못하겠는가?

그리고 반드시 협동조합의 조합원이 되지 않더라도 우리의 소비활동을 통해 정치에 영향을 미칠 수 있다. 소비자가 무엇을 할 수 있을까? 소비자는 단순히 물건을 사고 가격을 치르는 사람 같지만 '선택과 구매'라는 과정을 통해 자신이 원하는 바를 생산자에게 요구할 수 있다. 어떤 상품을 선택함으로써 소비자는 생산자에게 영향력을 미칠 수 있다. 대기업들이 생산현장에서는 노동자들을 그렇게 무시하고 괴롭히면서도 시장에서는 소비자들에게 아부하는 것도 바로 소비자들의 선택 때문이다. 노동자는 힘이 약하지만 소비자는 힘이 세다. 그러니 불매운동만큼 기업들의 정신을 번쩍 들게 만드는 운동은 없다.

그래서 자본주의사회는 누가 무엇을 어떻게 생산했는지에 관한 흔적을 자꾸 지우려 한다. 상표라는 브랜드가 소비자의 구매에 영향을 미치기 때문에 기업은 막대한 돈을 마케팅에 쏟아부으며 자기 브랜드를 예쁘게 포장하려 한다. 현란한 디자인과 필요 없는 기능들로 소비자들을 현혹시켜서 그 상품을 만드는 과정에서 벌어진 일들, 예를 들어 생태계를 파괴하거나 여성과 아이들의 노동력을 착취하거나 부패한 정치인들의 뒷돈을 댄 일들을 감추려 한다. 노동과 소비를 따로 생각하도록 유도한다.

생산과정과 분리되다보니 소비자들도 생산환경이나 생산조건보다 가격에만 관심을 두게 된다. 대형할인마트를 자주 찾는 이유는 우리가 싼 가격에만 관심을 두기 때문이다. 중소기업에서 일하는 노동자들도 비슷한 중소기업이 아니라 대기업의 제품을 사고 농민들의 뒤통수를 치는 유통회사들의 먹거리를 구매한다. 그런 과정이 반복되면 결국 자신의 직장도 같은 처지에 놓일 터인데 눈앞의 가격에만 관심을 두기 때문에 미래를 보지 못한다.

사실 가격이 싼 데는 다 이유가 있다. 한 조사에 따르면 대형마트와 백화점에 납품하는 중소기업의 86퍼센트는 불공정거래를 경험했지만 거래를 중단할지 모른다는 두려움 때문에 참는다고 한다. 마트의 싼 가격은 중소기업을 희생시킨 대가이니 마트에서 물건을 싸게 살수록 평범한 도시생활자의 월급봉투도 얇아지기 마련이다.

그리고 대형할인마트가 하나 들어서면 약 200개의 작은 가게들이 사라진다고 한다. 한국의 대형마트가 약 350개 정도이니 이미 약 7만 개의 가게들이 사라진 셈이다. 동네 구멍가게들의 문을 닫고 이 사람들과 가족들의 일자리를 없애는 할인마트가 한국 전체 소매시장의 16.6퍼센트를 차지하며 그 비중을 점점 늘려가고 있다.

이렇게 생산과 소비의 과정이 독점되면 대기업의 영향력이 커질 수밖에 없다. 지금은 가격이 싸다지만 아마도 시장을 독차지하게 되면 가격은 계속 올라갈 것이다. 그것이 자본주의의 논리이니까. 결국 우리의 생활이 자신의 삶을 불안하고 위태롭게 만드는 셈이다. 2008년 8월에 방송되었던 〈KBS스페셜〉 '오래된 미래 CO-OP: 두 도시 이야기'를 보면, 대형할인마트가 지역경제를 어떻게 망가뜨리는지, 그 대안으로 협동조합이 어떤 역할을 할 수 있는지가 잘 나온다. 세상을 바꾸는 소비, 그것에 대해 알아보자.

먹으면서 바꾼다, 소비자생활협동조합

먹거리를 주로 다루는 소비자생협들은 지방의 농촌에서 재배된 유기농이나 친환경 먹거리를 도시의 소비자들에게 공급한다. 유기농이나 친환경이기 때문에 일반시장에서 판매되는 것보다 가격은 다소 비싸다. 하지만 유전자를 조작한 종자나 항생제를 먹여 살만 찌운 고기를 먹는 우리 몸을 생각하면, 그리고 유기농과 친환경으로 기르기 위해 애를 쓰는 농민들을 생각하면 그것을 무조건 비싸다고만 생각할 수는 없다.

사실 싼 것만 생각하면 제3세계의 농민들에게 헐값을 치르고 농산물을 빼앗아서 배나 비행기에 실어 우리에게 전달되는 농산물들이 가장 싸다. 그리고 농약을 듬뿍 뿌려 사람의 손을 덜 타거나 항생제를 듬뿍 먹여 질병에 내성을 기르면 그만큼 가격은 더 싸질 수 있다. 그런데 이런 방식이 생산자와 소비자 모두를 행복하게 만들 수 있을까? 그런 먹거리를 먹은 우리 몸이 건강할 수 있을까?

'싼 가격' 에 대한 집착에서 벗어나면 세상을 조금 달리 볼 수 있다. 정성을 들인 만큼 그에 맞는 가격을 지불하는 것은 당연하고, 소비자가 곧 노동자이니 돈이 돌고 돌아 내게 온다는 점을 생각하면 협동조합에서 거래되는 먹거리들은 결코 비싸지 않다. 농민들은 애써 기른 농산물을 제값에 팔 수 있어 좋고, 소비자는 믿고 안심하며 먹을 수 있어 좋다. 가격도 가격이지만 지은 만큼 농산물을 팔 수 있어야 농민들의 생활이 안정되는데, 생협은 소비자를 조직해서 그런 안정감을 준다. 그 해에 풍년이 들면 그만큼 가격이 떨어져 때론 대형마트보다 생협매장이 더 쌀 때도 있으니 마음을 조금 넉넉히 먹으면 좋다.

그리고 생협에서 먹거리를 사는 만큼 유기농이나 친환경 농사를 짓는 농민들이 늘어나고 그만큼 생태계는 회복될 수 있다. 생태계가 회복되어야 기후변화나 지구온난화 같은 환경재앙을 막을 수 있고 인간과 자연의 관계가 균형을 잡을 수 있다.

그리고 요즘 협동조합들이 유행시키고 있는 '공정무역' '착한 소비' '윤리적 소비' 라는 말을 고민해봄직하다. '발렌타인데이에는 착한 초콜릿을' '히말라야의 선물, 착한 커피' '오가닉코튼' 등 다양한 공정무역 상품들이 협동조합을 통해 소비자를 만나고 있다. 공정무역은 제1세계의 대기업들이 커피나 초콜릿 등 여러 가지 기호품의 원재료를 제3세계의 생산자에게 터무니없이 싼 가격에 약탈한다는 사실을 반성하며 정당한 가격을 지불하려 한다. 물론 이런 착한 소비가 무역의 흐름을 근본적으로 바꿔놓을 수는 없겠지만 제 3세계의 생산자들이 협동조합을 구성해서 자기 마을에 필요한 학교나 시설을 마련한다는 점에 주목해야 한다. 예전에는 착취당하는 무능력한 생산자였다면 이제 이들은 자신의 무능함을 이기고 자존심을 회복하고 있으며 자기 아이들에게 다른 미래를 꿈꿀 수 있게 한다. 이렇게 생협은 소비활동을 통해 다른 세상으로 갈 징검다리를 놓는다.

또한 생협의 매장은 생활재를 구입하는 곳일 뿐 아니라 생활재에 관한 정보나 지역 소모임 소식, 건강한 먹거리를 지키기 위해 지금 내가 할 수 있는 일 등 다양한 정보를 알려준다. 먹거리에 대한 정보도 공개하고 때때로 생산지에 직접 견학을 가서 농사일을 경험할 수도 있다. 동네 사람들을 만나 수다도 떨고 동네일을 함께 논의할 수도 있으니 장보러 가는 일이 즐거워진다. 앞서 제2장에서 얘기한 주민서명도 생협매장에서 받을 수 있다.

이런 수다와 만남을 통해 새로운 사건이 벌어지기도 한다. 사람들끼리 소모임을 만들고 비누나 생리대 같은 생활재를 함께 만들기도 한다. 자동차를 함께 타기도 하고 동네에 새로운 가게를 내기도 한다. 말 그대로 마을에서 협동의 삶이 펼쳐진

생협의 장점

- 농산물을 믿고 먹을 수 있다.
- 농민들의 생활을 보장한다.
- 생태계의 균형을 회복시킨다.
- 매장에서 동네 소식을 듣고 알릴 수 있다.

다. 한국처럼 경쟁이 치열하고 이긴 자가 모든 혜택을 독차지하는 사회에서 협동조합은 협동의 의미가 무엇인지, 더불어 사는 공동체가 무엇인지를 경험하게 한다.

생협의 조합원이 되려면 생협의 매장을 방문해서 조합원 가입서를 내거나 인터넷을 통해 가입하면 된다. 생활협동조합전국연합회www.co-op.or.kr와 아이쿱생협연합회www.icoop.or.kr, 여성민우회생협www.minwoocoop.or.kr, 두레생협www.dure.coop, 한살림www.hansalim.co.kr 등의 중앙생협을 통하거나 지역생협을 통해 가입할 수 있다.

생협마다 조합원이 되는 방식은 조금씩 다른데, 대부분은 처음에 가입할 때 조합비를 내고 인터넷이나 매장에서 생활재를 구입할 때마다 출자금을 낸다. 출자금은 조합의 활동을 지원하는 비용이지만 조합을 탈퇴할 때 다시 반환받을 수 있다. 자세한 내용은 각 생협의 홈페이지에서 찾아볼 수 있다.

원래 조합원으로 가입하면 협동조합의 정신이나 생협의 정체성에 관한 교육을 받도록 되어 있는데 요즘은 그런 과정이 생략되곤 한다. 그래도 찬찬히 설명들을 찾아서 읽다보면 내가 하는 일의 의미를 깨닫게 된다. 그리고 조합원이 되면 생협이 주관하는 강좌나 소모임에 참여할 수 있으니 한번 참가해서 우리가 어떻게 살고 있고 어떻게 살아야 하는지, 얘기를 들어보는 것이 좋다. 시장바구니 속에서도 희망이 숨 쉴 수 있다.

평등해야 건강하다는 말이 있다. 보통 건강은 각자 알아서 관리하는 것이라 생각하지만 실제로는 그렇지 않다. 알아서 관리하려면 시간과 여유가 있어야 하기 때문이다. 부자들은 좋은 음식을 먹고 적절히 운동을 하며 몸매관리를 할 수 있지만 가난한 사람들은 주는 대로 먹고 일하느라 바쁘다. 그리고 오늘날에는 예전과 달리 산업화로 인한 환경오염, 치열한 경쟁에 따른 스트레스, 고령화 등 다양한 사회적 원인이 우리의 건강을 위협한다. 그러니 가난할수록 온갖 질병에 시달리고 가난하니 그 병을 적절히 치료하지도 못한다. 불행히도 이런 불평등은 내 대에서 끝나지 않고 아이들에게도 고스란히 대물림된다. 그래서 요즘은 이를 '건강불평등health inequality'이라 부르며 중요한 사회이슈로 다루고 있다.

그런 점에서 건강은 자연적인 현상이 아니라 사회적인 현상이다. 의료보험제도를 봐도 그 사실을 알 수 있다. 마이클 무어 감독의 영화 〈식코〉를 보면 미국 의료보험제도의 문제점이 적나라하게 드러난다. 치료를 받으면 건강을 회복할 수 있지만 가난하고 힘이 없어 병원 문턱을 넘지 못하고 내팽개쳐지는 사람들이 수천만 명이나 된다. 이것이 미국만의 문제일까? 우리 사회도 점점 더 그런 불평등에 가까이 다가서고 있다.

설령 보험의 혜택을 받을 수 있더라도 내가 사는 곳에 병원이 없으면 치료를 받기 어렵다. 서울이나 대도시에 가면 병원이 많지만 지방이나 소도시, 농촌에 가면 병원을 찾기가 쉽지 않다. 따라서 의료서비스에서 공간적으로 배제되는 사람들도 있다.

그리고 설령 병원시설을 자유로이 이용할 수 있다 하더라도 걱정은 계속된다. 의사가 내 몸을 제대로 진찰하고 있는 건지, 쓸데없이 많은 양의 약을 사용하는 건 아닌지, 싼 약도 있는데 괜히 비싼 약을 권하거나 필요 없는 수술을 요구하는 건 아닌지, 걱정이 꼬리에 꼬리를 문다. 병에 걸려도 겁나고 걸리지 않아도 불안하다.

협동조합은 이런 걱정과 불안을 없애고 건강불평등을 바로 잡는 일에 앞장선다. 한국의료생활협동조합연대의 홈페이지 http://medcoop.ewonju.com에 가면 의료생협과 관련된 다양한 정보들을 얻을 수 있다. 의료생협은 의료 · 건강 · 생활과 관련된 문제를 해결하기 위해 지역주민과 의료인이 함께하는 조직으로 소비자생활협동조합법에 근거해 만든 협동조합이다. 의료생협은 지역주민들이 의료전문가들과 협동하여 민주적으로 운영되며 환자권리장전을 실천하는 의료기관을 만들고 다양한 보건예방활동, 건강증진활동, 지역복지사업, 자원봉사활동, 소모임활동을 조직하여 건강한 마을을 만들고 올바른 공동체성을 회복하려 한다. 지금 한국에서는 안성, 원주, 인천, 안산, 대전, 서울, 전주, 울산, 서울 노원구의 함께걸음, 청주, 수원, 용인(장애아동)에 의료생협이 만들어져 있거나 만들어지고 있다.

이런 의료생협은 일반 병원과 무엇이 다를까? 일반병원은 소유와 운영을 의료인이 전담하지만 의료생협이 운영하는 병원은 조합원들이 공동으로 소유하고 민주적인 대표기구를 통해서 운영하기 때문에 영리를 추구하지 않고 병원의 주인인 조합원의 이익을 추구한다. 즉 일반병원은 비싼 약을 쓰고 많은 환자를 받아 이윤을 남기려 하지만 의료생협은 약을 필요한 만큼만 쓰고 환자들에게 많은 시간과 노력을 쏟는다. 그러니 의료생협에 조합원으로 가입하면 가족의 건강을 의논하고 관리할 수 있는 가족주치의를 둘 수 있다.

그리고 병을 치료하는 것보다 병을 예방하는 것이 목적인 만큼 의료생협은 치료만이 아니라 즐겁게 생활하고 이웃들과 관계를 맺는 것을 중요하게 여긴다. 그래서 의료생협에는 동네

의료생협의 장점

- 필요한 만큼 약을 쓰니 믿을 수 있다.
- 치료만이 아니라 병을 예방한다.
- 병원의 운영과 경영에도 참여할 수 있다.
- 지역사회에도 이롭다.

모임만이 아니라 건강체조모임, 걷기모임, 탁구모임, 영상모임 등 다양한 소모임들이 있다. 동네에 이웃도 생기고 취미생활을 함께할 친구도 생기니 삶이 즐겁고 에너지가 넘쳐 건강해질 수밖에 없다.

의료생협에는 출자금 1구좌에 해당하는 돈을 내면 조합원으로 가입할 수 있다(출자금은 탈퇴할 때 돌려받거나 복지사업에 기부할 수 있다). 홈페이지에서 가입할 수 있고 직접 의료생협 사무실을 방문해서 가입할 수도 있다. 출자금과 가입원서를 내고 일정한 교육을 받으면 조합원으로 활동할 수 있다. 조합원으로 가입되면 가족이 의료생협의 건강상담과 치료, 종합검진을 받을 수 있고, 각 지역의 의료생협마다 조금씩 상황이 다르지만 보통 양의원과 한의원, 치과의원이 있어 다양한 치료를 받을 수 있다. 마을을 평등하고 건강하게 만드는 비법이 의료생협의 활동 속에 녹아들어 있다.

불안을 넘어 협동한다, 다양한 협동조합들

최근 '프리케리아트precariat'라는 말이 유행하고 있다. 불안을 뜻하는 '프리케리어스precarious'와 노동자를 뜻하는 '프롤레타리아트proletariat'의 합성어로 계약직이나 비정규직으로 일하면서 언제 해고당할지 모르는 불안감에 시달리는 노동자를 일컫는 말이다. 열심히 일해도 한 가족이 먹고살기 빠듯한데 그런 일자리마저 제대로 보장되지 않으니 불안감에 시달릴 수밖에 없다.

그래서인지 2009년 한국에서 자살로 세상을 떠난 사람이 무려 12,858명이나 된다. 42분마다 한 명이 자살하는 셈이다. 이는 OECD국가들 중 가장 높은 수치이다. 그리고 IMF 이후 실업과 배고픔, 불안, 절망감 때문에 물건을 훔치거나 사람을 속이는 삼사십대의 생계형 범죄도 늘어나고 있다. 범죄의 대상도 가게나 슈퍼마켓의 상품에서 맨홀 뚜껑, 길에 세워놓은 차의 기름, 모금함 등으로 확대되고 있다. 이 서글픈 현실을 어찌해야 할까.

생산자협동조합은 이런 불안함과 서글픔에서 벗어날 수 있는 작은 출발점이다. 스페인의 몬드라곤Mondragon은 이런 생산자협동조합으로 유명한데 1956년 23명의 인원으로 시작해서 지금은 몬드라곤 협동조합그룹MCC으로 발전했다. 약 260개의 기업에 8만 명의 직원이 일하고 있는 거대기업이다. 몬드라곤의 성공에 관해 여러 가지 평가들이 있지만 노동자들이 경영에 참여하고 고용을 보장받는다는 점은 분명한 성과라고 얘기할 수 있다. 한국에서도 저소득층의 자립을 위한 소규모의 생산자협동조합이나 소비자생협과 연결된 농촌의 생산자협동조합, 부도난 기업을 노동자들이 인수해서 만든 협동기업 등 다양한 형태의 협동조합들이 활동하고 있다. 아직 그 비중이 작고 노동조건이 좋지 않지만 즐겁고 자유롭게 일하고 노동과정에서 소외를 경험하지 않는다는 점에서 조그만 희망이 되고 있다.

생산자협동조합만이 아니다. 신용협동조합은 자립과 자활을 꿈꾸는 사람들을 지원하는 든든한 디딤돌이다. 가난한 사람들에게만 대출하는 방글라데시의 그라민Gramin 은행처럼, 한국의 신협운동도 서민의 자립을 지원한다. 영리를 추구하면서 주주들의 배만 불리는 일반 은행과 달리 신용협동조합은 비영리이고 조합원이 1인 1표를 행사하는 민주적인 조직이다. 이런 신용협동조합운동을 새마을금고나 유사신협들과 잘 구별해야 한다. 1960년에 한국최초의 신협인 성가신용협동조합이 만들어진 뒤 원주의 밝음신협www.bkcu.co.kr이나 서울의 논골신협

등이 신용협동조합운동의 뒤를 잇고 있다.

그리고 도시에서 아이들을 키우는 데 걱정이 많은 도시인이라면 공동육아협동조합을 만들 수도 있다. 공동육아협동조합은 성, 지역, 계층 및 신체나 정신의 장애에 따른 사회문화적 차별과 불평등을 극복하고, 우리 아이들이 건강하게 자랄 수 있는 어린이집을 마련하며, 공동육아의 이념을 실천하여 공동육아정신이 사회적으로 확산되고 우리 사회가 더욱 밝은 모습으로 발전하는 데 기여한다는 목적을 가지고 만들어졌다. '공동육아와 공동체교육www.gongdong.or.kr'에 가면 공동육아협동조합과 관련된 정보들을 찾아볼 수 있다.

이런 다양한 협동조합들은 뜻을 같이하는 사람들이 모여 출자금을 모으고 창립총회를 열어 조합정관을 의결하면 설립된다. 협동조합의 정관은 조합원의 자격과 권리, 출자금과 규모, 임원과 직원의 선출방식, 총회와 기타 위원회의 소집과 의결권 등을 자세하게 규정한다. 그리고 이런 정관에 따라 협동조합이 민주적으로 운영된다.

이렇게 민주적으로 운영되는 협동조합들이 한 마을에 여러 개 있으면 그 조합들이 서로 연결되어 새로운 실험들을 벌일 수

협동조합운동의 장점

- 일하는 사람들이 경영에도 참여한다.
- 영리보다 공공성을 추구한다.
- 약자들을 지원한다.
- 건강하고 평등하게 생활할 수 있다.

있다. 생산자협동조합이 만든 상품을 소비자협동조합이 판매하고, 신용협동조합이 협동조합의 설립을 지원하면서 돈이 돌고 돌아 마을의 공동자금을 만들 수도 있다. 이 돈으로 학교도 세우고 사회적 기업도 만들고 공동주택도 세울 수 있다. 그리고 지역화폐를 발행해서 대안경제의 모델을 만들 수도 있으니 신나는 일이다.

협동조합의 길이 언제나 순탄하고 행복하지만은 않다. 하지만 더불어 그 길을 걸어갈 사람이 있다면 적어도 외롭지 않게, 혼자서만 불안해하지 않으며 미래를 준비할 수 있다. 다르게 생각할 뿐 아니라 다르게 생활할 때 우리는 다른 세계에 조금 더 가까이 다가설 수 있다.

세상을 바꾸는 도시생활자의 하루 1

월요일, 출근하기 싫은 날이다. 그래도 지난 주말 이웃사촌들과 이런저런 얘기하며 스트레스를 풀었더니 마음은 가볍다. 가끔씩 마을의 작은 도서관에 들르곤 했는데, 도서관 관장님 덕분에 맘 맞는 사람들과 독서모임을 만들었다. 책 읽는 모임이라지만 실제로는 책을 읽으려는 모임이다. 막상 모이면 사는 얘기, 애들 얘기하며 막걸리에 맥주 한잔 걸치느라 바쁘다. 어렵게 약속을 잡지 않아도, 특별한 만찬을 준비하지 않아도 집에서 고기 삶았다고 전화하면 여기저기서 찾아온다. 요즘 사는 맛이다.

출근하자마자 컴퓨터를 켜니 메일이 와 있다. 대학 다닐 때 환경문제에 관심을 가졌던지라 취직하고 난 뒤에 환경단체에 가입했다. 요즘 단체가 벌이는 사업을 소개하고 이슈가 되는 사건들을 알려준다. 마지막에는 해피빈을 기부해달라는 부탁이 있다. 네이버에서 콩메일을 보내거나 블로그에서 블로그씨의 질문에 답을 달면 콩 한 개가 생기는데, 그걸 단체에 기부할 수 있다. 네이버에 접속해서 해피빈으로 들어가 단체이름을 검색한 뒤에 기부 버튼을 눌려 콩을 기부했다. 간단한 일이지만 모이면 단체에 힘이 된다니 좋은 일이다.

낮에는 남편에게서 전화가 왔다. 감기기운이 있어 동네의 병원에 들렀는데 의사선생님과 차 한잔 같이 마시고 난 뒤에 집으로 가는 길이란다. 동네의 의료생협은 웬만하면 약을 잘 주지 않는다. 빨리 집에 가서 푹 쉬라고 얘기하니, 곧 종합검강검진 기간이라며 의사선생님이 의료생협에 들러서 검진을 받으라고 했단다. 믿고 얘기를 나눌 수 있는 담당의사가 있으니 마음이 든든하다.

퇴근길에 어린이집에 들러 아이들 데려왔다. 공동육아를 한 지 꽤 오래되어 이제 퇴근시간에 어린이집에 모이는 엄마들과는 다들 친구가 되었다. 한 엄마가 동네 초등학교에 친환경급식을 하자는 서명을 받는다고 알려주어 다 같이 서명을 했다.

집에 가는 길에 아이와 함께 생협매장에 들렀다. 감기에 걸린 남편을 위해 배랑 도라지를 사고 아이를 위해 유기농 과자를 샀다. 생협 아저씨한테서 전라도의 시골 할머니들이 모여서 지역 재료로 반찬을 만드는 사회적 기업이 있다는 얘기를 들었다. 다음에 많이 바쁘면 인터넷으로 주문을 한번 해봐야겠다.

세상을 바꾸는 도시생활자의 하루 2

점심시간에는 결혼을 앞두고 자금이 필요해 평소 조합원으로 있는 **신협**에 가서 상담을 받고 왔다. 일반 은행에 가면 괜히 주눅 들고 비싼 이자가 아깝기만 했는데 신협에서는 동네사람들끼리 상부상조한다는 생각에 마음이 편하다. 같은 조합원인 동네 삽겹살집 아저씨를 우연히 만나 결혼소식을 전하니 언제 한번 대접을 하겠다며 꼭 들르라고 신신당부를 하신다.

퇴근을 하고 여자친구와 **인권영화제**에서 영화를 봤다. 지난번 **여성영화제**는 여자친구가 추천했는데, 이번에 본 인권영화는 내가 직접 고른 것이다. 여자친구도 감동을 많이 받은 것 같다. 입장료도 없었으니 극장 앞에서 팔고 있는 작년 상영작 디브이디를 하나 샀다. 작년에 한창 화제가 되었는데, 바빠서 놓친 철거민 관련 **다큐멘터리**를 드디어 구하고 나니 뿌듯했다.

영화를 보고 나서 여자친구와 카페에 들렀다. 요즘에는 이렇게 **공정무역 커피**만 파는 카페도 많아졌다. 가격이 약간 비싸지만 커피를 재배한 사람들이 제값을 받을 수 있다니 같은 노동자로서도 좋은 일이다 싶다. 착한 커피를 착하게 마시자며 내가 값을 치렀다.

카페에서 혼수 장만에 대해서 여자친구와 상의를 했다. 이제는 두 사람이 써야 하니 세탁기와 냉장고는 조금 큰 것을 **재활용품 가게**에서 중고로 사기로 했다. 지금 각자 혼자 살면서 쓰고 있는 물건들도 그곳에 **기증**하기로 했다. **친환경 결혼식**이 유행이라니 의미도 있을 것 같아서 알아보자고 했다.

주말마다 **한국어 교사**로 다문화가정 아이들을 가르치는 **자원활동**을 한 지도 1년이 넘다보니 아시아 곳곳에 대한 관심이 생겼다. 현지에 피해를 주지 않는 **공정여행**이란 것을 하기로 여자친구와 약속한 터라, 신혼여행은 일반적인 여행사를 통하지 않고 배낭을 메고 우리 '베트남 아들'을 만나러 갈 것이다. 몇 년 전부터 **제3세계 아이들을 돕는 엔지오**를 통해서 후원을 하고 있는 베트남 아이를 처음으로 만날 생각에 신기하고 설렌다.

5 여론 만들기

백과사전에 따르면 언론이란 매체를 통해 사실을 알리거나 여론을 형성하는 활동을 뜻한다. 그러니 언론은 몇몇 회사들이 독점하고 있는 특정 매체를 가리키는 말이 아니라 시민들의 자유로운 의사표현과 소통, 합의를 가리키는 말이다. 그런데 한국에서는 독재정부가 시민들의 의사표현을 가로막았기 때문에 몇몇 언론사들이 언론을 독점하며 시민의 여론을 주도해왔다.

다양한 정보에 대한 사람들의 생각이 교환되고 토론을 거치면서 형성된 여론은 우리 사회에 필요한 공공성을 정의하고 그 기준을 잡는 중요한 역할을 한다. 우리 한 명 한 명은 개인이지만 공중public이나 시민으로서 함께 모여 토론하고 합의를 만들어갈 수 있기에, 그런 역할을 하는 공간이 필요하고 또 중요하다. 서구에서는 그런 공간을 공론장이라 부른다. 시민의 자유로운 의사표현이 보장되는 공론장은 소수의 일방적인 지배를 막고 다수의 의견을 반영하도록 만드는 민주주의의 핵심적인 공간이다. 이런 여론이 정치인들을 모두 몰아내고 직접 지배를 하지는 않지만 시민의 뜻을 드러내서 정치인들에게 간접적으로 영향을 미치곤 한다.

우리의 상식과는 달리 권위적인 광장이나 엄숙한 토론장만이 아니라 북적거리는 술집이나 동네 사랑방도 그런 공론장이 될 수 있다. 모여서 떠들고 새로운 사회에 관한 얘기를 나누는 소란스러운 자리, 그곳이 바로 공론장이다. 그래서 독일의 사회학자 하버마스는 "술집이나 커피하우스나 거리에서의 우연적인 공론장에서부터, 극장에서의 상연, 학부모 모임, 록콘서트, 파티, 정당집회 또는 교회의 교무회의 같은 기획된 임시적인 공론장을 거쳐, 전세계적 규모로 분산되어 있는 개별독자, 청중, 시청자들로 구성되고 대중매체를 통해 설립되는 추상적인 공론장에 이르기까지 다양한 수준의 공론장이 있다"라고 얘기했다. 특히 언론사는 시민들에게 다양한 정보를 제공하고 토론을 자극해서 공론장을 형성하는 중요한 역할을 맡는다.

그런데 한국의 언론사들은 그런 역할보다 자기 회사나 권력층, 재벌들의 이익을 보호하는 데 더 많은 노력을 쏟아왔다. 그러다보니 한국사회에서 '언론의 중립'은 여전히 뜨거운 이슈이다. 정부가 언론사를 길들이려 한다는 얘기가 계속 나오고, 언론사가 사실을 가려서 특정한 내용만 보도하거나 왜곡해서 보도한다는 논란은 지금도 계속되고 있다. 그렇게 하는 이유는 뻔하다. 그것으로부터 어떤 이익을 취하기 위해서이다. 언론사들은 정부나 기업의 영향력에서 자유롭지 않을 뿐 아니라(대부분의 언론사들은 재벌가들과 결혼관계로 엮여 있다) 때로는 잘못된 정보를 흘려서 자기 이익을 취하기도 한다. 그러니 시민들이 정치에 관심을 가지고 참여하고 싶어도 어떤 정보를 믿어야 할지 판단하기 어렵다.

더구나 한국의 언론은 수도권에 집중되어 있다. 전국 어디를 가든 수도권 방송이 나오고 수도권 뉴스가 끝난 뒤에 그 지역 뉴스가 에피소드처럼 짧게 방송된다. 그러니 지방의 주민들은 서울에서 벌어진 일을 잘 알지만 막상 자기 지역에서 일어난 일들을 거의 알지 못한다. 지방자치제도가 실시된 이후에도 여전히 중앙정부가 결정권을 행사하니 수도권의 사정이 중요하기는 하다. 하지만 우리 삶에 영향을 미치는 중요한 결정들이 미처 공개적으로 알려지지도 않은 상황에서 빠르게 이루어지고 있다는 점은 문제가 아닐 수 없다.

그러다 지방에서 대형사고가 터지면 그제서야 중앙언론을

언론은
몇몇 회사들이 독점하고 있는
특정 매체를 가리키는 말이 아니라
시민들의 자유로운 의사표현과 소통, 합의를
가리키는 말이다.

타고 이 소식이 보도된다. 자기 마을에서 벌어진 일들을 서울뉴스를 통해 확인하니 이런 상황에서 무슨 여론이 형성되고 무슨 여론이 힘을 발휘할 수 있을까.

이런 상황이니 수도권의 정치인들보다 지방의 정치인들이 더 썩었고 지역토호들이 각종 이권을 다 챙겨먹는다는 얘기도 심심찮게 나온다. 감시하는 사람이 없고 몇 되지 않는 지방언론사들도 모두 힘센 자들 편이니 주민여론을 마음대로 조작할 수 있다고 믿는다.

실제로 지금도 지방 언론사들은 '주민계도지 보급' 이라는 명목으로 지방정부에서 많게는 수억 원, 적게는 수천만 원의 돈을 뜯어내고 있다. 보지도 팔리지도 않을 것 같은 신문이니 지방정부가 사서 주민들에게 나눠주라는 얘기이다. 이러니 그 속에 담긴 정보들도 뻔하다. 대부분이 지방정부의 일을 선전하고 정당화하는 기사 같지 않은 기사들이다. 간혹 비판적인 기사가 실리기도 한다. 지방정부가 계도지 예산을 삭감하거나 언론사에 협조하지 않으면 말이다. 지방에서는 이런 곳들이 언론사 간판을 내걸고 '영업'을 하고 있다.

따라서 한국의 공론장은 제대로 만들어지지 못했을 뿐 아니라 지방으로 내려가면 공론 자체를 찾아보기 어렵다. 지방정부와 기업, 언론사, 심지어 지방대학들까지 한통속으로 똘똘 뭉쳐서 자신들에게 유리한 정보만을 제공하며 주민들의 판단력을 흐린다. 지방에서 난개발, 막개발이 판을 치는 이유는 주민들이 무식하거나 그런 개발을 진심으로 바라서가 아니라 그런 정보밖에 얻지 못하기 때문이다. TV뉴스에는 안 나오고 신문에서도 안 다루고 지방언론에서는 지역발전의 기회, 지역의 경사라고 얘기하니 누가 찬성하지 않을까.

정치에 참여하려면 정보가 필요한데 정보가 없으니 정치를 하기가 어렵다. 이런 문제점을 해결하기 위해 풀뿌리언론의 활동이 활발해지고 있다. 아무도 정보를 주지 않으니 시민들이 스스로 정보를 발굴하고 지역사회에 소통시켜서 여론을 만들려 하고 있다.

대표적인 곳이 충청북도 옥천군이다. 옥천군은 안티조선운동으로 널리 알려지기도 했는데, 1989년에 지역주민들이 힘을 모아 옥천신문www.okinews.com을 만들었다. "지역 안에서 또 하나의 '작은 권력'이 아닌 '조그만 징검다리'가 되고자 합니다"라고 설립취지를 밝힌 옥천신문은 지역의 소소한 소식을 전하고 행정을 감시하며 지역사회를 바꾸는 여론을 만들고 있다.

옥천신문만이 아니라 전국 곳곳에서 정보를 알리고 소통을 자극해서 공론장을 만들려는 소중한 노력들이 빛을 발하고 있다. 부안독립신문www.ibuan.com, 과천마을신문www.gcinews.org, 은평시민신문www.epnews.net, 광진뉴스www.gwangjinnews.com, 도봉Nwww.dobongn.kr, 수원시민신문www.urisuwon.com, 용인시민신문www.yongin21.co.kr, 뉴스서천www.newssc.co.kr, 평택시민신문www.pttimes.com, 주간울진21www.uljin21.com, 제주의소리www.jejusori.net 등의 풀뿌리언론들은 지역을 밝히는 등대 역할을 하고 있다. 이들의 홈페이지에 가면 기사를 보거나 기사소재를 제보할 수 있고 이들을 후원할 수도 있다. 그러므로 자기 지역에 풀뿌리언론이 있는지 살펴보고 그들의 활동을 적극적으로 지원하면 지역정치를 활성화할 수 있다.

요즘은 지역신문만이 아니라 공동체라디오운동도 등장하고 있다. 영화 〈볼륨을 높여라〉에 나오는 것처럼, 단파라디오를 이용한 방송국들이 조금씩 생겨나고 있다. 대표적인 곳으로 서울 마포구의 공동체라디오 마포FMwww.mapofm.net, 관악공동체라디오www.radiogfm.net, 대구의 성서공동체FMwww.scnfm.or.kr 등을 꼽을 수 있다. 그 지역 내에서는 라디오로 방송을 들을 수 있고, 그 외의 지역은 인터넷으로 다시 들을 수도 있으니 그 목소리에 한번 귀를 기울일 만하다. 그곳에 가면 지역의 소소한 이야깃거리들, 세상 돌아가는 소식, 배제되었던 소수자들의 목소리가 라디오에서 흘러나온다.

이렇게 신문사나 라디오방송사를 만드는 것 외에 인터넷 홈페이지, 블로그나 미니홈피, 트위터나 페이스북 같은 소셜네트워크social network를 활용해서 정보를 서로 나누고 여론을 형성하려는 움직임도 활발해지고 있다. 클레이 서키의 『끌리고 쏠리고 들끓다』(갤리온, 2008)에서 말하듯, 세상 사람들의 지혜를 모으는 위키피디아나 자신의 생각을 공개적으로 밝히는 파워블로그들의 영향력이 갈수록 커지고 있다. 개방형 서비스를 통해 사용자들의 참여를 끌어내고 네트워크를 활성화시킨다는 '웹 2.0'의 정신이 한국에서 꽃을 피우고 있다. 실제 현실의 공론장이 지지부진한 것을 보완하려는 듯이 인터넷 공론장은 활발하게 형성되고 있고 현실에 답답해하는 많은 이들의 해우소가 되고 있다.

언론에 기사를 제보하거나 보도자료를 뿌려서 취재를 유도하는 방법도 있지만 이제는 내가 직접 다수의 시민들에게 정보를 제공할 수도 있다. 내 생각에 동의하는 사람들의 수를 늘려서 사회적인 합의를 이끌어내는 것이 정치라면, 그런 정치를 도울 새로운 기술이 확산되고 있다. 이제는 정당이나 엔지오 같은 단체를 거치지 않고도 생생한 목소리를 직접 내고 합의를 모아갈 수 있다.

웹 2.0과 현명한 군중

위키피디아 한국판http://ko.wikipedia.org에 따르면, "블로그(Blog 혹은 Web log)란 Web(웹)과 Log(로그; 기록)를 합친 낱말로, 스스로가 가진 느낌이나 품어오던 생각, 알리고 싶은 견해나 주장 같은 것을 웹에다 일기(로그; 기록)처럼 차곡차곡 적어 올려서, 다른 사람도 보고 읽을 수 있게끔 열어놓은 글모음이다. (…) 블로그를 소유해 관리하는 사람을 블로거라고 한다. 블로그는 개인적이면서도 때에 따라서는 기존의 어떤 대형미디어에 못지않은 힘을 인터넷을 통해 발휘할 수 있기 때문에 '1인 미디어'라고도 부른다." 그렇다, 블로그는 내 생활을 기록하는 일기일 수도 있지만 중요한 사회 이슈에 관한 정보를 알리고 다른 사람들의 호응을 유도하는 미디어일 수도 있다. 일상의 다른 생활도구들처럼 블로그도 사용하는 사람의 목적에 따라 다른 쓰임새를 가질 수 있다.

이렇게 블로그 문화가 널리 퍼지면서 기존의 전문화된 저널리즘에 맞서는 아마추어들의 블로거리즘, 블로거 저널리즘도 등장하고 있다. 하루 동안 수많은 사람들이 방문하는 소위 '파워블로그' '베스트블로그'는 불특정 다수에게 정보를 제공하고 그들과 소통하며 많은 공감대를 끌어내고 있다. 때로는 언론사의 기사보다 더 많은 신뢰를 얻기도 한다. 그러다보니 고재열의 독설닷컴http://poisontongue.sisain.co.kr처럼 현직 기자들이 직접 블로그를 운영하며 파워블로거로 등장하기도 한다.

2008년, 인터넷이 현실정치에 영향을 미칠 뿐 아니라 정치를 변화시키는 훌륭한 도구라는 점이 실제로 증명되었다. 미국 최초의 흑인 대통령으로 당선된 오바마를 보며 많은 사람들이 인터넷 정치에 주목했다. 오바마는 마이스페이스 친구 100만 명, 트위터 친구 14만 명, 페이스북 지지자 320만 명, 블랙플래닛 친구 49만 명을 활용해 적극적으로 인터넷 선거운동을 펼쳤다. 이렇게 연결된 친구들이 자발적으로 오바마의 전략과 정책을 복사해서 열심히 인터넷 공간으로 퍼날랐고, 그중 3백만 명은 홈페이지를 통해 선거자금을 내기도 했다. 오바마는 자기가 생각하는 바를 인터넷에 올리고 지지자들이 이를 활용하게 해서 오바마와 관련된 유튜브 동영상은 무려 2천만 회의 조회수를 기록했다. 실시간으로 전달되는 후보자의 생생한 목소리와 영상들은 유권자들의 마음을 사로잡아 그들을 투표장으로 불러들였다.

경계가 없는 속도무제한의 인터넷 세상, 블로거들이 활동하는 '블로고스피어'는 어떤 세상이고 어떻게 움직일까?

블로그는 소통이다

그 옛날 소크라테스의 무대였던 그리스의 저잣거리 아고라agora는 단순히 물건을 사고파는 시장이 아니라 다양한 삶의 질문들이 오가는 정치적인 장이었다. 서로 가진 것을 나눠야 하는 삶의 필요가 만든 아고라는 앎과 삶이 함께 숨을 쉬는 만남의 장이었다. 새로운 사람들이 만나 물건의 가치를 흥정하고 따지는 과정에서 앎의 폭은 더욱더 넓어졌다. 그리고 아고라에서 열리는 민회는 개인의 고민을 넘어 전체 공동체의 문제를 해결하기 위해 서로 머리를 맞대고 앎의 깊이를 더하는 소통의 장이었다.

그런데 근대의 대의민주주의를 거치면서 이런 장은 서서히 사라졌다. 기업들이 시장의 유통과정을 장악하고 정치인과 정당 들이 정치과정을 장악하면서 시민들은 물건의 가치를 따지거나 공동체의 문제를 고민할 필요가 없게 되었다. 아니, 그런 문제를 고민하지 않도록 길들여졌다. 어렵지만 중요한 문제는 전문가들의 손에 맡겨두고 그냥 하루하루 일상을 기계적으로 사는 것이 좋은 시민의 일과처럼 얘기되었다.

그러나 인터넷이라는 새로운 공간의 출현은 이런 장들을

부활시켰다. 인터넷은 새로운 만남과 소통을 가능하게 했는데, 데이터로 구성된 이 세계에서는 서로 만나고 소통하는 속도가 엄청나게 빨라졌고 그 범위도 확장되었다. 더구나 디지털 카메라나 캠코더의 등장, 자유자재로 네트워크에 접속할 수 있는 유비쿼터스ubiquitous 환경 등은 사람들이 만나고 소통하는 방식 자체를 변화시키고 있다. 인터넷은 이전 사회의 시공간 개념을 뛰어넘은 새로운 현실을 만들고 있다.

그러면서 전통적인 언론매체의 영향력은 계속 떨어지고 있다. 2008년 언론재단의 보고서에 따르면, 신문구독률은 1996년 69.3퍼센트에서 2008년 36.8퍼센트로 떨어졌다. 어른들은 요즘 젊은 사람들이 신문을 잘 읽지 않는다고 탓하지만 그렇다고 청년들이 세상에 둔감한 건 아니다. 오히려 인터넷을 통한 정보검색은 신문보다 더 많은 정보를, 신문보다 더 폭넓은 시야를 안겨준다. 각자 자신에게 편리한 매체를 활용할 뿐이다.

그런데 인터넷 공간의 정치는 현실정치와 규칙이 좀 다르다. 현실정치에서 정치인들은 상대방과 관계를 맺을 때 상대를 압도하고 설득하려 든다. '소통의 정치'를 얘기하지만 실제 마음속에서는 어떻게 하면 상대방이 내 생각을 인정하도록 만들까를 고민한다. 그러니 정치인들이 '국민과의 대화' '무슨 무슨 대화'를 얘기하지만 실제로는 모두 자신의 정책을 선전하거나 설득하는 행동일 뿐이다.

하지만 이제 사람들은 그런 말과 행동을 쉽게 믿지 않는다. 소통하자고 얘기해도 잘 모이지 않고 정보를 제공해도 그것을 그대로 받아들이지 않는다. 정부의 발표나 방송보도를 무조건 사실로 받아들이지 않고 직접 그 내용을 확인하려 한다. 인터넷에 접속해 키워드로 검색을 해보면 그와 관련된 다양한 정보들을 직접 쉽게 모을 수 있기 때문이다.

아마도 구글 어스http://earth.google.com나 다음 지도http://local.daum.net/map 등을 써본 사람이라면 우리가 보고 느낄 수 있는 세상의 범위가 엄청나게 넓어졌음을 실감할 것이다. 인터넷은 지구 반대편의 소식을 마치 옆집 일처럼 자세하게 알 수 있게 한다. 더구나 휴대용 통신장비와 노트북, 아이폰은 세상을 느끼고 탐색하는 우리의 감각을 더욱 확장시키고 있다.

물론 이런 매체를 통해 얻는 정보들도 모두 사실은 아니다. 우리가 볼 수 있는 것들은 언제나 세상의 한 단면일 뿐이다. 하지만 위키피디아가 운영되는 방식처럼 다양한 사람들의 단면들이 모이고 쌓이면서 하나의 전체 그림을 그릴 수도 있다. 지금 내가 가진 정보나 지성은 전문가에 비해 부족할 수 있지만 많은 사람들이 서로의 부족한 부분을 채워준다면 다중지성은 완전하진 않지만 전문가를 압도하는 충분한 판단력을 갖출 수 있다.

인터넷의 바다에서 여론 만들기

- 위키피디아로 중요하고 올바른 정보를 축적한다.
- 블로그로 자신의 의견을 개진한다.
- 소셜네트워크로 소통한다.

한때 인터넷 공간에서 경제대통령이라 불리며 세계의 경제변화를 예측했던 미네르바는 이런 점을 몸소 증명했다.

위키피디아의 방식은 정치영역에서도 활용될 수 있다. 예를 들어, 2009년 문을 연 정치위키http://politician.tiddlyspot.com는 정치인들의 과거 행보를 쉽게 검색하기 위해 만든 위키 기반의 정치인 데이터베이스이다. 아직은 검색할 수 있는 정치인들의 수가 많지 않지만 많은 사람들의 참여로 그 내용이 채워진다면 이곳은 중요한 정치DB로 자리매김할 수 있다. 자기 말 바꾸기 좋아하고 이리저리 자리를 찾아 정당을 옮겨다니는 철새정치인들이 많은 한국 사회에서 정치인들의 과거 행보에 관한 정보를 제공하는 것 자체가 아주 중요한 의미를 가진 하나의 정치적인 행위이다.

위키피디아만이 아니라 블로그도 다중지성을 형성하는 디딤돌이다. 한 블로거의 기록은 개인적인 내용일 수 있지만 그런 내용에 공감하며 트랙백을 걸거나 댓글을 다는 사람들의 수가 늘어나면 그것은 개인의 판단이 아니라 다수의 판단, 즉 여론이 된다. 얼굴을 맞대고 토론하며 진득하게 방향을 찾는 것이 과거의 방식이었다면, 블로고스피어에서는 그런 과정이 순간적으로 이루어진다. 더구나 정보의 재생과 가공이 쉽기 때문에 자신이 직접 새로운 정보를 만들지 않아도 자기가 원하는 바를 표현할 수 있다(인터넷에서는 내가 직접 글을 쓰지 않고 내 생각과 비슷한 사람들의 글을 퍼오는 것만으로도 내 정체성을 표현할 수 있다).

이런 환경에서 스스로 많은 정보를 수집하고 가공하여 판단을 내리고 그런 판단을 다른 이들과 공유하려는 시민들의 수가 늘어나고 있다. 더욱이 인터넷은 정보를 전달하고 공유하는 비용을 획기적으로 낮췄기 때문에 다른 사람들의 정보를 자유로이 복사, 활용할 수 있게 했다. 이런 표현이 인터넷 커뮤니티 내에서 소통되고 뭉쳐지면서 하나의 지적 흐름을 형성한다.

이런 새로운 흐름은 '웹 2.0'이라는 개념으로 정리된다. 기존의 인터넷이 정보를 제공하는 일차적인 역할만을 담당했다면, 웹 2.0은 이용자 스스로가 정보를 생산하고 소비하며 쌍방향으로 소통시킨다. 그러니 '웹 2.0세대'라는 말은 인터넷에 능한 세대만이 아니라 현실의 부조리에 항의하고 참여하는 능동적인 시민세대를 뜻하기도 한다. 그래서 아고라의 논객 '권태로운창'은 이를 "21세기의 시민민주주의"라 부르기도 했다.

이런 블로고스피어에 들어가는 방법은 아주 간단하다. 내가 이메일 주소를 두고 사용하는 포털 사이트에서 내 블로그 만들기를 누르면 아주 친절하게 설명을 해준다. 블로그를 만드는 데 드는 시간도 몇 분 걸리지 않는다. 지금 당장이라도 인터넷에 접속해 블로그를 만들면 일단 블로고스피어라는 세상의 시민이 될 수 있다.

그런데 블로그를 만들었다고 자동적으로 소통이 이루어지

는 것은 아니다. 블로그를 정치적으로 활용하려면 일단 방문객의 숫자가 많아야 하고, 그에 맞는 내용을 채워야 하고 적절히 블로그를 관리해야 한다.

그렇다면 어떤 내용과 관리가 필요할까? 그런 점에서 파워블로그들의 조언을 들어볼 필요가 있다. 예를 들어, '탐진강의 함께사는 세상 이야기'라는 블로그는 문을 연 지 8개월 만에 600만 명의 방문객을 돌파하는 기염을 토했다. 그가 밝힌 노하우 10가지http://v.daum.net/link/4292107를 살펴보면,

① 하루에 한 개씩 주기적으로 글을 올리자.

② 글 제목을 생각해서 잘 달자.

③ 댓글과 트랙백은 가능한 한 모두 답변하자.

④ 카메라를 활용하여 실생활 현장을 찍어라.

⑤ 공감 가는 실제 추억을 이야기하자.

⑥ 메타블로그에 관심을 갖고 참여하자.

⑦ 글을 쓸 때 이미지를 한 개 이상 활용하자.

⑧ 블로그를 소통의 수단으로 활용하자.

⑨ 블로그를 통해 자신의 전문성을 강화하자.

⑩ 다음뷰 베스트를 목표로 도전하라.

그러니 소통도 그냥 이루어지는 법은 없고 꾸준한 노력을 필요로 한다. 블로그를 소통의 매개로 활용하겠다는 마음다짐과 의식적인 노력이 있을 때에만 블로그는 그런 역할을 할 수

있으니 시간과 노력을 좀 들여보자.

요즘은 블로그에 트위터나 페이스북을 비롯한 소셜네트워크의 기능을 블로그에 함께 결합해서 사용하는 것도 유행이다. 그만큼 빠른 속도로 소통이 이루어지고 있으니 내가 생각하는 정치적인 이슈나 의제를 블로그를 이용해 확산시킬 수 있다.

한 가지 명심할 점. 내 생각이 진리일 수 없다. 솔직하게 자기 느낌과 생각을 얘기하면 되지 그것을 굳이 진실과 객관성으로 포장할 필요는 없다. 내 얘기를 솔직하게 전달할수록 그에 공감하는 사람들의 수도 늘어나고 그렇게 공감하는 사람들이 늘어나면 여론을 형성할 수 있다. 인터넷에서는 설득보다 소통을 염두에 두자.

'웹 2.0세대'라는 말은
인터넷에 능한 세대만이 아니라
현실의 부조리에 항의하고 참여하는
능동적인 시민세대를 뜻하기도 한다.

우리가 바로 미디어다

사람들과 공감할 수 있는 언어를 개발할 수 있다면 우리 자신이 바로 미디어이다. 인쇄되어 출판되는 책이 과거의 미디어라면 인터넷은 현대의 미디어이다. 그리고 문자만이 아니라 사진, 동영상도 이제는 하나의 언어이고, 때로는 그런 언어들이 문자보다 더 큰 영향력을 행사하고 있다. 따라서 미디어의 특성을 잘 이해하는 것이 중요하다.

블로그를 이용하는 사람들이 1천만 명을 넘어선 한국에서는 다음뷰http://v.daum.net나 올블로그http://www.allblog.net, 믹시http://mixsh.com 등 블로그들의 플랫폼 역할을 하는 메타블로그에 가면 수많은 의견과 주장들을 접할 수 있다. 그리고 어떤 블로그나 인터넷 커뮤니티에 가면 하루에 방문하는 사람들이 수만 명에서 수십만 명에 달하기도 한다. 방문자의 수가 나와 의견을 같이하는 사람을 뜻하지는 않지만 그 정도의 사람들이 글을 읽는다고 하면 '1인 미디어'라고 불러도 지나치지 않다.

그래서 요즘은 인터넷 커뮤니티나 블로그에 올라오는 글을 보고 언론사들이 취재에 나서기도 하고 그 내용이 중요한 사회

이슈로 등장하기도 한다. 2004년, 빵집 앞의 장애인에게 빵을 먹여주는 여성의 모습이 '빵집 천사'로 불리며 한때 인터넷 세상을 떠들썩하게 만들기도 했다. 그리고 2005년에는 지하철에서 애완견이 싼 똥을 치우지 않고 내린 여자를 가리키는 '개똥녀'라는 말이 뉴스에 보도되고 미국의 『워싱턴포스트』에 기사화될 정도의 유행어가 되었다. 그리고 앞서 얘기했던 미네르바라는 인터넷 논객은 경제와 금융위기에 관한 많은 글을 올렸는데 그의 말이 실제 경제에 영향을 미칠 정도였다. 2009년 1월 검찰이 허위사실 유포혐의로 긴급체포해서 그를 구속하는 해프닝을 벌일 정도로 미네르바의 영향력은 강했다.

그리고 반대로 뉴스의 내용이 인터넷을 타고 퍼지면서 중요한 사회이슈가 되기도 한다. 2009년 소위 '나영이 사건'으로 알려진 여아 성폭행 사건은 뉴스로 방송되고 난 뒤에 인터넷을 뜨겁게 달궜다. 많은 누리꾼들이 여성부와 국가인권위원회에 형법의 강화를 요구했고 피해자 가족을 제대로 지원하지 않는 안산시청 홈페이지에 글을 올려 잘못된 행정을 바로잡았다. 사건에 관한 정보가 빠른 속도로 인터넷 공간에 퍼지면서 강력한 여론을 만들어낸다.

이렇게 인터넷의 영향력이 강해지다보니 부작용도 생긴다. 예를 들어 블로그나 커뮤니티를 이용한 기업광고나 여론몰이도 등장한다. 돈을 받은 블로거들이 특정한 기업의 상품을 홍보하기도 하고 편향된 정치이념을 선전하기도 한다. 자신의 의견을 펼치는 것은 자유이기 때문에 그런 행위 자체를 나쁘다고 얘기할 수는 없지만 그런 거래가 있었다는 사실을 밝히지 않는다면 문제가 될 수도 있다.

그리고 2009년에는 인기그룹 2PM의 한 멤버가 마이페이스에 올린 글 때문에 그룹에서 탈퇴해 미국으로 돌아가는 사건이 벌어지기도 했다. 블로그나 소셜네트워크가 미디어의 기능도 하지만 개인의 사생활을 정리하는 기능도 하는데, 그 두 가지 기능이 섞여 있다보니 개인의 사생활이 침해를 당하기도 한다.

이런 점들은 앞으로도 계속 논란을 빚을 것이다. 하지만 인터넷이라는 공간 자체가 개방성과 네트워크를 중요한 특징으로 삼기 때문에, 만일 그것을 규제하려 든다면 인터넷은 자기 언어를 잃어버릴 것이다.

따져보면 인터넷만이 아니라 우리 사회의 기술변화가 큰 자본을 필요로 하지 않고 우리가 정치적인 메시지를 빠른 속도로 넓은 지역에 퍼뜨릴 수 있게 한다. 하워드 라인골드는 『참여군중』(황금가지, 2003)에서 휴대폰과 같은 이동통신장비들이 다른 사람들과 통일된 행동을 할 가능성을 높일 뿐 아니라 그 네트워크의 속도도 빠르게 만들었다고 얘기한다. 휴대폰과 디지털카메라로 동영상을 찍고 무선인터넷을 통해 그 동영상이 인터넷으로 퍼지면 그것은 놀랄 만한 정치적인 효과를 발휘한다.

실제로 인터넷 방송국 아프리카www.afreeca.com는 2008년 촛불집회 당시 누적 시청자수가 400만 명에 이르기도 했다. 그리고 전세계의 동영상 공유사이트인 유튜브에서도 중요한 선거 때마다 후보자들의 토론회가 생방송될 정도로 정치적인 효과를 검증받고 있다. 그리고 이용자들이 직접 제작하는 콘텐츠인 UCC도 정치인들이 활용하는 선거홍보수단이 될 정도로 활성화되어 있다.

그러니 이제 다른 사람의 입을 통하지 않고 내가 직접 목소리를 낼 수 있다. 정치인이나 정당, 엔지오를 통하지 않고서도 내 목소리를 낼 수 있고 다수의 사람들에게 공감을 얻을 수 있다. 만일 권력이란 것이 강제력을 동원하지 않고 사람들의 동의를 얻어내는 것이라면, 지금 인터넷 상에는 주인이 분명하지 않은 다양한 형태의 권력이 떠다니고 있다.

지금 당장 내가 알고 있는 사람들에게 문자를 보내서 내 의견을 한번 전해보자. 내가 생각하는 바를 닮은 UCC를 제작하거나 동영상을 만들어 인터넷에 올려보자. 2008년에 한 미국 유학생이 만든 〈쥐코〉라는 동영상이 선풍적인 인기를 끌었듯이, 내 의견을 밝히는 동영상이나 UCC를 제작해서 인터넷에 올리면 그 자체가 여론의 씨앗이 된다. 아니면 다양한 동영상이나 UCC를 모아서 내 생각대로 편집하면 그것 자체가 하나의 의견을 만들기도 한다.

권력은 이런 자유로운 소통을 두려워하기 때문에 선거 때는 내 의견을 밝힐 때 조심해야 한다. 특정 정치인이나 정당을 비방하는 글이나 동영상, UCC 모두가 처벌의 대상이다. 이런 동영상이나 UCC를 블로그나 홈페이지에 퍼나르는 행위도 처벌된다. 최근에는 트위터와 같은 소셜네트워크에 올라오는 내용에 대해서도 선관위가 처벌을 하겠다는 입장을 밝히기도 했다. 이런 지나친 규제가 언제까지 계속될지는 모르지만 법규정이 바뀔 때까지는 조심할 필요가 있다.

혹 이와 관련해서 경찰서에서 출두요구서를 보내더라도 쫄지 말자. '민주사회를 위한 변호사 모임02-522-7284, www.minbyun.org'이 지은 『쫄지 마, 형사절차』(사람생각, 2009)를 보면 그런 상황에 대처하는 방법이 자세하게 나와 있다. 그러니 경찰이나 검찰이 연락을 하더라도 쫄지 말고 의연하게 대처하자. 왜냐? 나는 대한민국의 시민이니까, 내게는 정치에 관해 의견을 표현할 권리가 있으니까.

그 무한한 잠재력을 인정받고 있지만 인터넷 공간이 만병통치약은 될 수 없다. 그런 점에서 라인골드는 앞의 책에서 한국의 독자들에게 다음과 같은 점을 부탁하기도 했다. 즉 컴퓨터나 무선통신장비, 인터넷이 새로운 행동을 자극하는 도구이지만 그것 자체가 민주주의를 보장하지는 못하고, 참여하는 시민들이 모두 영리하고 현명하지는 않다는 점이다. 또한 인터넷 장이 참여의 주요한 수단이기는 하지만 반대로 감정적인 공격과 욕설이 난무하는 장이기도 하고, 인터넷도 끊임없이 그것을 통제하고 소유하려는 기득권층의 시도에서 자유롭지 않다는 점이다. 그러니 기술 자체가 우리에게 정치적인 변화를 약속하지는 못한다.

따라서 다양한 정보를 모으고 서로 협동할 수 있는 미디어의 미디어가 필요하다. 기존 미디어에서 소외된 정보와 지식들이 소통되고 서로의 가진 것을 공유할 수 있는 플랫폼이 만들어진다면, 경쟁이 지배하는 세상에서 우리는 서로 돕고 보살피는 관계의 망을 새로 만들 수 있다. 새로운 정치, 새로운 민주주의를 당위적으로 외칠 게 아니라 그런 것을 가능하게 하는 여러 가지 실마리들을 적극적으로 활용하자.

허튼짓은 이제 그만, 정보공개제도가 있다

바야흐로 정보의 시대이다. 정보가 넘쳐나고, 정보의 유무에 따라 사람들의 삶이 변화된다. 따라서 현대사회에서 정확한 정보를 획득하는 것은 생존을 위해서도, 그리고 좀더 좋은 삶을 위해서도 매우 중요한 과제가 되었다. 그렇다면 현대사회에서 가장 많은 정보를 생산하고 보유하며 그것을 관리하는 곳은 어디일까? 두말할 나위 없이 그곳은 바로 정부이고, 정부로 대변되는 공공기관들이다.

그런데 불과 10년 전만 하더라도 시민들은 공공기관에서 생산되는 정보들에 접근할 수 없었다. 권력을 가진 소수의 사람들만 정보를 공유했고, 정보는 소수의 사람들이 권력을 획득하고 그것을 유지하거나 부를 얻는 수단으로 악용되어왔다.

하지만 민주주의가 발전하면서 국민의 알 권리에 대한 요구도 높아졌다. 그리고 시민이 정책에 참여하거나 정부의 잘못을 감시하고 견제하기 위해 공공기관이 보유한 정보에 접근할 권리를 보장받게 되었다. 정보를 공개하라는 요구를 계속 받으면서 철옹성 같은 정보독점의 장막이 무너지고 공공기관의 정보에 대한 봉인도 풀리기 시작했다. 이를 제도적으로 보장하는 제도가 만들어졌는데 이것이 바로 정보공개제도이다.

정보공개제도는 국가기관, 지방자치단체 등 공공기관이 보유, 관리하고 있는 정보를 공개하도록 시민이 요구할 수 있는 제도를 말한다. "국민의 알 권리를 보장하고 국정에 대한 국민의 참여와 국정운영의 투명성을 확보"하기 위해 지난 1996년에 '공공기관의 정보공개에 관한 법률'이 제정되었고 1998년 1월부터 그 법률이 시행되고 있다.

정보공개법이 시행된 지 어느새 11년. 시민운동가 전진한 씨의 표현처럼 정보공개청구는 기자에게는 취재의 수단으로, 연구자에게는 연구자료를 취합하는 수단으로, 엔지오 활동가들에게는 행정감시의 수단으로, 사업가에게는 사업에 관한 정보를 입수하는 수단으로 다양하게 활용되고 있다. 그렇다면 보통 평범한 도시생활자인 나에게 정보공개제도는 어떤 의미일까?

정보공개를 청구하는 것은
나의 일상에 대한 이야기이고,
알 권리를 통해
내 삶에 대한 통제권과 결정권을
높이는 일이다.

공공기관의 정보를 공개하도록 해서 정부가 허튼짓을 하지 않는지, 예산을 제대로 쓰고 있는지를 확인할 수 있으니 좋은 제도인 건 분명한데, 그런 거창한 '정치'와 거리가 먼 나의 삶과는 어떤 관련이 있는지 글쎄, 쉽게 답이 나오지 않는다. 정치가 투명하고 맑아지면 결국에는 내 삶도, 우리 가족의 일상도 개선되겠지만 바쁘게 돌아가는 세상에 할 일도 많은 내가 정보공개제도까지 알아야 하는 건 좀 '오버' 아닌가 싶다. 그러나 분명히 말하건대 이건 '거창한' 정치에 관련된 얘기가 아니다. 정보공개제도처럼 우리 일상과 아주 밀접한 관련을 맺는 제도도 없으며, 이를 잘만 활용한다면 우리 일상을 좀더 쉽게, 아주 직접적으로 지금보다 한 단계 더 업그레이드할 수 있다. 상상이 잘되지 않는다고? 그럼 잠깐 거들떠만 보시라.

이 세상에 안전지대가 없다는 말을 증명이라도 하듯 2009년 전세계는 물론 우리 사회도 신종플루 쓰나미를 맞이했다. 마른하늘에 날벼락이라고, 듣도 보도 못한 전염병이 새로 출현했다는 뉴스가 터지자 감기인지 폐렴인지 아니면 정말 신종플루인지 도대체 구분할 수 없는 증세를 가진 질병이 온 나라를 뒤흔들었다. 온 국민이 행여 이 질병에 감염이라도 될까 벌벌 떨어야 했다. 특히 노인과 아이들, 임산부들의 공포는 대단했고, 이를 입증이라도 하듯 전국에서 휴교를 선포하는 유치원과 학교가 줄을 이었다. 그때 국민이 취할 수 있는 건 모든 매체에 귀를 기울이는 것뿐이었다. 우리 동네에서는 어디에서 예방접종을 받아야 하는지, 정부가 보유한 백신의 양은 넉넉한지, 혹시 백신처방에 따른 부작용은 없는지, 정부나 언론이 신속하게 공개하거나 보도해주기를 기다리고만 있었다. 그런데 만약 그때 우리가 정보공개제도를 알았다면 어땠을까?

정부와 언론이 대책을 발표할 때까지 마냥 기다리면서 발을 동동 구르지 않고 신종플루에 대한 정부의 예방대책은 무엇인지, 예방접종이 가능한 시설, 현재 보유하고 있는 예방백신의 양과 앞으로 수입 예정인 백신의 양, 외국에서의 백신처방에 대한 부작용 사례 등의 정보를 보건복지부에 청구했을 것이다. 그리고 공개된 자료를 보고 우리 나름의 대책을 강구할 수도 있었을 것이다.

또한 최근 광우병 쇠고기, 유전자 조작 콩, 재활용 음식까지 먹거리에 대한 불안과 위협이 온 국민의 마음을 조마조마하게 만들고 있다. 여기에 사서 마시는 생수까지 불안거리로 합세했는데, 얼마 전 환경부는 시중에 유통되는 생수 중 7종에서 잠재적 발암물질인 브롬산염이 국제기준을 넘어서 검출됐다고 밝혔다. 그러면서 환경부는 해괴하게도 문제의 생수 목록을 공개하지 않았다. 그 이유가 걸작이다. 생수 목록이 공개될 경우 생수업체와 명예훼손 등의 시비가 붙을 수 있다는 것이다. 돈을 주고 사먹는 사람들 입장에서는 분통이 터지는 일이 아닐 수 없다. 혹시 나나 우리 아이가 오염된 생수를 먹지 않았을까 하는 불안감을 어떻게 떨쳐버릴 수 있을까? 이럴 때에도 정보공개제도는 아주 유용하다. 환경부에 이들 업체의 명단을 공개하라고 요구할 수 있기 때문이다. 그것도 민원이 아닌, 당당한 '권리'로서 말이다.

실생활에서 정보공개제도의 유용함은 여기에 그치지 않는다. 지방단체장의 업무추진비 사용내역부터 우리 동네 약수터는 깨끗한지, 동네의 대기오염이나 소음이 심하지는 않은지, 이사 갈 동네의 범죄발생률은 높지 않은지, 도서관이나 문화시설, 학교시설 등은 잘 갖춰져 있는지, 이름도 알쏭달쏭한 예방접종 주사의 성분이 혹시 위험하지는 않은지, 우리 아이가 다니는 학교의 급식공급업체는 믿을 만한지, 또 우리 아이 학원비는 어떤 기준으로 책정되기에 이리 비싼지 등 생활하면서 궁금한 점들을 알아낼 수 있다. 이런 내용이 궁금할 때 포털사이트에서 지식검색 서비스를 이용하거나 '~라더라' 식의 미용실 풍문이 아닌 제대로 된 정보를 공개하도록 공공기관에게 요구할 수가 있다.

이렇듯 정보공개를 청구하는 것은 먼 민주주의에 관한 이야기가 아니다. 나의 일상에 대한 이야기이고, 알 권리를 통해 내 삶에 대한 통제권과 결정권을 높이는 일이다. 우리 동네 환경과 치안에 좀더 신경을 써달라고, 우리 아이 먹거리와 교육에 장난치지 말라고 주장하는 일이다. 또한 이를 위해 필요한 계획을 세우고, 쓸데없이 낭비되는 단체장의 업무추진비 대신에 우리 동네를 위해, 그리고 우리 아이들을 위해 좀더 많은 예산을 사용하도록 요구하는 일이다.

그러니 아는 게 힘이라고, 열심히 정보공개를 청구하여, 정보를 모으고 시정을 요구하고 그 사실을 알리자. 우리 생활과 밀접한 정보들을 알 수 있어야만 변화와 개선을 요구할 수 있고, 문제를 해결하기 위해 참여할 수도 있다. 또한 이 과정을 통해 국가와 나의 관계도 변화시키자. 헌법 1조가 밝히듯 대한민국은 민주공화국이며, 모든 권력은 국민에서부터 나와야 한다. 하지만 그동안 국가와 나의 관계는 어떠했나? 흡사 주인과 머슴처럼 수직적인 관계는 아니었나? 정보공개제도는 국가의 주인인 시민이 우리나라 운영 전반에 관한 정보를 요구하는 것이다. 즉 권리를 찾아 행사하는 과정이며, 이 과정을 통해 불평등한 관계를 평등한 관계로 바꾸는 것이다. 이렇게 하다보면 공무원이 변하고 내 삶이 바뀌고 정치가 변화되고 우리의 공동체가 바뀔 것이다. 그리고 이는 우리의 일상을 조금 더 살기 좋은 환경으로 바꿀 것이다.

정보공개청구, 속살 파헤치기

우리나라 국민이면 남녀노소를 불문하고 누구나 공공기관에 정보공개를 청구할 수 있다. 이때 개인은 물론 법인이나 단체, 사업자, 동창회 등의 명의로도 얼마든지 가능하다.

정보공개법에 따르면, 정보공개를 청구할 수 있는 대상은 국가기관과 지방자치단체, 정부투자기관(정부투자기관관리기본법 제2조)과 대통령이 정하는 공공기관 등이다. 국가기관은 국회, 법원, 행정부, 헌법재판소, 중앙선거관리위원회를 비롯해 행정부(중앙행정기관과 소속기관 일체)를 뜻한다. 그리고 지방자치단체에는 특별시, 광역시·도 및 시·군·구와 직속기관, 특별지방자치단체, 시·도 교육청과 지역교육청이 포함된다. 한국조폐공사, 한국관광공사, 한국전력공사, 한국도로공사, 대한주택공사 등의 공기업이 정부투자기관에 해당하며, 대통령이 정하는 공공기관은 초중등교육법 및 고등교육법 등에 의해 설립된 유치원에서부터 대학교에 이르는 각급 학교(사립학교 포함), 국가 또는 지방자치단체로부터 재정지원을 받는 사회복지법인(사회복지사업법 제42조 1항), 특별법에 의해 설립된 중소기업 및 금융감독원 등의 특수법인 등이다. 만약 어떤 기관이 공공기관인지 아닌지 아리송하다면 굳이 법전을 들출 필요가 없다. 행정안전부에서 운영하고 있는 정보공개시스템www.open.go.kr에 접속해 '정보공개접수처 안내' '행정외공공기관 안내'를 클릭하면 된다. 또한 행정안전부 지식제도과(02-2100-4259)에 문의하면 된다.

정보란 무엇인가?

정보공개청구가 가능한 정보는 공공기관이 일하면서 직접 작성하거나 수집해서 관리하고 있는 문서(전자문서 포함), 도면, 사진, 필름, 테이프, 슬라이드 및 기타 이에 준하는 매체 등에 기록된 사항(정보공개법 제2조)이다. 즉 공공기관이 업무와 관련해 생산하거나 접수한 모든 형태의 기록물을 의미하는데, 이때 정보공개청구를 해서 정보를 공개한다는 것은 그 정보를 열람하거나 그 사본, 복제물을 공개하는 것을 의미한다.

이때 주의할 점은 기록과 정보, 그리고 공문서가 법령상 서로 다른 개념이라는 것이다. 기록이나 정보는 직무와 관련해 생산·접수·취득한 모든 것을 의미하는 것으로 결재 여부와는 무관하다. 하지만 공문서는 다르다. 결재가 있을 때만 공문서로 인정되다보니 공무원들에겐 공문서가 아닌 기록이나 정보는 정보가 아니라는 인식이 강하다.

최근 공공기관이나 기업에서 널리 사용되고 있는 '메모보고' 역시 공무원들 사이에서 기록이나 정보로 인식되지 않고 있다. 이때 메모란 우리 생각하는 '쪽지'와는 엄연히 다르다. 긴급한 상황이나 수시로 상황을 보고해야 할 때, 다른 사람의 의견을 수렴하려 할 때, 상급자 또는 다수의 담당자에게 신속하게 일괄적으로 보고하려 할 때 사용되는 것이 메모보고이다. 이 메모보고의 가장 큰 강점은 어떤 사안에 대해 담당실무자가 입안 단계에서 어떤 생각을 가졌는지, 또 초반기의 추진방향은 어떠했는지를 알 수 있다는 데 있다. 즉 공문서가 어떤 사안에 대한 결정을 의미한다면, 메모보고는 결정 이전의 논의과정, 사안의 입안과 추진과정을 보여준다고 할 수 있다. 그런데 메모보고는 결재가 완료된 공문서가 아니므로 정보공개를 청구해도 공개되지 않을 가능성이 높다.

또한 정보통신기술이 발전하면서 정보공개대상에 아직 포함되지 못한 정보들도 존재한다. 대표적인 것이 이메일과 CCTV이다. 요즘 공공기관에서는 공문으로 협조를 요구하지 않고 이메일로 처리하는 경우가 많아졌는데, 이메일은 국가기록범주에 들어가지 못해 청구대상이 아니다. CCTV역시 마찬

어떤 정보를 공개청구할 수 있을까?

공공기관이 만든 모든 자료

- 공공기관의 기록물등록대장
- 국정감사 기간에 만들어진 정보들
- 정보공개청구처리대장

가지다. 예를 들어, 최근 미디어법 강행처리 과정에서 야당의원들이 국회사무처의 CCTV의 공개를 요구한 적이 있었는데, 국회사무처는 CCTV가 기록관리대상에 포함되지 않는다는 이유로 공개를 유보한 바 있다.

따라서 정보공개청구를 할 때 맨 처음 해야 할 일은 청구할 정보를 결정하는 것이다. 그리고 자신이 원하는 정보를 정확하게 지정하는 게 필요하지만, 그게 좀처럼 쉽지 않다. 특히 정보공개청구에 익숙하지 않은 경우에는 '일체' '전부' 등의 애매모호한 단어를 사용하기 쉬운데, 이럴 경우 비공개결정이 나오거나 다시 문의전화를 받게 될 확률이 크다. 어떻게 하면 청구내용을 구체적으로 표현할 수 있을까?

가장 좋은 것은 공공기관에서 제공하는 기록물등록대장을 보고 생산된 '정보목록'을 확인하는 것이다. 정보목록이란 공공기관에서 보유·관리하는 정보의 목록으로, 정보공개법 제8조 제1항에 따라 공공기관은 정보목록을 작성·비치하여 국민에게 공개하도록 되어 있다. 물론 목록 자체가 비공개라 정보목록에서 빠진 정보들도 있지만 원칙적으로 정보목록에는 공공기관이 보유·관리하는 모든 정보들이 등록되어야 한다. 정보목록은 정보공개시스템의 검색창에서 검색이 가능하니 비슷한 키워드를 넣고 유사한 정보목록을 확인하면 된다.

두번째 방법은 관련법에 근거해 정보공개청구 내용을 지정하는 것이다. 국가법령정보센터 홈페이지www.law.go.kr에 들어가면 각종 법령은 물론 별표서식, 훈령, 예규, 조례 등의 검색이 가능하다. 예를 들어 요즘 한창 국민연금기금의 운영에 대한 불안감이 높은데, 도대체 국민연금기금을 어디에 어떻게 쓸 계획을 세우고 있는지 궁금하다면 국민연금을 키워드로 법률검색을 해보자. 그러면 국민연금법과 시행령, 시행규칙을 찾을 수 있는데, 국민연금법은 국민연금기금운용위원회를 두고, 이 위원회가 기금운용 지침과 계획에 관한 사항을 심의하고 결정하도록 한다. 그러니 이렇게 각 조항에 근거해 정보공개를 청구하면 이를 담당하는 공무원은 물론 공개내용도 정확하게 지정할 수 있기 때문에 정보를 편리하게 얻을 수 있다.

그리고 국정감사 기간에 새로이 만들어지는 정보목록들을 사전에 구해놓는 것도 도움이 된다. 국정감사 기간에 국회의원들은 각 정부부처에 수많은 자료제출을 요구하는데, 대부분 각 국회의원들이 의미가 있다고 판단한 정보들이다. 이 정보들을 모으기 위해 공무원들이 파업을 결행했을 만큼 어마어마한 양이지만 어쨌든 이렇게 제출된 정보들은 각 부처에서 별도로 목록 및 백서의 형태로 보관된다. 따라서 각 부처가 국회의원들에게 제공했던 자료목록을 정보공개청구해서 입수한 뒤에 이 목록을 응용해서 정보를 요청해도 좋다.

또한 다른 사람들의 정보공개청구를 참고해서 응용해도 좋다. 공공기관들은 연도별로 청구된 '정보공개청구처리대장'을 만들어 비치하고 있다. 따라서 이를 청구하면 각 기관별로 접수된 정보공개청구 목록과 공개 및 비공개 여부를 받아 확인해볼 수 있으니 이를 응용하는 것도 정보공개청구의 한 노하우다.

하지만 처음부터 너무 노력할 필요는 없다. 가끔은 저지르고 보는 정신이 필요하듯 정보목록과 상관없이 '내가 청구하는 정보의 내용과 범위가 무엇인지'를 보통사람의 눈높이에서도 이해할 수 있도록 쓰면 그걸로 족하다. 그리고 내가 청구하려는 정보를 어느 기관이 취급하는지를 잘 몰라도 된다. 그런 경우에는 접수를 받은 기관이 그 정보를 보유하고 있는 기관으로 청구서를 직접 보내기 때문이다. 문서 제목을 잘 모른다고, 담당기관이 아니라고 정보공개청구 접수를 거부할 수 없으니 겁먹을 필요는 없다. 관련업종 종사자도 아닌 당신이 이를 더 잘 아는 게 더 이상한 것이니.

정보공개결정을 받아내는 다섯 가지 비결

정보공개청구가 허사가 되지 않기 위해 정보사냥꾼들은 다음과 같은 비결을 전수한다. 첫번째 비결, 정보공개를 청구할 때 명심해야 할 점은 청구하는 정보의 양과 공개되는 정보의 양이 반비례한다는 사실이다. 단번에 많은 양의 정보를 공개하라고 요구할 경우, 비공개한다는 답변을 듣거나 심지어 답변조차 받지 못할 수 있다. 국회의원들이 국정감사 때 정보를 요구해도 그 엄청난 양 때문에 공무원들이 과다한 자료요청을 자제해달라고 공개적으로 요구하는 실정이니 평범한 시민이 많은 양의 자료를 요구할 경우 공무원들은 일의 우선순위에서 미루거나 비공개하자는 유혹을 느끼기 쉽기 때문이다. 그러니 정보공개를 청구할 때는 되도록 철저하게 사전조사를 하고 많은 양의 정보일 경우에는 몇 번으로 나눠서 요구하는 게 좋다. 원하는 정보가 어떤 기간 동안 만들어진 것이라면 그 기간도 미리 적어주는 게 좋다. 반면에 '자료일체' '전부'라는 모호한 표현은 사용하지 말자.

두번째 비결, 정보공개청구서를 작성할 때 정보공개에 관한 행정안전부의 지침이나 행정심판 사례, 법원 판례 등을 첨부해서 보내주는 것도 제때 원하는 정보를 받을 수 있는 좋은 방법이다. 매년 정보공개청구가 많이 증가하고 있지만 정보공개에 대한 공무원들의 인식변화는 더딘 편이다. 그래서 정보공개를 민원으로 인식하거나 이러저러한 이유를 들어 공무원 마음대로 비공개결정을 내리는 경우가 많다. 그러니 참고자료를 첨

정보공개결정을 받아내는 다섯 가지 비결

- 한꺼번에 많은 양의 정보를 요구하지 않기
- 신청할 때 관련된 판례나 정보들을 함께 써주기
- 비슷한 정보를 여러 기관에 함께 요구하기
- 공개를 잘할 만한 기관에 요구하기
- 공무원의 답변을 미리 예상해보기

부하면 악의적이거나 자의적인 비공개 결정을 미리 예방할 수 있다.

세번째 비결, 동일한 내용의 정보공개를 여러 기관에 일괄적으로 청구하는 것 역시 비공개결정을 줄이는 비결 중 하나다. 만약 우리 아이가 학교에서 먹는 급식의 원산지와 단가가 궁금하다면 우리 구에 있는 다른 학교에도 동일한 정보를 청구하는 것이다. 그러면 정보의 내용을 비교 및 대조할 수 있을 뿐 아니라 자의적인 비공개도 줄일 수 있다. 다른 지방자치단체들은 모두 공개하는데 유독 어느 한 기관만 비공개할 수는 없기 때문이다.

네번째 비결, 누구나 자신에게 유리한 정보를 공개하는 것에는 매우 우호적이다. 특히 공무원은 자기에게 해가 될 것 같은 정보에 대해서는 비공개 본능이, 유리할 것 같은 정보에 대해서는 공개 본능이 있다. 그러니 같은 정보라도 기관을 잘 선택해서 정보공개를 청구하도록 하자. 예를 들어, 지방자치단체 공무원들의 세금체납 현황과 그 처리 실태가 궁금하다면 각 지자체에 정보공개청구를 하지 말고 국세청에 청구하는 것이 훨씬 답변을 얻기 쉽다.

다섯번째 비결, 정보공개를 청구할 때 공무원의 예상답변을 미리 고민해보는 것도 좋은 방법이다. 예를 들어, 공무원 행동강령을 위반한 공무원의 실태를 확인하고 싶다면, 정보공개를 청구할 때 이름과 같은 개인정보는 비공개로 해달라는 주문을 덧붙이는 것이다. 이렇게 되면 사생활보호 등의 명목으로 자료 전체가 비공개되는 문제를 사전에 방지할 수 있어 제때 원하는 정보를 획득할 수 있다.

직접 정보공개청구하기

정보공개청구를 하는 방법은 매우 간단하다. 정보공개시스템 홈페이지에 접속해서 정보공개청구를 신청하면 된다. 물론 여기서 정보공개청구서 서식을 다운 받아 작성한 다음 공공기관을 직접 방문해 접수하거나 우편이나 팩스, 이메일 등을 통해 접수해도 된다. 정보공개 실전에 대한 자세한 내용은 뒤에서 다룬다.

정보공개청구서가 일단 접수되면 담당기관은 10일 이내에 공개 여부를 결정해 통보해야 한다. 만약 담당기관에 부득이한 사유가 있는 경우 10일을 연장해 통보할 수 있다. 그러니 적어도 청구서를 제출한 후 20일 안에는 결정통보를 받을 수 있다. 이때 20일이 넘도록 아무런 통지도 받지 못했다면 비공개결정이 내려진 것으로 간주하면 된다.

공개결정이 내려졌다면, 지정된 일시와 방법에 따라 정보를 획득하면 된다. 하지만 부분공개 혹은 비공개결정이 내려졌다면 그 사유를 면밀히 분석해보는 게 좋다. 2008년 한 해에만 총 291,339건의 정보공개청구가 이뤄졌는데, 그중 7퍼센트에 해당하는 20,412건에 대해 비공개결정이 내려졌다. 정보공개법은 모든 정보를 원칙적으로 공개하도록 하지만 예외적으로 8가지 경우에 한해 정보를 비공개할 수 있도록 하는데(9조 1항), 정보나 자료가 없거나 법에 따라 비밀·비공개인 경우, 개인의 사생활을 보호하고 공정한 업무집행을 방해할 경우, 기업의 경영·영업상 비밀인 경우 등이 그런 예외이다.

문제는 이 조항이 실제 심의과정에서 자의적으로 적용되거나 남용된다는 점이다. 그러니 부분공개나 비공개 결정이 내려졌다고 낙심하거나 당황하지 말고 관련 법령과 판례를 차근히 되짚어보고 대책을 세우는 것이 좋다. 관련법령은 정보공개시스템 홈페이지나 국가법령정보센터 홈페이지www.law.go.kr에서 쉽게 구할 수 있으며, 관련한 판례는 '투명사회를 위한 정보공개센터' 홈페이지02-2039-8361~2, www.opengirok.or.kr와 대법원 종합법률정보 홈페이지http://glaw.scourt.go.kr에서 검색할 수 있다.

만일 부분공개 혹은 비공개 결정에 문제가 있다고 판단했다면 망설이지 말고 이의신청을 하자. 이의신청은 비공개결정 후 30일 이내에 할 수 있는데, 이의신청서 서식은 정보공개시스템 홈페이지에서 다운받을 수 있고, 만약 정보공개시스템 홈페이지를 통해 정보공개청구를 했다면 '나의 정보방'에 들어가 이의신청 버튼을 클릭하면 된다. 이의신청이 제기되면 공공기관별로 설치된 정보공개심의회가 모여 사안을 다시 심의한다. 이의신청 없이 바로 행정심판을 제기할 수도 있다. 이 서식 역시 정보공개시스템 홈페이지에서 쉽게 구할 수 있다.

행정심판은 비공개결정을 통지받은 날로부터 90일 이내에 제기하면 되는데, 행정심판은 "행정청의 위법·부당한 처분 그 밖에 공권력의 행사·불행사 등으로 인한 국민의 권리 또는 이익을 침해받았을 때 행정기관에 제기하는 심판제도"이다. 다시 말해 사법부가 아닌 행정부가 문제를 판단하는 것인데, 소송에 비해 절차가 간단하고 소요시간과 비용이 적게 든다는 장점이 있다.

이의신청이나 행정심판 모두 '가재는 게 편'이라 문제를 제기해도 받아들여지지 않을 가능성이 있지만 최근에는 결정이 뒤집어지는 비율도 높아지고 있으니 무시하지 말고 소일거리 하는 셈치고 시도해보자. 둘 다 매우 쉽고 간단하다.

이의신청에 대한 결정은 공공기관이 이의신청을 접수한 날로부터 7일 이내에 내리도록 되어 있는데, 부득이한 경우에 7일 이내의 범위에서 결정기간을 연장할 수 있다. 행정심판의 경우 심판청구서가 접수된 날로부터 60일 이내에 결정을 통보받을 수 있는데, 이 역시 1차에 한해 30일 범위에서 결정기간이 연장될 수 있다.

이의신청이나 행정심판의 여부와 상관없이 바로 행정소송

을 제기할 수도 있다. 행정심판 없이 행정소송을 제기하는 경우엔 비공개결정일로부터 90일 이내에, 행정심판 결과에 불복해 행정소송을 제기할 경우 행정심판재결서 정본을 송달받은 날로부터 90일 이내에 제기하면 된다.

시민단체는 나의 우군

정보공개청구를 하려니 너무 어렵거나 더 많은 자료와 노하우가 필요하다면 망설이지 말고 정보공개운동을 하고 있는 엔지오의 문을 두드려라. 앞에서 말한 '투명사회를 위한 정보공개센터'는 국민의 알 권리를 보장하기 위한 정보공개의 중요성을 강조하고 이를 사회적으로 확산시키려는 전문적인 정보공개운동단체이다.

서울 송파구를 무대로 활동하는 위례시민연대02-472-6112, www.skngo.or.kr라는 풀뿌리 단체도 매우 많은 정보공개청구 노하우를 가지고 있다. 위례시민연대는 구청, 학교, 서울시 등을 상대로 주민들의 삶과 관련된 정보공개를 청구하고, 이런 내용을 홈페이지에서 적극적으로 알리고 있다.

도전! 정보공개청구

정보공개시스템 홈페이지 접속

정보공개청구에 도전해보기로 결심을 굳혔다면 맨 처음 할 일은 정보공개시스템www.open.go.kr에 접속하는 것이다. 우리나라 거의 대부분의 공공기관에 대한 정보공개청구가 이 홈페이지를 통해 이뤄지고 있는데, 정보공개시스템은 공공기관이 보유·관리하고 있는 정보를 공개청구하는 것을 돕기 위해 운영되고 있는 홈페이지이다. 이 홈페이지는 초보자들을 위해 정보공개의 '가나다'부터 친절하게 차근차근 알려주는데, 정보공개제도의 취지와 목적부터 정보공개에 관련된 법령, 정보공개청구방법, 각 정보에 해당하는 공개청구접수처 및 행정기관 이외의 공공기관의 안내, 정보공개청구와 관련된 모든 서식 등을 제공한다. 또한 메인 페이지 오른쪽에 '정보공개체험관' 메뉴를 만들어 동영상으로 정보공개청구 시뮬레이션이 가능하도록 하고 있다. 이 배너에서 '정보공개를 어떻게 하나요'를 클릭하면 각 단계별로 정보공개청구를 어떻게 하면 좋을지를 알기 쉽고 친절하게 설명해준다. 그러니 긴장했다면 안심하시라.

정보목록 검색·확인하기

정보공개시스템 메인화면에는 검색창이 준비돼 있다. 여기에 내가 원하는 내용의 키워드를 넣어 검색버튼을 클릭하면 정보목록, 사전공표정보, 정보공개사례 등이 통합돼 검색된다. 이때 결과 내 검색, 유의어검색, 접수문서포함 등의 체크박스를 선택하면 확장검색이 가능하다. 자료를 확인했다면 이젠 검색창에서 검색어를 입력한 후 기관별, 분야별, 수요자별 카테고리 중에서 하나를 선택해 검색한다. 이 과정을 통해 내가 원하는 정보목록을 찾았다면, 검색된 게시물 우측 끝의 '청구바구니' 버튼과 '청구하기' 버튼을 이용해 정보공개를 청구하자. 만약 찾지 못했다면 유사한 형태의 정보목록을 참고해 정보내용을 확정하자. 최신정보목록과 인기정보목록을 확인한다면 내게 필요한 정보의 제목과 내용을 구체적으로 정하는 데 도움을 받을 수 있다. 만약 정보공개시스템에서 원하는 정보목록을 찾지 못했다면 정보공개청구를 할 공공기관의 홈페이지를 직접 방문하여 정보목록을 찾아보자.

회원가입

자 이제 내가 원하는 정보가 확정됐다면 본격적으로 정보공개청구서를 작성해보자.

우선 실명확인을 거쳐야 하는데, 필요한 정보는 이름과 주민등록번호다. 만약 우리 사무실을 대표해 하는 거라면 사업자 등록번호가 필요하다. 그리고 법인이라면 법인등록번호를 입력해야 한다. 이때 실명확인정보는 본인확인 용도로만 사용되니 크게 걱정할 필요는 없다. 만약 정보공개 회원가입을 했다면 한 번의 로그인 과정을 거쳐 각종 서비스를 이용할 수 있으며, 정보공개청구 서비스시 필요한 개인정보를 다시 입력하지 않아도 된다. 굳이 회원가입을 하지 않아도 정보공개청구 서비스를 이용할 수 있다. 다만 정보공개청구신청 및 기타 처리과정에서 필요한 개인정보를 다시 입력해야 하는 번거로움이 있을 수 있다.

청구서 작성

이제 해야 할 일은 바로 청구서를 작성하는 일이다. 정보검색을 통해 조회된 정보목록에 대해 '청구하기' 버튼을 클릭해서 청구서를 작성하거나 '정보공개청구>청구신청' 메뉴를 통해 직접 공공기관에 청구신청을 하면 된다. 청구기관 선택화면에서 원하는 기관을 선택하면 되는데, 한 번에 여러 기관에 대한 일괄청구가 가능하다. 가령 16개 광역자치단체별 업무추진비를 알고 싶다면 16개 기관을 청구대상기관으로 지정하면 된다. 만약 청구대상기관을 찾을 수 없다면 해당기관 홈페이지를 방문해 정보공개를 청구하면 된다. 기관별로 차이는 있지만 대부분 인터넷 접수가 가능하며, 팩스나 우편, 직접방문도 가능하다.

그다음으로 해야 할 일은 청구인의 기본정보와 정보내용을 입력하는 것이다. 기본정보야 간단한데 정보내용을 입력하는 것은 그리 쉬운 일이 아니다. 앞의 다섯 가지 비결에서 이야기한 원칙과 노하우를 기억하며 이에 따라 정보공개청구내용을 간결하고 정확하게 쓰도록 하자. '정확'이 어렵다면, 보통사람의 눈높이에서 보았을 때, 이 사람이 이런 정보를 원하는구나, 라고 알 수 있도록 쓰는 것이 중요하다.

정보내용을 입력했다면 남은 일은 '청구바구니'를 클릭하는 것. 바구니에 담긴 자료는 아직 청구 전이므로 수정 및 삭제가 가능하며, 제대로 청구됐는지 조회도 가능하다. 이 작업이 끝났다면 청구버튼을 클릭하면 된다. 그러면 해당 청구서가 자동으로 청구기관에 접수된다.

정보공개청구 이후 정보공개청구 진행과정에 대한 궁금증은 '정보공개청구〉청구처리조회' 메뉴 또는 나의 정보방 메뉴를 통해 확인할 수 있다. 처리상태에 따라 접수대기 중, 접수완료, 처리 중, 통지완료 등의 상태를 확인할 수 있는데, 이때 처리 중이란 처리기관에서 공개 여부(즉시공개, 공개, 부분공개, 비공개)를 심사 중이라는 것을 의미한다. 결정이 완료되면 심사결과를 통지하게 되는데 이때는 통지완료 상태로 표시된다.

결정통지 및 수수료 납부

정보공개시스템에서 정보공개청구를 신청하면 청구를 받은 기관이 이메일, SMS 두 가지 방식으로 결정통지를 통보한다. 결정통지통보는 신청한 지 10일, 부득이한 사유가 있는 경우에 한해 20일 안에 받을 수 있다. 결정통지를 통보받았다면 다시 정보공개에 접속해 정보공개내용을 확인해야 한다. 만약 정보공개시스템이 아닌 다른 방식으로 정보공개청구를 신청했다면 전화, 우편 등의 방법으로 결정을 통지받을 수 있다. 그리고 통지를 받을 때 어떻게 정보 내용을 얻을 수 있는지를 대상 기관이 알려준다.

즉시공개, 공개, 부분공개의 결정통지를 통보받았다면 결정통지서를 조회해 수수료를 납부해야 자료를 받아볼 수 있다. 수수료가 없는 정보도 있지만 대부분의 정보에는 일정한 수수료가 요구된다. 정보마다, 그리고 그 양에 따라 수수료가 다르지만 일반적으로 A4 한 장당 100원 정도이다. 정보공개시스템에서 정보공개청구를 했다면 수수료 납부메뉴에서 수수료 납부 버튼을 클릭하면 다양한 결제유형이 제시된다. 신용카드, 계좌이체, 휴대폰, 전자화폐, ARS를 이용해 수수료 납부가 가능하다. 심야나 새벽시간대에는 결제가 되지 않으니 이 점을 주의하자.

결정통지문에서 수수료 완납 후 정보공개내용은 공개일시

이후에 확인할 수 있다. 청구인은 처리기관에서 결정한 결정통지서의 교부방법, 직접 방문, 우편, 팩스, 메일, 온라인 등의 다양한 방법에 따라 정보를 확인할 수 있다. 만약 온라인을 통해 문서를 볼 수 있다는 통지를 받았다면, 수수료 완납 후 첨부문서가 뜨고 이를 바로 다운로드 받을 수 있다.

참고로, 얼마 전만 하더라도 공공기관에서는 종종 '열람' 처분을 내리곤 했다. 정보공개량이 많거나 부분만 공개될 경우 복사하는 데 상당한 시간이 소모된다는 이유였다. 하지만 열람 처분은 그 자체로 비공개효과를 가지고 있다. 우선 공공기관에 청구인이 직접 가서 자료를 보기가 번거로울 뿐만 아니라 한두 번 읽고 머릿속에 기억하기가 어렵기 때문이다. 사진이나 동영상으로 찍으면 되지 않겠냐는 분들이 계시겠지만 이 역시 공무원들이 가로막는 경우가 비일비재해 허탕을 칠 가능성이 높다. 그러나 2004년 대법원이 정보공개의 양이 4만 페이지가 되더라도 사본을 교부해야 한다는 판결을 내리면서 '열람'의 방법으로 공개할 수 있는 정보는 사본, 복제물의 교부방식으로 공개할 수 있도록 바뀌었다. 하니 만약 '열람' 처분을 통보받았다면 이에 대한 문제를 제기해도 좋다.

이의신청

통지받은 결정통지로부터 공공기관의 비공개 또는 부분공개 결정에 대해 불복이 있는 경우 이의신청 버튼을 클릭해 이의신청을 할 수 있다. 이의신청은 결정통지를 통보받은 일로부터 30일 이내에 가능하다. 이의신청 사유를 명시해 제기하면 해당기관에 접수해 이의 결정을 다시 통보하는데 이의과정은 정보공개 청구 결정통보과정과 동일하다. 이의신청을 하면 공공기관별로 설치된 정보공개심의회에서 이를 다시 심의한다. 또한 앞서 말했듯 비공개결정을 통지받은 날로부터 90일 이내에 행정심판, 또는 행정소송을 제기할 수도 있다.

정보공개청구가 바꾼 제도 그리고 삶

지금은 옛날이야기가 되었지만 2000년도 초반까지만 해도 표준소득률이라는 게 있었다. 표준소득률이란 법으로 정해진 회계장부와 증빙서류가 없는 개인사업자들에게 정부가 소득세를 부과하기 위해 국세청이 고시하는 기준자료이다. 즉 사업자가 한 해 동안 돈을 얼마나 벌었는지를 예측하기 위해 정해놓은 기준이다.

이렇게 표준소득률이 정해지다보니 자영업자들은 실제 수익과는 무관하게 표준소득률에 맞춰서만 소득을 신고하면 되었다. 그런데 문제는 돈을 많이 버는 자영업자들이 제도의 허점을 악용해서 계속 탈세를 했다는 점이다. 결국 한 시민단체가 나서 국세청을 상대로 표준소득률 산정기준에 대한 정보공개를 청구했는데, 국세청은 이에 대한 정보를 공개하지 않았다. 사건은 법원으로 가서, 1심 진행과정에서 표준소득률의 산정기준이 공개됐다.

그런데 공개내용은 보는 이로 하여금 웃음을 자아냈다. 국세청은 표준소득률을 계산하기 위해 업종별로 샘플을 구해서 평균을 냈는데, 평균이라는 말이 무색할 정도로 표본업체 수가 적었던 것이다. 이 기준이 공개되면서 표준소득률에 대한 신뢰가 떨어지기 시작했고, 국세청은 비합리적인 근거로 자영업자의 탈세를 묵인한다는 비판을 받았다. 결국 국세청은 표준소득률 제도에 문제가 있다는 점을 시인했고, 이를 폐지하겠다고 선언했다. 얼마 후 표준소득률제도는 자취를 감췄다. 물론 새로 도입된 제도가 100퍼센트 완전한 것도 아니고, 모든 공을 정보공개제도에 돌릴 수만은 없지만 정보공개제도가 불공평하고 불합리한 세제를 개선하는 데 한몫을 톡톡히 했다는 점은 인정된다.

정보공개청구제도의 역할은 여기에 그치지 않았다. 가장 최근의 업적을 살펴보면, 국립농산물품질관리원은 2009년에 단속을 실시해서 미국산 쇠고기 수입이 재개된 2008년 6월부터 약 10개월 동안 쇠고기 원산지를 거짓으로 적어 판매한 업소 704곳을 적발했다. 여기에는 어린이집이나 휴게소, 병원이나 호텔처럼 많은 사람들이 이용하는 시설은 물론 유통업체 매장과 축산물 수입도매업체도 포함돼 있었다. 특히 미국산 쇠고기를 수입하는 체인점도 원산지를 허위표시한 것으로 드러났는데, 이는 미국산 쇠고기가 수입될 때부터 국산 또는 호주산 쇠고기로 둔갑돼서 유통되었음을 뜻한다.

그런데 국립농산물품질관리원은 원산지 표시규정을 어긴 업체들의 명단을 '영업비밀' '사생활 침해' 등의 이유로 비공개해왔다. 한 시민단체가 나서 농림수산식품부에 위반업체 명단에 대한 정보공개청구를 제기했지만 농림수산식품부는 이에 대해 비공개결정을 냈다. 결국 이 시민단체는 2009년 말 농림수산식품부 장관을 상대 '행정정보 비공개결정 취소청구' 소송을 진행했다.

결과는 어땠을까? 법원은 비공개결정의 이유가 없다며 정보공개결정을 내렸고, 위반업체의 명단이 2010년 2월 공개됐다. 단지 소송에만 이긴 것이 아니었다. 관련해 소송이 제기되고, 사회적으로 비난의 목소리가 커지자 국회는 법원 판결에 앞선 2009년 11월 농산물품질관리법의 '원산지 표시 등의 위반에 대한 처분' 조항(18조 2의 3항)을 개정했다. 개정된 조항에 따르면, 농림수산식품부장관 또는 시도지사는 농산물 또는 그 가공품 및 유전자변형농산물 등의 원산지 등을 거짓으로 표시해 처분이 확정된 자에 대해서는 그 처분내용, 해당 영업소와 농산물 등의 명칭 등을 농림수산식품부 또는 시·도의 홈페이지에 공표해야만 한다.

정보공개청구를 통해 잘못된 제도가 개선된 것이다. 정보공개청구의 성과는 단지 잘못된 제도를 개선하고 위반한 업소의 명단을 알아냈다는 데 그치지 않는다. 돈 욕심으로 먹거리에 장난을 쳐왔던 업체들에겐 경각심을 일깨웠고, 안일한 행정으로 일관해왔던 행정부엔 시민의 무서움을 알려주었다. 나는 물론 시민들 전체가 좀더 안전한 먹거리에 접근할 수 있도록 하는 데 결정적인 기여를 했음은 두말하면 잔소리이다.

정보공개청구는 정말 사소한 일인 듯 보이지만 잘못된 의식과 관행, 제도를 바꾸는 소중한 디딤돌이다. 이제 잘못되고 비합리적인 행정이나 정책을 애써 눈감을 필요가 없다. 정보를 얻고 그것을 활용해서 여론을 만들면 우리는 느리지만 서서히 세상을 바꿀 수 있다.

언론사에 제보하는 방법

내가 직접 어떤 이슈를 알리기가 버겁고 부담된다면 기성 언론사들을 활용해도 좋다. 언론사들의 홈페이지에 가면 기사를 제보하거나 독자들이 투고할 수 있는 코너를 마련하고 있다. 보통 기사제보 코너는 홈페이지 맨 밑에 회사를 소개하는 곳에 있다.

몇몇 신문사의 기사제보 전화나 이메일을 소개하면 다음과 같다.

경향신문	**홈페이지**	www.khan.co.kr 하단 '기사제보'
	전화	02-3701-1202~4, 02-3701-2472(팩스)
	이메일	opinion@kyunghyang.com
동아일보	**홈페이지**	동아닷컴 홈페이지 www.donga.com의 하단
	전화	02-360-0402~5, 02-360-0430('기사제보' 팩스)
서울신문	**홈페이지**	www.seoul.co.kr 하단 '기사제보' 나 '독자투고'
연합뉴스	**홈페이지**	www.yonhapnews.co.kr 하단 '기사제보'
조선일보	**홈페이지**	조선일보 홈페이지 www.chosun.com의 하단 '기사제보'
중앙일보	**전화**	02-751-9000, 080-023-5002, 02-751-5176(팩스)
	이메일	sarangbang@joongang.co.kr
한겨레	**홈페이지**	www.hani.co.kr 하단 '제보'
한국일보	**홈페이지**	http://news.hankooki.com 하단 '독자광장'
KBS	**홈페이지**	뉴스 홈페이지 http://news.kbs.co.kr 우측 상단 '뉴스 제보'
	전화	02-781-1234, 4444~6, 02-781-4198, 4040
MBC	**홈페이지**	뉴스 홈페이지 http://imnews.imbc.com 우측 상단 '제보하기'
	전화	02-784-4000
SBS	**홈페이지**	뉴스 홈페이지 http://news.sbs.co.kr '인터넷 제보'
	전화	02-2113-6000, 문자메시지 제보는 #6000
프레시안	**이메일**	inform@pressian.com
오마이뉴스	**홈페이지**	www.ohmynews.com 상단 '기사제보'

그리고 KBS의 〈추적 60분〉이나 MBC의 〈PD수첩〉, SBS의 〈그것이 알고 싶다〉와 같은 프로그램의 홈페이지에도 시청자 제보 게시판이 만들어져 있으니 이를 활용하면 된다.

제보를 할 때는 사실관계를 분명히하는 것이 좋다. 내 이해관계와 관련된 직접적인 제보인지, 아니면 공적인 관심을 불러일으키기 위한 제보인지, 관련된 사람들은 누구인지를 세세하게 알리자. 그리고 관련된 사진이나 동영상 등을 첨부하면 기자들이 취재에 나설 가능성은 더욱더 높아진다.

6
직접 맞서기

보통 게임의 규칙에는 패자부활전이나 개평이 있어서 완전히 털리는 일이 별로 없다. 그런데 우리가 사는 현실세계에는 한번 경쟁에서 밀리면 다시 재기하기란 아주 어렵다. 옛날 같은 농촌사회라면 실패해도 농사지을 땅이라도 남아 있고 도움을 주고받을 마을사람들과의 관계라도 있으니 내년에 지을 한 해 농사를 생각하며 다시 힘을 내고 미래를 준비하는 것이 가능했다. 하지만 도시생활자들은 한번 직장에서 밀려나면 다시 직장을 갖기 어렵고 딱히 도움을 주고받을 관계도 별로 없다. 그러니 도시생활자들에게 도시라는 공간은 약육강식의 밀림과 비슷하다.

도시의 정치도 비슷하다. 한번 실수를 하면 그것을 만회할 방법이 별로 없다. 농촌에서는 수소문을 하고 몇 사람 건너면 그 집에 말이라도 건넬 수 있지만 도시에서는 완전 모르는 사람들이니 정치인과 연결될 방법이 없다. 뭘 한다는 게 쉽지 않다. 그러니 이런 방법, 저런 방법 모두 써봐도 아무것도 변하지 않을 수 있다. 그냥 변하지 않는 게 아니라 모난 돌이 정 맞는다고 정의감에 불타서 열심히 노력한 사람이 오히려 바보 취급을 당하며 세상의 조롱만 받을 수도 있다. 정의로운 세상을 만들어야 한다는 말은 지극히 옳지만 괜히 나섰다가 나만 피해를 보면 어떡하나, 호기를 부리며 혼자 깃발을 들었는데 아무도 곁에 서지 않으면 어떡하나, 이런 고민이 머릿속을 떠나지 않는다.

이런 고민을 하는 사람들이 늘어날수록 권력을 가진 자들은 마음대로 온 세상을 주무른다. 차츰 반대는 사라지고 예스맨들이, 그리고 살아남기 위해 더욱더 충성하려는 순응주의자들이 늘어난다. 히틀러가 권력을 잡았을 때는 그가 무제한의 권력을 가지기 전이었다. 독일 국민은 선거라는 평화로운 방식으로 히틀러에게 권력을 넘겼고, 히틀러는 자신의 권력을 이용해서 야금야금 전체주의체제를 만들어갔다. 한편으로 협박하고 다른 한편으론 자발적 복종을 이끌어내면서 히틀러는 온 세상을 전쟁터로 몰고 갔다.

일단 그런 체제가 완성되면 그것을 되돌리기란 아주 어렵다. 그 지경까지 가면 민주주의는 말장난에 지나지 않는다. 지금부터 우리가 그런 체제의 탄생을 가로막지 않으면 나중에는 정말 목숨을 걸어야 사회를 바꿀 수 있을지 모른다. 그래서 지금 맞설 수 있을 때 맞서야 한다.

물론 우리 시민들이 아무 일도 하지 않는 건 아니다. 어떤 사건이 터지거나 선거 때가 되면 한국의 웬만한 술집들은 정치평론가들의 토론장으로 변한다. 각자 자신이 모은 정보를 안줏

거리 삼아 열띤 토론을 벌이고, 사회를 바꿀 갖가지 아이디어들이 등장한다. '정치적 무관심'이라는 말이 무색할 정도로 그 토론의 수준은 웬만한 전문가의 그것을 뛰어넘기도 한다.

하지만 문제는 자정이 되면 하녀의 생활로 돌아와야 하는 신데렐라처럼 다음날 술이 깨면 그런 정치토론의 열정은 어디론가 사라지고 없다. 그렇게 밤의 토론에 지나치게 많은 에너지를 사용하는 반면에, 우리는 낮의 정치 참여를 너무 부담스러워한다. 누가 어떻고 어떤 정책이 좋다는 '품평회 정치'를 즐기지만 정작 자신이 정치의 주체로서 권리와 책임을 행사하는 주체적인 실천은 부족하다.

변화가 필요하다는 주장에는 공감하지만 왜 굳이 내가 그 일에 뛰어들어야 하는가 하는 물음은 나를 머뭇거리게 한다. 당장 아이들 공부시키고 빌린 돈 갚고 직장에서 좋은 평가를 받기 위해 노력하는 것만 해도 가랑이가 찢어지는데 다른 문제에 신경을 쓸 겨를이 어디 있으랴.

그런데 그런 무심함이 바로 권력을 가진 기득권층을 안심시키며 사회를 파국으로 몰고 가는 주요한 동기이다. 정치에 많은 상식과 관심을 가진 것처럼 자신을 포장하지만 실제로는 외부 일에 관심을 쏟지 않고 자신의 일상과 주위환경에만 성실한 태도는 사회라는 더 큰 주위환경을 무너뜨리고 결국에는 자신조차 파괴시킨다.

왜냐하면 무한경쟁이 벼랑 끝으로 삶을 몰아가는 사회에서는 아무리 혼자 노력해도 구조적인 위기에서 벗어날 수 없기 때문이다. 아무리 아이들 공부를 채찍질하고 대출받아 집을 장만해도 결국에는 족집게 고액과외를 받으며 자란 아이들이 학벌사회의 정점을 차지하고 부동산 이득은 이미 가진 자들이 챙기기 때문이다. 더구나 아무리 노력하더라도 곧 찾아올 에너지와 식량 위기라는 큰 고비를 혼자서 넘어설 방법은 없기 때문이다.

각자 알아서 자신의 문제를 해결하라는 게 기득권층의 논리라면, 정치의 논리는 공동의 문제를 함께 풀어가자는 것이다. 비슷한 처지에 있는 사람들이 힘을 모아 자신들의 이익과 생명을 지키려 나설 때 다른 정치의 가능성이 등장한다. 이타심을 얘기할 필요는 없다. 내 것을 지키려는 노력이 모여 전체의 것을 지키기 때문이다.

내 이익을 지키려는 것과 이기적인 것은 다르다. 비슷한 처지에 있는 또 다른 나의 이익을 지키는 것이 우리의 이익을 지키는 것이고 그런 노력은 나만의 이익을 위해 다른 생명을 희생시키는 이기심과 다를 수밖에 없다. 이상적인 사회는 착한 사람들의 공동체가 아니라 더불어 삶을 살려 하는 평범한 사람들의 공동체이다. 이제 우리에게도 새로운 삶을 시작할 수 있는 정치가 필요하다.

시민 불복종하기

나보다 힘센 사람이 도저히 받아들일 수 없는 부조리한 정책이나 사업을 받아들이고 항복하라고 강요하면 어떻게 해야 할까? 앞서 얘기했던 참여제도와 정당, 시민단체, 여론의 힘을 모두 동원해도 아무런 변화가 일어나지 않을 때 우리는 무엇을 해야 할까? 할 수 있는 방법을 다 써도 안 되는 일이니 그냥 적당히 부조리한 현실을 받아들이며 살까? 어른들이 말했듯이, 앞으로 나서면 고생길이니 적당히 중간에 끼어서 살아가야 하는 걸까?

이런 절망적인 상황에 대비해서 인류에게 전해 내려오는 '최후의 무기'가 있다. 그것은 바로 나의 양심과 신념이다. 다른 사람이나 정부를 설득할 수는 없다고 해서 나의 양심과 신념이 아무런 가치를 가지지 못하는 것은 아니다. 누가 양심과 신념의 무게를 재서 내 것보다 다른 사람의 것이 더 무겁다고 말할 수 있는가? 내가 어떤 결정을 도저히 받아들일 수 없다면 나에게는 그것을 따르지 않을 권리가 있다. 세상 모두가 "예"라고 대답해도 내가 도저히 받아들일 수 없다면 "아니요"라고 대답

할 권리가 내게 있다. 그 권리는 정부가 내게 준 것이 아니라 내가 인간으로서 가지는 가장 기본적인 권리이기에 원칙적으로 지상의 어떤 힘도 그 권리를 빼앗을 수 없다. 목숨을 걸고 단식을 하거나 건물 꼭대기에서 농성을 하는 사람들이 의지하는 건 바로 이 권리의 힘이다.

물론 이 얘기는 이론적인 것이고 실제 현실에서는 강한 힘이 사람들의 의지를 꺾고 그 권리를 빼앗는다. 많은 사람들이 그 권리를 포기하고서 세상에 맞춰 살아간다. 양심과 신념은 포기하기 어려운 것이지만 한번 포기하고 나면 비슷한 상황이 왔을 때 쉽게 다시 포기하게 된다. 그러니 권력을 이길 만큼 강한 뜻을 품는 건 쉬운 일이 아니다.

이런 생각을 하다보면 불의에 맞서기 싫어진다. "건드리지 마라, 나는 조용히 살고 싶다"라고 말하지만 실제로는 맞설 용기가 없어서 그런 것이다. 권력을 가진 사람들이 가장 좋아하는

헨리 데이비드 소로는
선거로 선출된 민간정부라 할지라도
그것이 올바르지 못한 길을 가고 있다면
그 정부에 저항하는 것이
시민의 의무라고 주장했다.

상황이다. 아무도 저항하지 않는 상황보다 어느 누구도 감히 저항할 용기를 품지 못할 뿐 아니라 스스로 저항하려는 의지를 포기하는 상황, 어떤 이가 감히 맞서려 하면 주변 사람들이 알아서 말려주는 상황이야말로 그들이 가장 원하는 상황이다. 노란 길을 따라 걸어라, 우측으로 걸어가라고 명령하면 모두가 묵묵히 따를 뿐 아니라 그렇게 걷지 않으려는 사람들을 미워하고 욕하는 세상, '자발적 복종'이 완성된 세상이다.

이런 세상을 거부하는 사람들은 불복종의 길을 걷는다. 시민불복종civil disobedience은 시민들이 정부의 잘못된 정책이나 법률을 절대적인 진리로 받아들이지 않겠다고 선언함으로써 인간의 양심과 이성에 대한 신뢰와 그 가능성을 증명하는 정치행위이다. 시민불복종은 미국의 사상가 헨리 데이비드 소로가 처음 주장한 말로, 소로는 선거로 선출된 민간정부라 할지라도 그것이 올바르지 못한 길을 가고 있다면 그 정부에 저항하는 것이 시민의 의무라고 주장했다. 소로는 "우리는 먼저 인간이어야 하고, 그다음에 국민이어야 한다고 나는 생각한다. 법에 대한 존경심보다는 먼저 정의에 대한 존경심을 기르는 것이 바람직하다"라면서 인간의 양심과 권리가 정부의 그릇된 정책보다 우선한다고 강조했다. 그래서 소로는 "단 한 명이라도 부당하게 감옥에 가두는 정부 밑에서, 정의로운 사람이 있을 곳은 역시 감옥뿐이다. 의기소침하지 않고 자유로운 영혼을 가진 사람들을 위해 매사추세츠 주가 마련해놓은 유일한 자리, 오늘날 가장 떳떳한 자리는 감옥이다"라고 주장하며 시민불복종의 길을 열었다. 실제로 소로는 미국의 멕시코 침공을 비판하면서 세금납부를 거부하고 강연회를 열며 시민불복종의 길을 걸었다.

그런데 아직까지도 한국 사회에서 시민불복종은 낯선 개념이다. 왜냐하면 이론가들이 주장하듯이, 시민불복종은 법치주의가 어느 정도 확립된 국가에서나 가능한 권리이기 때문이다. 과거 군사독재가 지배하던 시기에는 시민이 정책이나 법률을 반대하려는 의도만 품어도 체포되거나 구속되었기 때문에, 공개적인 시민불복종이 불가능했다. 자연히 사회운동도 개별 법률이나 정책을 바꾸려는 시민불복종보다 체제의 붕괴를 운동의 목적으로 삼을 수밖에 없었다.

그러나 시대가 변해 민주화의 과정을 거치면서 우리 사회에서도 시민불복종운동이 조금씩 활성화되고 있다. 도덕적, 정치적 정의를 위해 또는 잘못된 법률이나 정책을 바로잡기 위해 기꺼이 법적 처벌을 감수하겠다는 시민들의 수가 늘어나고 있다. 특히 2008년 촛불집회 이후 형성된 대중적인 저항은 한국 사회에서 시민불복종운동을 널리 확산시켰다.

나무를 뿌리째 뽑는 불도저 밑에 드러눕고 쇠사슬로 몸을 묶는 시민불복종은 한편으론 과격해 보이지만 다른 한편으로 그런 행동을 강요하는 의롭지 못한 폭력에 비하면 지극히 가냘

프다. 특별한 사람들만 하는 것처럼 보이는 시민불복종, 내가 따라가기엔 너무 먼 길일까?

복종하지 않으면 무슨 일이 생길까?

시민불복종을 너무 어렵게 생각할 필요가 없다. 내가 하고 싶지 않은 일이나 상식적으로 받아들이기 어려운 일을 하지 않겠다고 선언하고 그것을 행동으로 옮기면 그것이 바로 시민불복종이다. 불복종은 "나는 그렇게 하고 싶지 않다"는 뜻을 분명하게 표현하는 것에서 시작한다. 그것은 하고 싶지 않다는 생각을 분명하게 드러냄으로써 상대방이 다른 대안을 생각하도록 만드는 행동이다.

그냥 가만히 있으면 나도 동의하거나 좋아한다고 착각할 수 있기 때문에, 특히나 정치인들은 침묵을 곧 긍정으로 받아들이기 때문에 우리는 싫다는 의사표현을 분명히 해야 한다. 그래야 침묵하는 다수의 뜻을 받들어 정치를 하겠다는 말도 안 되는 소리를 정치인들이 더 이상 하지 못한다. 침묵하는데 어떻게 그 뜻을 받들겠다는 소린가. 그냥 자기 마음대로 하겠다는 얘기이다. 내가 다른 대안을 제시하지는 못할지라도 반대의사를 밝혀야 최소한 지금 이대로를 원하는 건 아니라는 합의를 만들 수 있다. 내가 반대하니 다른 대안을 찾으라고 대표로 뽑아놓은 것이니 정치인들이 고민해서 새로운 대안을 내놓도록 해야 한다.

정치인들이 마음대로 제정한 법을 지키지 않는 것도 마찬가지이다. '악법도 법이다'라는 군사독재 시절의 터무니없는 말은 교과서에서 사라졌지만, 현실은 이런 변화를 반영하지 못하고 있다. 2008년 12월, 한미FTA와 관련된 문건을 유출했다는 혐의를 받던 정창수 씨가 공무상 비밀누설죄로 징역 9개월을 선고받고 법정에서 구속되었다. 그리고 2009년 1월에는 삼성그룹의 'X파일' 사건을 폭로했던 노회찬 씨가 통신비밀보호법 위반과 명예훼손 혐의로 징역 1년과 자격정지 1년을 구형받았다(나중에 항소심에서 무죄를 선고받았다). 국민들 모르게 진행되던 협상내용과 정경유착의 비리를 폭로한 사람들이 법절차를 어겼다는 이유로 처벌을 받는 이 어처구니없는 상황을 보라. 그러면서도 경영권 편법승계와 조세포탈 및 배임혐의로 징역 3년에 집행유예 5년, 벌금 1100억 원을 선고받은 대형범죄자 이건

불복종은
"나는 그렇게 하고 싶지 않다"는 생각을
분명하게 드러냄으로써
상대방이 다른 대안을 생각하도록
만드는 행동이다.

희 전 삼성그룹 회장은 불과 4개월 만에 특별사면되었다. 이건희 전 회장만이 아니다. 배임과 횡령 혐의로 구속된 현대자동차의 정몽구 회장, 분식회계와 부당내부거래 혐의로 구속된 SK그룹의 최태원 회장, 분식회계와 횡령 혐의로 구속된 두산그룹의 박용성 회장, 보복폭행 혐의로 유죄판결을 받은 한화그룹의 김승연 회장 등 대부분의 재벌가 회장들이 사면되었다. 범죄자들이 기업들을 운영하고 국가는 이를 사면하고 시민들은 이를 묵인하는 사회, 이것이 우리의 자화상이다.

이렇게 일방적으로 기득권층에게 유리한 법을 만들고 그들에게 유리하게 법을 해석하면서도 국민들에게는 법을 원칙대로 지키라고 얘기한다면, 그것은 법치주의가 아니다. 법치주의의 가장 중요한 전제는 바로 정의와 평등이다. 헌법이 보장하듯이 법의 권위가 시민으로부터 나오고 법이 사람을 가리지 않고 평등하게 대한다면, 처벌하지 않아도 시민들은 자발적으로 법을 지킬 것이다. 그래서 법이 정의와 평등의 원칙을 지키지 않는다면, 시민들은 무조건 법을 따르지 않고 그 법에 맞서야 한다.

그 옛날 공화국을 만들었던 시민들은 정치인의 부패를 가장 경계했다. 부패한 정치인들이 자신의 사사로운 이익을 위해 권력을 남용하는 것도 문제이지만 정말 큰 문제는 그런 부패가 일반시민들에게로 확산되는 것이었다. 왜냐하면 공화국의 시민들이 법을 우습게 여기며 지키지 않고 '유전무죄 무전유죄'

를 되뇌는 순간 그 나라는 더 이상 유지될 수 없기 때문이다. 그 순간 법치주의는 시민들의 상식이 아니라 무능한 사람들의 굴욕으로 진락하기 때문이다. 따라서 법치주의의 전제가 지켜져야 법이 제 역할을 할 수 있기 때문에, 시민불복종의 진성한 녹적은 법을 무조건 어기는 것이 아니라 지켜야 할 법을 요구하는 것이다. 시민불복종은 법을 지키기 싫어하는 사람들의 생떼가 아니라 나라를 바로잡으려는 민주시민의 정당한 권리이다.

미국에서 시민불복종의 정석을 보여준 마틴 루터 킹 목사는 이렇게 얘기했다. "자신의 목숨을 바칠 수 있을 만큼 귀중한 것을 아직 찾지 못한 사람은 대단히 고달픈 인생을 살아야 합니다. 저처럼 서른여덟 먹은 사람이 있다고 합시다. 언젠가는 이 사람은 어떤 위대한 원칙이나 위대한 사안, 위대한 대의를 위해 일어서야 할 시점을 맞이하게 됩니다. 이 사람은 겁이 나서 혹은 좀더 오래 살고 싶어서 그런 사명을 거부합니다. 직장을 잃을까 걱정하기도 하고 남들에게서 비난을 받고 신망을 잃게 될까 걱정하기도 합니다. 칼에 찔리지 않을까, 총에 맞지나 않을까, 집이 폭파되지나 않을까 걱정하기도 합니다. 그래서 결국 대의를 포기하게 됩니다. (…) 이 사람이 숨을 거두는 것은 벌써 오래전에 있었던 영혼의 죽음을 뒤늦게 알리는 것에 불과합니다. 이 사람은 정의를 위해서 일어서길 거부한 그 순간에 죽은 것입니다. 진리를 위해 일어서길 거부한 순간에 죽은 것입니다.

공정을 위해 일어서길 거부한 순간에 죽은 것입니다. (…) 혼자라고 생각하지 마십시오. 필요하다면 감옥에 갈 때도 있겠지만, 그곳에서도 혼자가 아닙니다. 옳은 것을 위해서 일어서십시오. 세상 사람들이 오해하고 비난할지도 모릅니다. 하지만 그렇다고 해서 혼자는 아닙니다. (…) 그러면 주님은 숨을 거두는 순간까지 당신 곁에 계실 것입니다." 불의를 받아들이고 감옥 밖에 살아도 이미 나는 내가 만든 마음의 감옥에 갇혀 괴로워하며 살아야 한다. 킹 목사의 말처럼 살아도 사는 게 아니다. 내가 원하는 바를 당당히 밝히면 그 때문에 피해를 보더라도, 적어도 나 자신에게 떳떳하다. 그런 당당함이 나의 자유를 지켜준다.

그리고 복종하지 않을 때 비로소 우리는 같은 뜻을 가진 사람들을 확인할 수 있다. 2008년 삼성그룹 이건희 일가의 비리를 폭로했던 김용철 변호사의 『삼성을 생각한다』(사회평론, 2010)를 보면 이런 얘기가 나온다. 검사생활을 하고 삼성그룹에 있을 때 그는 막강한 권력을 휘둘렀지만 그때에는 건강이 좋지 않고 마음도 편치 않았다. 그러나 그 힘에서 벗어나자 진정한 관계를 깨닫고 좋은 벗을 만나게 되었다고 얘기한다. "동네 술집에서 우연히 만났을 때 수줍어하며 응원하는 메모지를 적어 준 젊은 친구, 담뱃값을 끝까지 안 받겠다던 가게 아줌마, 택시비를 거절하던 기사 양반, 손자가 탄 유모차에 몇 만 원을 넣어 준 어느 할머니, 수많은 격려 편지와 이메일, 내 생계를 걱정한

나머지 자신이 소유한 가게를 거저 빌려줄 테니 장사라도 하며 먹고살라는 편지를 보낸 어느 할머니 등 헤아릴 수도 없는 많은 분들로부터 과분한 대접을 받았다. '50년 인간관계'가 날아간 뒤 새로 얻은 '진짜 친구'들을 나는 배신할 수 없다. 이분들을 실망시키지 않는 것, 그게 내 남은 삶의 목표다." 남은 인생을 함께할 수 있는 진정한 벗을 얻을 수 있다면 지금의 일시적인 고통이 헛되다고 얘기할 수 없다. 옛날 그리스 이야기처럼 목숨을 걸고 돌아와야 나를 믿어준 친구의 목숨을 구할 수 있는 바로 그 순간 우정의 가치가 빛난다.

그리고 시민불복종을 함께하며 도움을 줄 엔지오들도 있다. 인권운동사랑방02-365-5363, www.sarangbang.or.kr이나 천주교정의구현전국사제단02-3672-0251, www.sajedan.org, 민주사회를 위한 변호사 모임02-522-7284, http://minbyun.org은 오랫동안 양심과 신념을 택하는 많은 사람들의 든든한 방파제 역할을 해왔다. 그러니 너무 두려워할 필요는 없다. 하고 싶은 말을 하며 살다가 위기가 닥치면 그때 주위사람들과 손을 잡고 힘을 모으면 된다. 복종하지 않아야 내가 진정 따르고자 하는 가치를 찾을 수 있다.

복종하지 않는다고 권력이 무서워할까?

시민불복종을 결심하더라도 마음 한편에는 계속 의문이 남는다. 내가 복종하지 않으면 정말 세상이 변할까? 괜히 나만 다치는 게 아닐까? 시민불복종을 얘기할 때 빠지지 않는 한 사람이 있다. 바로 인도의 마하트마 간디이다. 간디는 '사티아그라하 satyagraha'라는 비폭력 불복종운동의 힘으로 인도를 영국의 식민지에서 해방시켰을 뿐 아니라 자급과 자치의 공동체를 세상의 희망으로 만들었다.

간디를 생각하면 가장 먼저 떠오르는 장면이 물레를 돌리는 모습이다. 소박해 보이지만 간디의 물레는 아주 정치적이다. 영국의 지배에서 벗어나려면 인도가 필요한 것들을 스스로 장만해야 한다고 간디는 믿었고, 영국에서 수입된 양모가 아니라 스스로 옷을 짜서 입을 수 있는 물레로 그 신념을 표현했다. 스스로 만들어 입고 스스로 결정하겠다는 사람만큼 권력이 무서워하는 사람은 없다. 왜냐하면 그 사람에게는 협박이나 위협이 쉽게 통하지 않기 때문이다.

간디를 세계적으로 유명하게 만든 사건이 있다. 바로 소금

행진이다. 영국 정부가 인도인들의 생활필수품인 소금에 많은 세금을 매기고 농민들이 직접 소금을 만들지 못하게 하는 법을 제정하자 간디는 이 법에 맞서기 위해 소금행진을 벌였다. 그 법을 없애라며 거리에서 시위를 벌이는 대신에 간디는 바닷가로 가서 직접 소금을 구하겠다고 선언하고 360킬로미터나 되는 거리를 행진했다. 결국 간디는 체포되어 감옥에 갇혔고 6만 명이나 재판에 회부되었다. 하지만 영국 정부는 이 법을 폐지해야 했다. 한 사람의 의로운 행동이 많은 사람의 공감과 동참을 끌어내어 세상을 변화시켰다.

간디만이 아니다. 박현주의 『행동하는 양심: 세상을 바꾸는 작은 힘, 비폭력 직접행동』(검둥소, 2009)을 보면 전세계의 다양한 시민불복종을 만날 수 있다. 지주와 농장주들에 맞서 아마존의 정글을 지키는 세링게이루들의 이야기, 잘려나갈 나무를 껴안고 물푸레나무를 지켜낸 인도의 칩코운동, 인종주의자들에게 맞선 미국의 프리덤 라이더, 전쟁과 무기생산을 반대하는 쟁기날 행동 등 다양한 불복종을 만날 수 있다. 그리고 에이프릴 카터의 책 『직접행동』(교양인, 2007)을 보면, 오늘날의 시민불복종은 지향해야 할 윤리적인 관념이 아니라 실제 현실이다. 미국의 흑인민권운동처럼 민주적인 권리를 보장하기 위해 벌어지기도 하고, 민주주의의 공백을 채우기 위해 출현하기도 한다.

외국에만 시민불복종운동이 벌어졌던 것은 아니다. 1986

년에 시작된 KBS시청료 납부거부운동은 한국에서 벌어진 최초의 시민불복종운동이라 얘기된다. 당시에는 집집마다 시청료를 강제로 징수하고 있었는데, 언론이 공정성을 잃었다고 생각하던 사람들이 시청료 납부를 거부하며 방송민주화와 공정보도를 주장했다. 이 운동이 전국민의 지지를 받으면서 결국 언론기본법이 폐지되고 한국방송공사법이 개정되는 성과를 가져왔다.

그리고 앞서 얘기했던 2000년 총선시민연대의 낙천낙선운동도 대표적인 한국의 시민불복종운동이다. 낙천낙선운동은 공직선거와 부정선거방지법에서 선거기간 중 노동조합을 제외한 단체의 선거운동을 금지한 제87조, 낙선운동을 금지한 제58조, 사전선거운동을 금지한 제59조를 정면으로 위반했다. 이 운동 역시 일부 정치인들의 정계은퇴와 낙천낙선대상자들의 공천·선거 탈락, 선거법 제87조의 부분개정, 밀실공천이라는 비민주적 관행의 억제, 선거관리위원회의 후보자 신상공개 유도 등의 성과를 이뤄냈다.

2003년에는 신효순, 심미선 두 여중생이 미군 장갑차에 치여 억울하게 목숨을 잃었을 때도 한 네티즌의 제안이 많은 사람들의 참여를 이끌어낸 촛불집회로 이어졌다. 그밖에도 2001년에 결성된 한국납세자연맹의 자동차세 불복종운동이나 2009년 교육부의 학력진단평가를 거부하는 교사들의 운동도 시민불복종운동이라 얘기된다. 그리고 도심집회를 금지하고 광장의 사용을 허가하지 않는 정부의 비민주적인 정책을 거부하는 시민불복종운동이 지금도 일어나고 있다.

또한 양심과 평화를 이유로 총을 들지 않겠다고 공개적으로 선언하는 병역거부자들도 있다. 병역을 거부한 30명의 사람들이 총을 들지 않는 이유를 밝힌 『총을 들지 않는 사람들』(철수와영희, 2008)을 보면, 양심적 병역거부자들의 생각을 들을 수 있다. “단추 한 번에 수많은 생명과 자연을 파괴할 수 있는 오늘날의 군사력을 품에 안고서 평화와 인간을 지킬 수 있다는 사실”에 의문을 던지는 청년, “아이들과 함께 배운 평화와 사랑을 말이 아닌 몸으로 실천하며 성장”하고 싶다는 선생님, “돈이 많건 적건, 여성이건 남성이건, 장애인이건 비장애인이건, 나이가 많건 적건, 뭐가 어떠하건 모두 동등한 인격체로 존중받는 세상, 그리고 서로 동등한 가치를 지닌 인격체로서 평등하게 소통하고 교류하는 세상”을 만들고픈 청년들이 젊은 날의 좋은 시간을 감옥에서 보내며 자신의 신념을 지키고 있다. 이들의 삶이 무의미하다고 누가 얘기할 수 있을까? 이들의 노력이 모여 부당한 전쟁을 막고 평화의 기운을 온 세상에 퍼뜨릴 수 있지 않을까? 이런 세상의 소금이 없다면 무미건조한 이 세상을 어떻게 살 수 있을까?

시민불복종에 나서기 위해 준비해야 할 건 무엇일까? 다른 무엇보다도 강한 신념과 양심이 필요하다. 내가 겪게 될 온갖

폭력과 억압에도 굴하지 않는 신념과 양심, 정의롭지 않은 힘에 무릎 꿇으며 살지 않고 차라리 서서 죽겠다는 그 마음이 시민불복종을 가능하게 한다. 부조리한 힘에 대한 끓어오르는 분노, 그 분노를 품은 차가운 이성이 시민불복종의 힘이다.

2008년 미국산 쇠고기 수입을 반대하는 촛불집회에서 천주교정의구현사제단은 "어둠이 빛을 이길 수 없습니다"라는 구호를 내걸었다. 어쩔 수 없이 현실의 힘에 굴복할지라도 내 마음과 신념은 꺾이지 않아야 온전히 한 인간으로 살 수 있다. 언젠가 다시 빛이 밝아올 때까지 내 마음 속의 촛불을 꺼뜨리지 말자. 그것도 중요한 정치활동이다. 자기 마음의 촛불을 끄는 것만큼 비정치적인 행동은 없다.

마을에서 동지들을 모아볼까?

만일 혼자 맞서기 어렵다면 뜻을 같이하는 사람들을 모으자. 지금 당장 중앙정부에 맞설 수도 있지만 정치가 일종의 경험이고 훈련이라면 작은 것부터 차근차근 연습해야 거대한 악에 맞설 수도 있다. 그렇다면 내가 사는 마을에서부터 조그마한 정치변화의 싹을 심어보자.

한국의 독재권력은 언제나 시민들이 모이는 것을 두려워했다. 그래서 과거 한국의 권력은 시민들이 모일 수 있는 장을 계속 없앴고 시민들의 참여를 애써 가로막았다. 이제 민주화가 서서히 이루어지면서 시민들이 모이고 참여할 수 있는 다양한 장들이 다시 만들어지고 있다.

어쨌거나 마을의 동사무소들이 주민자치센터라는 다소 낯선 이름으로 바뀐 것은 이런 변화를 반영하고 지방자치단체마다 만들어진 자원봉사센터라는 곳도 그렇다. 예전에는 찾아보기 어렵던 도서관도 곳곳에 만들어지고 청소년수련관이나 사회복지관도 웬만한 자치단체마다 세워져 있다. 그리고 이런 곳에도 주민들의 참여가 제도적으로 보장되어 있다. 이제 웬만한 공공기관들은 주민들이 참여하거나 마을 사람들이 모여서 마을 일을 논의할 수 있는 자리를 마련하고 있다.

주말에 편안하게 쉬거나 자기계발할 시간도 부족한데 왜 쓸데없이 동네일에 관심을 가지냐고 물을지 모르겠다. 그럴 수도 있다. 조용히 혼자 살아가길 원하는 사람이라면 동네사람들 마주치는 게 상당히 불편하다. 사회에 관심을 끊고 사는 게 정 불편하면 시민단체에 매달 얼마씩 후원하면 되지, 왜 불편하게 동네에서 사람들과 얼굴을 맞대야 하나, 이렇게 생각할 수도 있다.

그런데 얼굴을 마주치지 않으면 편하다고 생각할 수 있지만 그 말을 뒤집으면 내게 어떤 일이 생겼을 때 아무도 나를 돌봐주지 않는다는 얘기이다. '이웃사촌'이라는 말이 '옆집에 사는 사이코패스'로 바뀐 우리 사회에서는 한밤에 엘리베이터를 얼굴 모르는 사람과 함께 타거나 골목길을 걷는 것이 그야말로 공포의 시간이다. 집 밖으로 한 발짝만 벗어나면 우리 아이가 어떤 위험에 빠질지 아무것도 예측할 수 없다. 그렇다고 내가 24시간 아이 곁을 지킬 수도 없다. 잘사는 사람들이야 아이들에게 경호원도 붙이고 CCTV도 곳곳에 달고 담을 높여 든든한 공동체를 형성하지만 평범한 사람들이 그렇게 살긴 어렵다. 이런 상황에서도 당장 나 편한 것만 고집할 텐가.

그리고 나이를 먹고 조금씩 일상이 불편해지면 누구를 의지해 살아야 하나. 자식들 보며 산다는 얘기는 점점 옛날 얘기가 되는 것 같고. 고민이 생기면 툭 터놓고 함께 얘기할 사람이 있으면 좋겠는데 친구들이 집 근처에 살 확률은 낮으니 애써 가슴에 묻고 살아야 한다. 옛날에는 나이를 먹으면 궁금함이 사라지고 마흔까지 되면 의혹이 사라진다고 했는데, 지금은 나이를 먹을수록 한 치 앞을 예상하기 어렵다. 힘겹게 달려오긴 했는데 앞으로도 건강하게 계속 달릴 수 있을 것이란 자신감은 없다.

이런 고민이 정치와 무슨 상관이냐고 물을지 모르겠으나 이런 고민이야말로 진정 정치적인 것이다. 나와 더불어 사는 이웃이 있고 우리 가족의 삶을 뒷받침할 공동체가 있다면 외부의 힘에 의존하거나 복종하지 않고 당당하게 생활할 수 있기 때문이다. 지금까지는 큰 정치에 귀를 기울여왔지만 이제는 작고 소소한 정치에도 관심을 좀 가져보자. 따지고 보면 작지도 않다. 웬만한 지방자치단체의 예산이 1천억 원을 넘으니 그중 단 1퍼센트만 제대로 사용해도 우리 삶의 질이 조금씩 나아질 수 있다.

우리 동네 예산은 어떻게 쓰일까?

앞서 엔지오들이 정부의 보조금을 받는다고 얘기했는데, 우리 동네에 있는 단체들도 그런 돈을 받는다. 지방자치단체마다 사회단체보조금지원조례라는 게 만들어져 있다. 이 조례에 따라 매년 작게는 수천만 원에서 많게는 수십억 원의 돈이 지역의 단체들에게 배분된다.

그런데 전국 어느 지방자치단체를 막론하고 이 보조금의 상당 액수를 가져가는 단체들이 있다. 바로 새마을운동협의회새마을운동중앙회 홈페이지는 www.saemaul.com, 한국자유총연맹www.koreaff.or.kr의 지부, 바르게살기운동협의회www.sfbt.or.kr의 지부이다. 그리고 대한민국상이군경회www.kdvo.or.kr, 대한민국전몰군경유족회, 대한민국전몰군경미망인회, 대한민국무공수훈자회www.mugong.or.kr, 6·25참전유공자회, 베트남참전유공전우회www.vwm.co.kr, 대한민국고엽제전우회http://kaova.or.kr, 특수임무수행자회www.khuman.org, 재향군인회www.korva.or.kr 등의 지회들도 제법 많은 보조금을 받는다.

옛날 농촌드라마나 반공영화에서나 들었을 법한 단체들이

아직도 정부의 돈을 받으며 활동하고 있다. 이런 단체들이 지역에서 좋은 일을 하는 경우도 간혹 있기 때문에 그런 활동 자체를 부정적으로 볼 필요는 없다. 허나 이런 단체들이 단체운영비 명목으로 돈을 받고 공공기관의 건물을 부상으로 임대해서 사용하는 것은 다른 시민단체들과 비교할 때 공정하지 않다. 그리고 지역사회를 위한 행사도 아니고 자기네 회원들끼리 모여서 단합대회를 열고 행사를 치르는 것에도 왜 지방정부가 돈을 지급해야 할까?

사실 지방자치단체들이 이런 단체들에 열심히 보조금을 주는 이유는 따로 있다. 일단은 이런 단체들이 평상시엔 여러 가지 사업을 하며 지역사회에 이름을 알리다가 선거 때엔 법으로 금지되어 있음에도 특정 후보를 밀어주는 역할을 하기 때문이다. 그리고 단체장이나 지방의원들이 이런 단체의 대표나 임원 출신인 경우도 많다. 같은 단체 출신이니 '우리가 남이가' 하며 엉겨붙으면 다른 핑계를 대기도 어렵다. 공무원들도 마을에서 힘 좀 쓰는 사람들과 갈등을 빚을 필요가 없으니 가급적 그런 단체들의 일에 협조하려 한다.

지방정부의 예산집행내역 살피기

- 자치단체 홈페이지에 공개된 예산안을 확인한다.
- 풀뿌리좋은정치네트워크, 풀뿌리자치연구소, 예산감시시민행동 등의 단체 사이트에 방문한다.
- 문제가 있다면 지방정부에 민원을 넣는다.
- 사태가 심각할 경우, 주민감사청구제도와 주민소송제도 등을 활용할 수도 있다.

이런 단체들이 1년에 수십억 원의 돈을 받아 나눠쓰고 있다. 정치인들은 우리가 낸 세금으로 우리들에게 생색을 내며 사업을 벌인다. 사실 우리 마을에 돈이 남아돌아도 적절한 기준 없이 이런 단체들에게 돈을 나눠주는 건 문제일 텐데, 그렇게 넉넉한 지방자치단체들은 한국에 거의 없다.

그런 돈이 아깝지 않다고 생각할지 모르겠다. 허나 그 돈이면 아이들이 어린이집이나 학교에서 질 좋은 먹거리로 급식을 받을 수 있고, 놀이터의 딱딱하게 굳은 땅을 부드러운 모래로 바꿀 수 있으며, 동네의 낡은 공원이나 시설을 바꿀 수도 있다. 그리고 동네의 노는 청년들이나 주부, 장애인, 노인들이 새로운 사업을 시작하도록 지원할 수도 있다.

그리고 마을을 잘 둘러보면 정말 주민들에게 필요한 일을 하지만 변변한 사업비조차 지원받지 못하는 작은 단체들도 많다. 지금의 사회단체보조금은 중앙정부나 지방정부에 비영리민간단체로 등록한 단체들에게만 지급되기 때문이다. 단체 규

큰 곳간에서 새는 돈을 감시하는 일도
중요하지만 등잔 밑이 어둡다고
정작 내가 사는 동네 곳간 일에
어두운 경우가 많다.

모가 작거나 회원수가 적은 단체들은 보조금의 지원대상조차 되지 못하고, 설령 지원하더라도 큰 단체에 밀려나는 경우가 많다. 마을에 꼭 필요한 일을 하는 이런 단체들도 지원을 받아야 옳다.

그러니 마을에서 일어나는 일들에 관심을 가지고 일이 어떻게 돌아가는지 참견을 해야 한다. 큰 곳간에서 새는 돈을 감시하는 일도 중요하지만 등잔 밑이 어둡다고 정작 내가 사는 동네 곳간 일에 어두운 경우가 많다. 요즘은 지방정부가 자치단체 홈페이지에 매년 예산안을 공개하도록 되어 있기 때문에 조금만 신경을 쓰면 돈 새는 곳을 금방 찾을 수 있다. 풀뿌리좋은정치네트워크http://2010net.tistory.com나 풀뿌리자치연구소 이음의 풀내음 블로그http://blog.grasslog.net/archive, 좋은예산센터http://issue.action.or.kr/cat에 가면 지방정부 예산의 문제점을 찾아내고 그것을 지역사회에서 이슈로 만들 수 있는 다양한 방법들을 알려준다.

물론 같은 마을에 사는 사람들이니 괜히 얼굴 붉히며 싸울 필요는 없다. 그리고 보조금을 받는 단체들은 마을에서 힘을 좀 쓰기 때문에 혼자 힘으로 건드렸다가 낭패를 볼 수도 있다. 그러니 단체를 공격하지 말고 단체가 사용하는 예산에 대해 상식적인 선에서 문제를 제기하고 그 예산을 조금 더 효율적인 방향으로 사용하자고 제안해야 한다. 직접 단체를 상대하려 하지 말고 지방정부에 민원을 넣는 게 좋다. 요즘은 민원을 넣으면 일주일 안에 해당 공무원이 답변을 해야 하니 궁금한 게 있으면 바로바로 묻고 문제점을 지적하자. 아니면 앞서 애기했던 주민감사청구제도와 주민소송제도 등을 활용할 수도 있다.

그리고 이런 단체에는 마을에서 좋은 일을 하려고 가입하신 착한 분들도 많다. 그분들은 마을에 봉사하려고 단체에 들어왔기 때문에 보조금이나 사업비에 큰 관심을 두지 않는다. 괜히 이런 분들과 사이가 나빠질 필요는 없다.

가장 좋은 방법은 이런 단체들에 들어가서 그 내부를 바꾸는 방법이지만 일단 들어가기가 쉽지 않고 나이가 젊을수록 발언권이 약한지라 변화를 이루기가 어렵다. 그러니 지켜보면서 서서히 변화를 이루는 게 좋다.

주민자치센터는 누가 운영할까?

2000년부터 동네에 동사무소 대신 주민자치센터가 생겼다. 주민등록등본이나 각종 증명서를 발급하는 곳인 줄만 알았는데 그 공간을 활용해서 컴퓨터나 꽃꽂이, 서예 같은 교육·문화 프로그램들이 진행되기도 한다. 주민자치센터는 동사무소 공간을 활용해 각종 문화·복지 프로그램을 운영하고 센터의 운영에 주민들의 참여를 유도해서 공동체의식을 높이도록 만들어졌다. 주민자치센터 설치 및 운영 조례에 따라 각 지역의 특수성을 반영해서 읍·면·동장이 센터를 운영하고 있다.

주민자치위원회는 동장의 위촉을 받은 동네주민 15~25명으로 구성되고 주민자치센터 운영에 대한 주민들의 의견을 수렴하고 자문하는 역할을 담당한다. 이런 주민자치위원회는 여러 단체와 모임, 동아리 대표들로 구성되거나 공개모집을 통해 선출되기도 하는데, 지역마다 조례에 따라 선출방식이 다르다. 주민자치위원이 되면 특혜를 받는 건 아니지만 마을 일과 관련된 각종 회의나 위원회에 참석할 수 있는 기회를 가진다. 그리고 주민자치위원회는 운영에 필요한 경비를 지원받기도 한다.

또한 동장이나 동사무소의 공무원들과 마을에 관한 얘기들을 자주 나누기 때문에 주민자치위원회는 대단한 조직이 아닐지라도 마을 내의 의사결정 과정에서 중요한 역할을 담당한다.

그런데 주민자치위원회는 위원들을 위한 조직이 아니라 마을주민들을 위한 조직으로 만들어졌는데, 대부분의 주민자치위원회들은 소속 위원들을 중심으로 움직인다. 그리고 앞서 사회단체보조금을 독식하는 단체들이 주민자치위원회의 위원자리를 대부분 차지하고 있다. 몇 년 전부터는 지방정부나 지방의제21 같은 곳들이 주민자치위원회를 대상으로 프로젝트를 공모하기도 하는데, 그러면 이런 주민자치위원들이 사업을 주도한다. 그러면 주민자치센터의 프로그램이나 주민자치위원회의 활동이 형식적으로 운영될 수밖에 없다.

아직도 많은 곳에서 주민자치센터는 담당공무원이 문화·교양프로그램들로 채우고 있고 주민들의 참여율도 떨어진다. 그렇다고 주민자치위원회가 무의미하다는 얘기는 아니다. 작은 단위의 마을에서 주민들이 자치역량을 기르고 정치를 연습하는 데 그 역할은 매우 중요하다. 그리고 이런 활동이 지역경제를 살리는 활동으로 이어지기도 한다.

그래도 주민자치센터는 평범한 사람들이 지역의 일에 참여

- **주민자치센터**는 지역에 따라 읍·면·동장이 운영한다.
- **주민자치위원회**는 동장의 위촉을 받은 동네 주민 15~25명으로 구성되어 주민자치센터 운영에 대한 주민들의 의견을 수렴하고 자문하는 역할을 담당한다.

하는 첫걸음이라는 점에서 더욱 중요하다. 주민자치센터는 센터 활동을 도울 자원봉사자들을 모집하고 센터의 프로그램을 수강하는 사람들로 동아리를 만들기도 한다. 센터에 오는 자원봉사자들과 동아리들은 마을 주민들의 사랑방 역할을 하며 작은 규모의 공론장을 만들기도 한다. 지금은 동아리들이 형식적으로 운영되는 경우가 많지만 그런 활동을 하고 있다는 것 자체가 옛날보다 한 단계 더 발전된 마을풍경을 보여준다.

동네 사랑방이 된 주민자치센터에 드나들면서 자연스럽게 마을에 관한 얘기들을 나누고 마을의 문제점을 함께 고민하게 된다. 처음에는 그냥 프로그램을 들으러 왔지만 시간이 지나고 아는 얼굴이 늘어나면 자연스럽게 함께하고픈 일이 생기기도 한다. 조금씩 권한을 가지고 마을 일을 결정하다보면 자기 자신에 대해서도 새로운 점들을 깨닫게 되고 참여의 즐거움을 알게 된다. 이런 경험이 쌓이면 주민자치센터나 다른 모임에도 관심을 갖고 열성적으로 참여하게 된다. 실제로 주민들이 놀이터를 만들고 마을축제를 진행하고 마을신문을 발행하는 등 다양한 흐름이 형성되고 있다.

따라서 주민자치위원회를 민주적으로 운영하도록 해야 한다. 주민자치위원을 선정하는 기준이 조례에 분명하게 규정되도록 해야 한다. 정당들이 여성이나 장애인의 참여비율을 몇 퍼센트 이상으로 규정하듯이, 주민자치위원회에도 사회적 약자의 참여를 일정 비율로 보장하면 좋다. 그리고 임기와 재임되는 횟수를 정하는 것이 불필요한 갈등을 줄일 수 있다. 이렇게 동네일을 제대로 하는 일에서부터 새로운 정치가 시작될 수 있다.

열린사회시민연합의 홈페이지http://www.openc.or.kr나 부설 기관인 커뮤니티파트너십센터http://partner.or.kr를 방문하면 주민자치센터나 주민자치위원회와 관련된 다양한 정보들을 얻을 수 있다. 그리고 매년 전국의 주민자치센터들이 모여 모범적인 사례를 공유하는 전국주민자치박람회가 열리는데, 이들 홈페이지에 가면 어느 동네의 주민자치센터들이 상을 받았는지 확인할 수 있다. 주민자치센터나 주민자치위원회의 관심을 가지고 참여하고 공부를 하다보면 새로운 정치의 가능성을 찾을 수 있다.

주민자치센터는
작은 단위의 마을에서
주민들이 자치역량을 기르고
정치를 연습하는 데 매우 중요하다.

도서관이나 복지관에서 생긴 일

왜 우리 동네에는 여러 가지 책을 볼 수 있는 도서관이 없을까? 도서관이 있다 해도 어떤 책을 읽으면 좋을지 물어볼 만한 변변한 사서조차 왜 없을까? 왜 도서관이라고 하면서 열람실만 크고 정작 읽을 만한 책이 없을까? 이런 고민이 든다면 우리 동네 도서관에 한번 관심을 가져야 한다.

그리고 왜 우리 동네 복지관이나 청소년수련관은 사람들이 잘 가지 않는 곳에 세워졌을까? 왜 건물만 번지르르하고 이용할 만한 시설이나 흥미로운 프로그램이 별로 없을까? 노인, 청소년, 장애인, 여성들을 위한 복지 서비스를 제공한다고 하는데, 왜 정작 그런 사람들이 복지관이나 이런 시설들을 잘 이용하지 않을까? 그리고 복지관에서 가끔 보조금 횡령이나 납품 비리, 장애인 인권침해, 인사비리 등의 사건이 터지는 이유는 뭘까?

주민자치센터와 마찬가지로 마을의 도서관이나 복지관에도 그 시설을 운영하는 위원회가 있다. 도서관들은 대부분 시립이나 구립으로 운영되는데, 지방자치단체들은 도서관 관리운영조례를 제정해서 그 방침에 따라 도서관을 운영한다. 대부분

도서관운영위원회를 구성해서 도서관의 운영이나 발전과 관련된 기본방침, 도서관의 개선사항, 도서관의 자료와 독서계획, 지역문화사업 및 평생교육 지원 등에 관한 내용을 결정하도록 하고 있다. 단체장이 지역의 문화계, 교육계 전문인사와 이용자 중에서 운영위원들을 위촉하는데, 단체장과 연관된 단체나 친분 있는 사람들이 이런 자리를 맡는 경우가 많다. 그러다보니 도서관 운영이 형식적이고 지역주민들의 욕구를 잘 반영하지 않는다. 도서관의 운영이 주민들의 욕구에 따르지 않고 몇몇 사람들의 판단을 따른다. 그러니 공공도서관의 기능이 떨어질 수밖에 없다.

복지관의 경우는 문제가 조금 더 심각하다. 복지관의 경우 자치단체가 직접 운영하는 경우도 있지만 대부분은 사회복지법인이나 비영리법인이 위탁을 받아서 운영하고 있다. 그러다보니 복지관에서 비리사건이 자주 터진다. 행정과의 관계를 좋게 맺어서 계속 위탁을 받아야 하니 주민들보다 공무원들의 눈치를 보고, 때로는 선거나 지역의 중요한 사안을 결정할 때 복지관이 정치인들의 편에 서기도 한다. 그렇게 공무원과 결탁되면 노골적으로 운영비리나 인사비리를 저지르기도 한다. 공공시설인데도 마치 사기업처럼 복지관이 운영된다.

전혀 정치적이지 않은 것처럼 보이는 곳이지만 그런 곳에서도 실제로 정치가 벌어지고 있다. 단지 비리가 아니더라도 도서관과 복지관은 지역주민들이 모여서 지역사회를 공동체로 변화시키는 공간인데, 지금의 도서관과 복지관은 그런 역할은 하지 않고 단순히 주민들에게 서비스를 제공하는 역할만을 맡고 있다. 지역사회의 문제를 공동으로 해결하기 위해 주민들이 경험을 쌓고 역량을 강화시키는 프로그램은 거의 찾아볼 수 없다.

유네스코의 공공도서관선언은 인종과 국적, 장애, 성별, 학력, 사회적 지위에 따른 차별 없이 누구나 지식과 정보, 문화를 누릴 수 있어야 한다고 선언한다. 그 얘기는 도서관이 특정한 사람들을 위한 시설이 아니라 공공시설이라는 점을 뜻한다. 모두가 함께 사용하는 시설이라는 의미와 더불어 함께 공적인 것을 만들어가는 공간이라는 의미도 가지고 있다. 모든 사람이 차별을 받지 않고 자기 목소리로 얘기하고 토론하며 합의점을 찾아갈 수 있을 때 민주주의가 실현된다는 점에서 도서관의 역할은 매우 중요하다. 그런데 우리 사회는 도서관에게 이런 역할을 맡기지 않고 그냥 책을 보고 공부하는 곳으로 만들고 있다.

복지관도 마찬가지이다. 복지의 역할은 단순히 더 나은 프로그램, 서비스, 편의시설을 개발하는 것에 있지 않다. 오히려 지역사회복지의 역할은 주민들이 자신들의 욕구와 필요를 스스로 정의하고 이것을 해결하기 위한 자신의 역할과 과제를 찾고 실질적인 문제해결능력을 키워가는 과정을 마련하는 데 있다. 최옥채 교수와 사회복지관에서 일하는 복지사들이 쓴 『좋은 지역사회 만들기』(학현사, 2003)를 읽으면 여러 가지 시사점들을 얻을 수 있다. 그리고 대구의 새벗도서관 홈페이지www.korsa.or.kr/asp/saebut와 경기도 용인시의 느티나무도서관의 홈페이지http://neutinamu.org/gnuboard4를 방문하면 도서관과 관련된 여러 가지 이야기들을 들을 수 있다.

동네에서 일을 할 때 좋은 점은 참여하는 만큼 그 효과가 바로바로 드러난다는 점이다. 도서관과 복지관, 청소년수련관 등이 제대로 운영된다면 나와 우리 가족이 문화적이고 안락한 마을에서 생활할 수 있다. 시간이 허락하면 주말을 이용해 자원활동을 할 수도 있다. 그러면 좋은 이웃들도 만나고 새로운 관계를 맺을 수 있으니 도시에서도 '이웃사촌'이 생긴다.

학교운영위원회 참여하기

도시생활자들은 아이들을 학교에 보내고 성적을 잘 받는 데만 관심을 두지 아이들이 학교에서 어떤 일을 겪는지에 관심을 두지 않는다. 그러다보니 아이들을 키우는 비용을 마련하느라 바쁠 뿐 막상 아이들이 학교에서 어떻게 살고 있는지에 관심이 없다. 학교가 아이들을 잘 돌보고 아이들이 그 속에서 만족감을 느낀다면 걱정이 줄어들 텐데, 아이들은 언제나 학교에 가기 싫어한다. 내가 학교를 다닐 때와 비교해도 학교는 그다지 달라지지 않았다. 칼자루를 쥔 쪽은 학교이니 그냥 참고 살아야 할까?

전국의 모든 학교에는 학교운영위원회가 구성되어 있다. 1996년에 법이 제정되면서 학교운영위원회는 학교의 예·결산을 심의하고 교육활동과 학교운영에 관한 전반적인 사안을 논의하고 심의하는 역할을 담당해왔다. 그리고 학부모위원들은 거의 대부분이 학부모총회에서 학부모들의 투표로 선출되고 있다. 이런 기구를 만든 이유는 학교의 구성원들이 학교운영에 참여해서 폐쇄적이고 비합리적인 학교를 민주적으로 만들기 위해서이다.

예전에는 선생님이 학교로 부모님을 호출하면 우리 아이가 무슨 사고를 치지 않았나 겁부터 덜컥 났지만 이제는 그럴 필요가 없다. 오히려 학교일에 관심을 가지고 참여할수록 아이들의 삶이 조금 더 나아질 수 있다. 입바른 말을 하다가 행여 우리 아이들이 불이익을 당하면 어쩌나 걱정할 수 있지만 그런 일이 사실로 드러나면 교장이나 교사는 교직에서 물러나야 한다. 그러니 너무 걱정할 필요는 없다.

학교운영위원이 할 수 있는 일은 생각보다 많다. 학교운영위원은 학교의 연간 교육과정과 정규 교과외의 특별활동, 방과후활동의 내용을 다루고 학교의 예산이 아이들에게 좋은 방향으로 사용되도록 이끌어갈 수 있다. 그리고 학교를 운영하는 교칙이 민주적으로 운영되도록 바꿀 수 있고, 아이들이 먹는 학교급식이 좋은 재료와 깨끗한 환경에서 조리되는지를 살필 수도 있다. 괜히 비싼 가격에 졸업앨범을 만들지는 않는지, 교재 값이 지나치게 비싸지는 않은지, 학교도서관은 제대로 운영되는지, 이런 세심한 부분도 살필 수 있다. 그러니 한번 직접 학교운영위원으로 나서보는 것도 나쁘지 않다. 보통 매년 3월 중순부터 3월 말까지 학교운영위원이 선출되니 학교 홈페이지에 들어가서 총회 날짜를 확인하자.

이렇게 학교운영위원회가 학교 안의 중요한 일들을 다루기 때문에 학교장이나 교사들은 위원회의 역할을 제한하려 한다.

그러다보니 대부분의 학교에서 이 위원회가 제대로 운영되지 않는다. 투표 없이 학교의 임원들 중에서 학부모위원들을 선출되는 경우도 있고 교장이 위원을 임명하기도 한다. 그리고 학부모들에게 학부모총회를 알리지 않기도 하고 그 역할을 왜곡하기도 한다. 공식적으로는 부모의 경제력이나 기타 사회적 지위를 물어서 위원을 선출하지 않도록 되어 있지만 은근히 학교발전기부금을 요구하기도 한다.

하지만 공식적으로는 그런 규정이 없으니 무시하시라. 만일 비민주적으로 위원을 뽑거나 회의를 진행하면 학교운영위원을 직접 민주적으로 선출할 것을 학교에 요구하고 직접 참여하면 된다. '참교육을 위한 전국 학부모회'의 홈페이지www.hakbumo.or.kr를 방문하거나 이 단체의 교육자치위원회에 전화02-393-8900를 하면 학교운영위원회에 관한 궁금증을 풀 수 있다.

그리고 학교운영위원회만이 아니라 학부모회나 명예교사, 사서 도우미, 체험학습교사, 동아리 활동 지원교사 등 학부모가 참여할 수 있는 다양한 내용들이 있으니 아이들의 성적에 두는 관심의 일부라도 학교일에 관심을 가져보자. 그러면 우리 아이들이 조금 더 나은 환경에서 공부를 할 수 있다. 이것이야말로 진정 중요한 정치이다. 아이들을 훌륭하게 키우고 싶다면 내가 훌륭한 시민이 되어야 한다.

자기 가슴과 몸으로 그 내용을 새로 채우지 않는다면 새로운 정치는 불가능하다. 자신을 진보라 주장하는 사람이나 세력은 많지만 실제로 그렇게 사는 경우는 드물다. 그러니 진보의 이념에 동의할 수 있는 사람들은 시간이 흐를수록 줄어들 수밖에 없다. 경제위기와 식량, 에너지 위기의 시대는 근본적인 변화를, 새로운 정치의 틀을 만들 것을 요구한다.

따라서 이제 정치의 관점이 새로워져야 한다. 자신은 내버려둔 채 남을 변화시키겠다는 건 오만한 발상이다. 일찍이 무위당 장일순 선생은 바닥으로 기라고 말했다. 오만함을 버리고 낮은 시선에서 민중의 삶을 바라보고 민중 속으로 들어가 만나고 반기고 사랑해야 세상을 변화시킬 수 있다는 뜻이다.

그리고 비정규직이나 청년실업을 비롯한 사회현안을 해결하는 것은 분명 정치인들의 중요한 과제이다. 하지만 정규직으로의 전환, 무상교육, 무상의료 같은 추상적이고 당위적인 정책들이 우리 사회를 자동적으로 바꾸기는 어렵다. 그런 정책들이 실현될 수 있는 자발적인 문화를 만들고 아래로부터의 자발성을 끌어내지 못하는 한 그런 정책들은 제대로 실현되기 어렵다. 그러니 우파/좌파, 구좌파/신좌파의 무의미한 논쟁에서 벗어나 즐거운 정치의 '양산박'을 만들어야 한다.

그런 점에서 일본청년 마쓰모토 하지메의 저항방식을 참조할 만하다. 〈아마추어의 반란〉이라는 영화나 『가난뱅이의 역습』(이루, 2009)이라는 책으로 한국에 소개된 그는 학교가 알아서 졸업을 시켜줘야 할 만큼 '말썽꾸러기'였다. 캠퍼스에서 난로를 피우고 찌개를 끓여 술을 마시고 총장실에 페인트를 집어던지는 습격을 감행하면서 조금씩 대학을 변화시켜나간다. 한 번도 경험하지 못한 싸움의 기술이었기에 대학은 마쓰모토를 졸업시키는 것 외에 이에 대항할 방법을 찾을 수 없었다.

대학을 졸업하고 나서 마쓰모토는 만국의 노동자가 아니라 "만국의 가난뱅이여 단결하라"라고 외치며 가난뱅이를 등쳐먹는 자본주의 경제에 맞서는 방법이 재활용가게를 만들고 빈집을 점거하며 지역에 공공공간을 확보하고 사람들과 관계를 새로이 맺는 것이라고 주장한다. 백수청년들이 동네를 어슬렁거리며 쓸모없는 물건을 모으거나 동네회의에 참여하며 자신이 사는 동네를 '양산박'으로 만들고 있다. 어떻게 이런 생각을 했을까? 마쓰모토는 이렇게 얘기한다. "매일 저녁, 인터넷 라디오 방송을 생중계하고 이웃의 말뼈다귀 같은 놈들을 모아 술을 마시다보니까, 혼돈과 에너지가 넘치는 가게가 되었다."

도심지를 불바다로 만들자는 과격한 방을 붙이고 난 뒤 길거리에 모여 숯불로 찌개를 끓여 술을 마시고, 집회신고를 낸 뒤에 아무도 참여하지 않아서 '경찰 바람맞히기 데모'를 열며, 길목 좋은 곳에서 데모를 하기 위해 지방선거후보로 나서는 그의 행동은 단지 기이한 행동으로 그치지 않는 전복의 기운을 품고 있다. 누가 가르쳐주지 않았지만 그는 일상적인 삶을 바꿔야 한다는 점을 잘 알고 있다. "가장 중요한 것은 일상생활 속에서 얼마나 하고 싶은 일을 하면서 살아가느냐, 이거다. 따분한 직장에서 일하는 친구가 '아이고, 이런 일을 언제까지 해야 하는 거야. 3년만 다니고 그만둬야지, 그때는 자유롭게 살아가야지' 하는 놈치고 진짜 회사를 그만두고 자유롭게 사는 꼴을 본 적이 없다. 항상 안정감 위주로 무리도 안 하는 대신, 하고 싶은 일도 못한다면 해방감 있는 세상을 맛볼 수 없다."

기존의 룰에서 벗어나 새로운 활동을 당장 시작하라, 그러면 우리는 다르게 살 수 있다는 메시지이다. 루쉰이 『아Q정전』에서 주장했듯이, 대중이 패배주의적인 '정신승리법'을 버리고 자신의 상황에 눈을 뜰 때에만 정치는 전복적인 힘을 가질 수 있다. 그러니 우리도 이제 고통을 참으며 현실을 똑바로 보는 법을 익혀야 한다. 변화는 새로운 감성, 새로운 공감에 바탕을 둔 비판적인 인식을 회복할 때에만 가능하다.

그 힘은 이미 마련되어 있다. 개인적인 이익만이 아니라 전체 공동체의 행복을 위해 일하는 것이 즐겁다는 것을, 자신의 이익이 공동체의 이익과 다르지 않음을 깨닫기 시작했기 때문이다. 이런 깨달음은 일상 속의 다양한 실천을 통해 새로운 감성, 새로운 이성을 활성화시킬 수 있다.

다만 모든 사건은 언제나 진행 중이기에 그 방향을 미리 점칠 수는 없다. 한 가지 분명한 점은 새로운 감성과 이성을 가진 새로운 주체가 등장할 때에만 웃음소리가 끊이지 않을 수 있다는 점이다. 새로운 주체의 탄생을 가로막지 않고 그들이 스스로 말하고 웃게 할 때에만 민주주의는 그 활력을 유지할 수 있다. 대의민주주의를 활용하건 부정하건, 새로운 정치는 현실의 조건을 따라야 하지만 한 가지 전제는 반드시 필요하다. 다른 누구를 대변하려 하지 말고 우리들 스스로 말하고 스스로 웃자!

그리고 때때로 민주주의가 고통을 요구하기도 한다. 그런 고통과 어려움을 견디게 하는 힘이 뭘까? 그것이 바로 웃음과 즐거움이다. 영국의 시인 로렌스가 「제대로 된 혁명」이라는 시에서 노래했듯이, “우리 노동을 그렇게 하자! 우리 재미를 위한 혁명을 하자!”

쫄지 마! 불심검문

특별한 사유도 없이 다짜고짜 신분증 제시를 요구하는 '묻지마 식 불심검문'이 계속되고 있다. 2010년 발표된 한 논문에 따르면 경찰관 3명 중 1명은 실적을 올리기 위해 불심검문을 한다고 하니 대한민국의 성인들, 특히 성인남성들 중 불심검문에서 자유로운 사람은 얼마나 될까? 하지만 현행법률 어디에도 경찰이 자기 마음대로 판단해 아무나 검문할 수 있는 근거는 없다. 불심검문은 경찰관직무집행법 3조에 규정돼 있는데, 범죄를 의심할 상당한 이유가 있고 범죄행위에 관해 사실을 안다고 인정되는 상황, 예를 들어 옷에 피가 묻었거나 불안하게 도망가는 것으로 보이거나 흉기를 소지한 것으로 의심되는 등 누가 봐도 범죄와 관련이 있을 것 같다고 의심할 만한 사람에 대해서만 불심검문을 할 수 있도록 규정하고 있다. 그러니 도심에서 집회가 열린다는 이유로, 내 인상이 험악하다는 이유로, 옷차림이 허름하다는 이유로 불심검문을 한다면 이는 명백한 불법이다. 불심검문을 당하면 찜찜한 기분으로 신분증을 제시하기보다 당당하게 맞서자. 그래야 품위는 물론 시민으로서의 권리도 지키고 경찰의 잘못된 법집행에 쐐기를 박을 수 있다.

1. 불심검문

- 불심검문에 임하는 경찰관은 자신의 신분증을 제시하면서 소속과 성명을 밝히고 불심검문의 목적과 이유를 설명해야 한다. 신분증을 제시하지 않거나 소속과 성명을 밝히지 않은 경우에는 시민이 이를 요구할 수 있다.
- 경찰이 신분증을 제시하고 소속과 성명, 목적과 이유를 밝혔다고 하더라도 시민이 경찰관의 요구에 따라야 할 의무는 없다. 경찰관이 신분증을 제시하라고 요구하거나 질문을 해도 내가 원하지 않으면 신분증을 보여주거나 답변해야 할 의무가 없다.

경찰관	잠시 검문이 있겠습니다. 신분증을 제시해주십시오.
시민	당신 신분증부터 봅시다. 소속과 성명을 밝히시고요, 왜 나를 검문하는지 설명하세요.
경찰관	OO경찰서의 OOO입니다. 오늘 이곳에서 집회가 있어서 그럽니다. 신분증을 보여주세요.

시민 싫습니다. 내게 그럴 의무는 없습니다.
경찰관 지금 법집행을 위반하시고 계신 겁니다.
시민 불심검문에 시민이 응해야 할 의무는 없습니다. 제가 거부했는데도 불구하고 제 의사와 상관없이 계속 신분증 제시를 요구하거나 질문을 하면서 길을 못 가게 막는다면 당신을 직권남용으로 고소하겠습니다.

2. 소지품 검사

불심검문 시 흉기 소지 여부를 확인하기 위해 소지품 검사를 실시할 수 있는데, 이때 소지품의 외부를 만져보는 것까지는 가능하다. 하지만 그 이상이라면, 시민의 동의나 영장이 필요하다. 또한 가방, 자동차 트렁크 등을 열어보려할 때도 시민의 동의나 영장이 필요하다. 그러니 동의하지 않는다면 단호하게 거부하자.

경찰관 소지품 좀 보겠습니다.
시민 싫습니다. 내 소지품을 보고 싶다면 법원에서 영장을 받아오십시오.

3. 임의동행

경찰이 동행을 요구할 경우에는 동행목적과 이유, 장소 등을 먼저 밝혀야 한다. 경찰의 동행 요구는 강제성이 없는 임의동행 요구에 불과하므로 거절할 수 있다. 현행범이 아닐 경우 인신의 구속이나 체포는 영장에 의해서만 가능하다.

경찰관 조사를 할 것이 있으니 경찰서로 갑시다.
시민 왜요? 싫습니다.
경찰관 자꾸 이러시면 체포할 겁니다.
시민 체포영장 있으세요? 영장 없는 체포는 불법이니 법원에서 체포영장 받아오세요.

경찰의 임의동행 요구에 응해 경찰서 등으로 동행한 경우라 하더라도 경찰이 6시간을 초과해 경찰서에 붙잡아두는 것은 불법이다. 또한 임의동행 시 도움이 필요하다면 가족 또는 친지, 또는 변호사 등에게 연락해 동행 경찰관의 신분, 동행장소와 목적, 이유, 현재상황 등을 알릴 수 있는 권리가 있다.

시민	경찰서에 온 지 벌써 6시간입니다. 저는 가겠습니다.
경찰관	아직 조사가 끝나지 않았으니 못 갑니다.
시민	임의동행의 경우 6시간을 초과할 수 없습니다. 저를 더 잡아두고 싶다면 영장을 가져오세요.

4. 강제연행 및 위법한 불심검문에 대한 대응

경찰이 강제연행을 시도할 경우 이는 명백히 불법연행임을 경고하자. 그리고 경찰의 이름과 소속, 신분 등은 물론 강제연행을 당한 시간과 장소 등을 기록해두자. 만약 주위의 목격자가 있다면 연락처를 확보해두는 것이 이후 대응을 위해 좋다. 경찰의 위법한 불심검문과 강제연행에 대해서는 꼭 고소나 국가배상 등을 통해 책임을 묻도록 하자. 희망을 주는 판례가 가득하고 도움을 줄 엔지오도 많다.

도움을 받을 수 있는 엔지오

민주사회를 위한 변호사 모임	02-522-7284
인권운동사랑방	02-741-5363
천주교인권위원회	02-777-0643
다산인권센터(수원)	031-213-2105
전북평화인권연대	063-231-9331

부록

- 권리
- 찾기
- 매뉴얼

찾아보자,
내 권리

늘어만 가는 노숙자, 등록금 때문에 '알바전선'으로 내몰린 대학생, '스펙'에 청춘을 바쳤지만 마땅한 직장을 구하지 못한 이십대, 내 집 마련에 아이도 미래도 저당 잡혀버린 삼십대. 직장에서 버림받은 사십대와 오십대. 과거라고 뭐가 더 좋았을까마는 그래도 옛날이 그리운, 사는 게 팍팍하기만 한 시절이다. 이런 현실에서 인간답게 사는 것을 생각하고, 그리하여 "모든 이들은 인간의 존엄에 합당한 생존을 누릴 권리가 있다"고 외치는 것은 그야말로 자다가 봉창 두들기는 한가한 소리인 듯.

특히 우리 사회는 빈곤과 실업, 생계형 범죄와 자살 등을 모두 개인의 무능함 탓으로 돌리는 데 익숙하다. 돈이 있어야만 생존의 필수조건인 의식주와 교육, 의료 등을 챙길 수 있는 구조이다보니, 인간답게 살기 위해선 뒤도 옆도 안 돌아보고 뛰어다니며 떼돈을 버는 것 외엔 별다른 방법이 없어 보인다. 해서 사람들은 공공성을 실현할 국가의 책임과 역할을 묻지 않고 살기 위해 끝없는 경쟁의 기차에 몸을 싣는다.

하지만 우리가 생명과 신체, 사상과 양심, 집회와 결사에 대한 권리를 가지고 있다고 믿으며 그 권리를 보장하지 않는 정부를 독재나 파쇼라고 비난하듯이, 우리는 주거와 먹거리, 교육과 건강 등에 대한 권리를 가지고 있다. '아니 이것도 인권?'이란 의문이 들겠지만 이런 인권의 목록들은 반세기도 전인 1948년, 유엔에 모인 각국정상들이 채택한 세계인권선언에 포함된 것들로 나름 뼈대 있는 역사와 전통을 지니고 있다. 신체와 사상, 양심의 자유를 아우르는 시민·정치적 권리들이 국가의 간섭을 배제하는 권리이라면, 기본적인 생활을 위한 경제·사회·문화적 권리들은 국가의 적극적인 행위가 요구되는 권리이다. 다만 이런 경제·사회·문화적 권리들을 실현하려면 돈이 필요하기 때문에 국가는 이런 권리들을 법으로 보장하지 않고 도덕적인 권리로만 얘기해왔다.

따라서 우리는 이제 꽁꽁 숨겨져왔던 권리를 찾아내고 이를 보장하라고 요구해야 한다. 물론 이는 물방울을 떨어뜨려 바위를 깨려는 아둔한 행동처럼 보일 수도 있다. 아니 분명 어리석은 짓이다. 국가가 이런 권리들을 보장하기를 기대하기보단 경쟁에 몸을 맡겨 요행으로라도 살아남는 것이 어쩌면 더 현실적인 방법이라 여겨질 수도 있다. 하지만 이런 권리들을 차일피일 미룬다면, 당신 자신이나 당신의 아이들, 그리고 그 아이들의 아이들은 이 경쟁의 쳇바퀴에서 영원히 벗어날 수 없다. 그러니 권리를 찾아내 믿고, 외치고, 당당히 보장받자. 인권은 권리를 부인당한 사람들이 외치고, 또 외쳤을 때에만 스멀스멀 그 모습을 드러내고, 제도로 만들어져 모든 사람의 권리가 된다.

노예제가 폐지된 건 불과 100년 전이고, 여성참정권 역시 겨우 수십 년 전에야 받아들여졌다. 우리 사회만 봐도 철옹성 같던 군부독재가 무너진 지는 겨우 20년밖에 되지 않았다. 그 20년 동안 얼마나 많은 민주주의와 인권의 진전이 있었던가? 호주제가 폐지됐고, 금기시되던 동성애와 양심적 병역거부가 사회적인 담론이 됐으며, 국민기초생활보장법이 도입되고 의무교육이 확대됐다.

따라서 효율성과 경쟁이 지배하는 불운한 시대를 탓하며 팔자에도 없는 복을 기대하기보단, 적극적으로 내 삶으로 인권을 끌어들이고 이를 요구해보는 것은 어떨까? 아는 게 힘이라도 알면 찾아먹을 권리라는 게 생기고, 또 싸워서 부조리한 것을 고치고 다른 사람들의 행복에도 기여할 수 있다. 물론 그대가 '인권투사'가 되지 않아도 말이다.

세계인권선언의 권리목록

■ 태어나면서부터 자유롭고, 동등한 존엄성을 보장받을 권리

■ 자신의 인종, 성, 언어, 종교 또는 정치적 견해 때문에 차별을 당하지 않을 권리

■ 생명과 신체의 자유와 안전을 누릴 권리

■ 다른 사람의 소유가 되거나 팔려나가지 않을 권리, 노예가 되지 않을 권리

■ 고문이나 잔혹하고 비인간적인 처우, 형벌을 받지 않을 권리

■ 법 앞에서 하나의 인격체로서 동등한 권리를 보장받을 권리

■ 법 앞에서 차별을 겪지 않고 평등하게 보호받을 권리

■ 기본권을 침해당한 경우 국가의 법정에서 효과적인 구제를 받을 권리

■ 함부로 감옥에 갇히거나 추방을 당하지 않을 권리

■ 독립적이고 공정한 법정에서 공정한 공개심리를 받을 권리

■ 유죄로 밝혀지기까지 무죄로 추정될 권리

■ 사생활, 가족, 통신에 간섭을 받지 않을 권리

■ 명예와 신용을 침해받지 않을 권리

■ 이동의 자유를 누릴 권리

- 박해를 피해 다른 나라로 망명하거나 그 나라에서 보호받을 권리
- 국적을 가질 권리
- 자신의 인종, 국적, 종교에 관계없이 결혼하여 가정을 이룰 권리
- 물건이나 토지, 다른 재산을 혼자서 또는 공동으로 소유할 권리
- 사상과 양심, 종교의 자유를 누릴 권리
- 자유로이 의견을 밝히고 표현할 권리
- 평화적인 집회를 열고 단체를 조직할 권리
- 자기 나라의 정부조직에 참여할 권리
- 사회의 구성원으로서 사회보장을 받을 권리
- 일할 권리, 노조를 구성하고 참여할 권리
- 휴식과 여가의 권리, 지나친 일을 강요받지 않고 유급휴가를 받을 권리
- 충분한 음식, 의복, 주거, 의료, 사회적 시설을 포함해 적절한 생활수준을 누릴 권리
- 무상으로 교육을 받을 권리
- 사회의 문화생활에 자유로이 참여할 권리

경제·사회·문화적 권리 살피기

경제·사회·문화적 권리들은 세계인권선언의 22조부터 27조까지 언급되는데, 노동의 권리, 공정하고 유리한 노동조건의 권리, 노동조합을 결성하고 가입할 권리, 사회보장권, 주거권, 식량권, 건강권, 교육권, 문화권 등이 그 내용이다. 이 내용은 1969년에 채택된 '경제·사회·문화적 권리에 관한 국제협약'에서 더욱더 구체적으로 다뤄졌는데, 협약 전문은 인터넷 검색이나 국가인권위원회 홈페이지를 비롯한 각종 인권단체 홈페이지에서 손쉽게 찾아볼 수 있다.

우리나라도 1990년에 이 협약을 비준했는데, 이에 따라 정해진 기간마다 유엔 '경제·사회·문화적 권리에 관한 위원회UN committee on Economical, Social, Cultural rights'에 협약을 얼마나 지키고 있는지를 기록한 보고서를 제출할 의무를 갖는다. 우리나라는 1995년과 2001년, 그리고 2009년에 보고서를 제출해서 위원회의 심사를 받았는데, 2009년 심사결과는 거의 낙제 수준이다. 위원회로부터 총 83건의 권고를 받았으니 갈 길이 멀기만 하다.

아직은 미미한 수준이지만 국제사회의 감시체제가 존재하고, 2001년에 국가인권위원회가 만들어져서 인권에 대한 교육이나 정책을 마련하고 있고, 인권피해자들의 진정도 받고 있다. 인권이라고 생각되는 문제들에 대한 궁금증을 해결하고 상담을 받고 싶다면 국가인권위원회*를 적극 활용하자. 국가 및 공공기관, 사기업 등에 이르기까지 인권의 모든 분야에 대한 상담전화(국번없이 1331)를 운영하고 있으며, 진정절차도 매우 간단하다. 진정의 내용이 타당하다고 여겨지면 국가인권위원회는 해당기관에 정책개선과 시정, 인권교육 등을 권고할 수 있다.

그렇다면 이제 몇 가지 핵심적인 권리를 구체적으로 살펴보자.

국가인권위원회 www.humanrights.go.kr

노동권

살아남기 위해 노동을 해야만 하는 시대에서 노동권이라는 말은 씁쓸하기만 하다. 하지만 노동권은 생존을 위한 가장 기초적인 권리로, 자유롭게 노동을 선택할 권리, 자의적인 해고로부터 보호받을 권리 등을 의미한다. 이에 따라 국가는 강제노동을 금지하고 고용정책을 비롯한 노동정책을 마련해야만 한다. 국가는 노동권을 보장하기 위해 최저임금, 동일노동에 대한 동일임금, 노동자와 그 가족이 적절한 생활을 보장받을 수 있는 공정한

임금, 안전하고 위생적인 작업조건, 동등한 승진기회, 휴식, 여가, 합리적인 노동시간의 제한 등에 관한 제도를 마련해야 한다.

국가로부터 권리를 보장받을 뿐 아니라 노동과 관련된 여러 가지 문제들을 노동자 스스로 풀어가도록 하는 것이 노동조합의 권리이다. 노동조합의 권리는 노동자들이 자신의 경제·사회·문화적 권리를 위해 노동조합을 결성하고 가입하도록 보장하는 권리로서, 자유로이 노동조합을 결성할 권리, 노동자 자신의 선택으로 노동조합에 가입할 권리, 노동조합연합회를 설립할 권리, 노동조합에서 자유롭게 활동할 권리, 파업권 등이 포함된다. 이런 기초적인 내용들은 국내에서도 노동법(근로기준법)으로 보장되는데, 노동권을 침해받았을 경우 노동부나 노동위원회에 이의를 제기할 수 있다. 더불어 국가인권위원회에 진정을 제기할 수도 있다.

국가기관 이외에도 한국노총•과 민주노총• 등을 통해 전문적인 자문이나 도움을 받을 수도 있다. 한국노총과 민주노총은 전국에 수십 개의 노동상담소를 운영하고 있으니 잘 활용해보자. 비정규직 노동자의 문제라면 한국비정규노동센터•, 전국불안전노동철폐연대•, 전국비정규직연대회의• 등에 문의하자.

한국노총	www.inochong.or, 1566-2020
민주노총	http://nodong.org
한국비정규노동센터	www.workingvoice.net
전국불안전노동철폐연대	http://workright.jinbo.net
전국비정규직연대회의	http://bworker.nodong.net

나이와 성별, 출신학교는 물론이고 색각이상을 이유로 한 고용제한도 차별이다. 경찰공무원 및 해양경찰공무원의 신규채용 시 약도 이외의 색각이상자들의 응시를 제한하는 것이 합리적인 이유 없는 차별행위에 해당한다며 국가인권위는 관련조항의 개정을 권고했다(국가인권위 09진차 558). 정당에 가입해 활동했다는 이유로 직장 내에서 불이익을 주는 것도 불합리한 차별이다. 일례로「공무원연금관리공단인사규정」에 따르면 해당 공무원의 정당가입 및 활동은 징계처분 혹은 계약해지의 사유가 되는데, 이는 헌법과 정당법에 반하는 처사이다. 국가인권위원회는 관련 조항의 개정과 진정인에 대한 별정직 전환심사 절차를 재개할 것을 권고했다(국가인권위 08진차 527).

건강권

인권운동사랑방이 펴낸『인간답게 살 권리』(1999, 사람생각)라는 책에서는 건강권을 이렇게 설명한다. 어떤 사람이 길을 가다가 심장마비로 쓰러진다. 다행히 주변 사람의 신고로 구급차가 신속하게 달려온다. 구조대원은 쓰러진 사람의 몸을 흔들어대며 묻는다. '당신은 심폐소생술에 대한 비용을 치를 능력이 있습니까?' 이러한 상황을 바람직하다고 여길 사람은 아마도 없을 것이다. 우리는 의료행위가 다른 재화나 서비스처럼 비용을 지불할 능력을 가진 사람에게만 제공되어야 한다고 생각하지 않는다. 왜냐하면 의료란 인간의 생명을 다루기 때문이다. 그래서 '건강권'은 가장 기본적이고 누구에게나 가장 중요한 생명을 다루는 권리이다. 그럼에도 우리에게 건강권이라는 말이 낯설게 느껴지는 건 건강권에 대한 인식이 없기 때문이다.

건강권은 건강할 권리, 보건의료 서비스를 받을 권리, 보건의료 서비스 과정에서의 권리 등을 일컫는다. 건강할 권리는 사람의 건강에 많은 영향을 미치는 사회구조와 생활환경에 대한 권리를 의미한다. 예를 들어, 북반구의 선진국과 남반구의 국가들을 비교하면 신생아의 평균기대수명이 30년이나 차이를 보인다. 소득수준이 높은 사람의 건강이나 기대수명이 좋고, 사회보장제도가 잘 마련된 나라의 건강수준이 높게 나타나는 것은 사회환경이 개인의 건강에 지대한 영향을 미치고 있음을 잘 보여준다.

그리고 보건의료서비스를 받을 권리는 신분, 재산, 성별 등에 관계없이 보건의료자원에 평등하게 접근할 수 있는 권리를 의미하는데, 한마디로 공공의료를 뜻한다. 이와 함께 보건의료서비스 과정에서의 권리도 매우 중요한데, 이는 보건의료서비스의 과정에서의 알 권리, 자기결정권, 비밀보장권 등의 보장을 의미한다.

그러나 불행하게도 우리 사회에서 이런 건강권의 실현을 기대하기란 어렵다. 건강권이 보장되려면 사회적인 불평등이 사라져야 하고 공공의료체계가 제대로 갖춰져야 하는데 우리의 현실은 그와 다르기 때문이다. 또한 전문가들이 의료행위를 독점하기 때문에 전문지식이 없는 시민들의 권리는 제대로 보장되지 않는다. 따라서 정치적인 개입을 통해 보건의료서비스 과정에서의 민주성을 보장하는 게 필요하다.

우리나라는 2000년에 '공공보건의료에 관한 법률'을 제정하고, 보건복지부 보건의료정책본부(공공의료팀)과 한국보건산업진흥원 공공보건의료사업지원단(공공의료확충팀과 지역보건사업팀으로 구성)이 공공보건의료기관에 대한 주요 정책을 관장하고 있다. 그러니 공공보건과 관련된 법령과 정책, 현황 등이 궁금하다면 보건복지부 홈페이지•를, 그리고 관련된 연구나 해외사례 등이 궁금하다면 한국보건산업진흥원 보건산업정보서비스* 를 방문해보자. 그리고 건강권 및 공공보건의료에 대한 시민단체의 활동이 궁금하다면 '건강권 실현을 위한 보건의료단체연합'의 홈페이지*를 클릭하자. 그곳에서 정부정책에 대한 시민단체의 입장은 물론 다양한 보건의료단체의 활동을 실시간으로 살펴볼 수 있다. 질환별 환자모임 및 운영을 지원하고 있는 건강세상네트워크* 도 눈여겨볼 만한 단체이다.

보건복지부	www.mw.go.kr
한국보건산업진흥원 보건산업정보서비스	http://info.khidi.or.kr
건강권 실현을 위한 보건의료단체연합	www.kfhr.org
건강세상네트워크	www.konkang21.or.kr

심장병 환자의 신고를 받은 119 구급대원이 응급구조사 없이 혼자 출동, 환자에게 적절한 응급조치를 취하지 못해 환자가 손상을 입었다면? 응급구조사의 탑승 없이 홀로 긴급출동한 행위는 '응급의료에 관한 법률' 위반은 물론 건강권을 침해한 행위다.

주거권

집이 비와 바람, 천둥, 번개를 피할 수 있는 네 귀퉁이의 벽과 지붕을 뜻한다고 생각하는 사람은 별로 없을 것이다. 주거권과 관련해 가장 중요한 국제문서로 알려진, 1996년 제2차 세계주거회의Habitat에서 채택된 하비타트 의제는 '적절한 주거'를 다음과 같이 규정한다. 적절한 주거란 적절한 사생활 보호, 적절한 공간, 물리적 접근성, 적절한 안전성, 점유 안전성, 구조적인 안정성과 내구성, 적절한 조명·난방·환기, 물 공급과 위생 및 쓰레기 처리시설과 같은 적절한 기반시설, 바람직한 환경의 질 및 건강과 관련된 요소들, 일자리와 기본적인 편리시설에서 멀지 아니한 적절한 입지 등을 의미한다. 여기서 적절함은 관련된 모든 사람들이 함께 결정해야 할 내용이고 점진적으로 발전하리라 기대할 수 있어야 한다. 적절함은 나라마다 다를 수 있는데, 그 이유는 적절함이 그 나라에 고유한 문화·사회·환경·경제적 요인들에 따라 결정되기 때문이다. 또한 여기에는 여성과 아이들이 유해물질에 노출되지 않아야 하는 것처럼 성이나 연령에 따라 특별하게 고려해야 할 요소들도 포함되어야 한다.

즉 '적절한 주거'란 주거의 질, 주거환경, 경제적 부담의 적정 여부 등 여러 가지 요인을 모두 고려하는 개념이므로, 주거권을 보장한다는 것은 단순히 주택을 공급받거나 주택을 보유할 수 있는 권리를 넘어 인간다운 주거생활을 할 수 있는 집에 대한 권리를 의미한다. 하지만 지하방과 옥탑방, 1평도 되지 않는 쪽방까지 버젓이 '집'으로 매매되는 우리 사회이기에 주거권의 실현은 정말 희망사항에 불과하다.

그나마 내 명의의 집 한 채라도 있으면 다행이지만, 만일 세입자라면 자신의 권리를 보장받기 위해 챙겨야할 일들이 많다. 우선 이사와 동시에 전월세계약서를 들고 동사무소에 달려가 전입신고를 하고 전세확정일자를 받아야 한다. 그래야 집에 문제가 생겼을 때 우선순위로 전월세보증금을 보장받을 수 있다. 그리고 입주한 주택이 재개발 계획에 포함됐다면 세입자로서의 권리를 꼼꼼히 확인하는 게 필요하다. 공익사업의 경우 거주민에 대한 직접보상뿐만 아니라 세입자들에 대한 이주대책이 필요한데, '공익사업을 위한 토지 등의 취득 및 보상에 관한 법률'에서는 세입자들에게 주거이전비, 이사비 등을 보장하도록 하고 있으며, '도시 및 주거환경 정비법'은 주택의 공급(임대주택 입주권), 공사가 완료될 때까지 임시로 거주하는 데 필요한 임시주거대책 등의 대책을 보장하고 있다. 하지만 민간개발사업의 경우에는 아직까지 보상과 이주대책에 대한 법적 규정이 없는 상태이다.

주거와 관련한 정책을 총괄하고 있는 부서는 국토해양부●로 홈페이지를 통해 대강이나마 우리나라의 주거정책을 살펴볼 수 있다. 시민단체로는 주거권운동네트워크•, 한국도시연구소•, 주거복지연대•, 주거권실현을 위한 국민연합• 등이 주거권 실현을 목표로 활동하고 있다.

국토해양부	www.mltm.go.kr
주거권운동네트워크	www.culturalaction.org/housing
한국도시연구소	www.kocer.re.kr
주거복지연대	www.home1004.or.kr
주거권실현을 위한 국민연합	www.kchr.or.kr

순환용 임대주택은 이주비와 보상금만으로는 마땅한 주거시설을 찾지 못하는 세입자가 재개발 공사기간에 거처하는 임시주거시설인데, 그동안 도시 재개발 시 이러한 순환용 임대주택이 마련되지 않아 저소득 세입자의 주거권을 침해해왔다. 이례적으로 2001년 서울 난곡 재개발 시 주민들의 강력한 요구로 인해 순환재개발이 이뤄진 바 있는데, 2009년 용산참사의 교훈 때문이었는지 서울시는 2010년부터 도시 재개발 추진 시 순환용 임대주택을 공급하겠다는 계획을 밝히고 있다. 순환용 임대주택에 대한 더 자세한 내용은 SH공사 홈페이지www.i-sh.co.kr나 재개발 임대주택 홈페이지 http://reville.i-sh.co.kr에서 얻을 수 있다.

내 힘으로 바꾸는 세상

자, 그럼 이제 내게 필요한 것들을 요구하고 실현할 수 있는 구체적인 방법들을 몇 가지 단계로 나눠서 살펴보자. 일이 알아서 쉽게 처리되면 좋겠지만 아쉽게도 그런 일은 좀처럼 일어나 않는다. 다소 힘들더라도 내 시간과 노력을 들이면 현명하게 일을 처리할 수 있다.

전체 과정은 대략 다섯 고개로 구분될 수 있다.

1 관련된 정보를 얻고 정리하기

2 공공기관이나 정치인에게 민원·청원을 넣거나 요구하기

3 정당이나 엔지오를 통해 사회적인 이슈로 만들기

4 공무원들이나 정치인들에게 압력을 가하기

5 직접 운동에 뛰어들기

각각의 고개에서 일이 처리되면 좋지만 그렇게 안 될 경우에는 힘들게 다음 고개로 넘어가야 한다. 물론 실제로 요구를 하는 과정에서 이런 단계들이 뒤섞일 수 있지만, 최대한 속도를 조절하며 일을 진행해야 한다. 힘들어도 그만큼 성취감을 느낄 수 있으니 미리 좌절하는 건 금지!

첫번째 고개 정보 얻기

지피지기면 백전백승!

무엇을 요구할 때 가장 먼저 해야 할 일은 그와 관련된 정보를 구하는 것이다. 정보가 곧 힘이다. 정보를 얻는 만큼 내 요구가 설득력을 가질 수 있으니 다양한 통로로 정보를 구해야 한다. 비슷한 사례를 찾거나 관련된 법령, 조례를 찾으면 내 요구의 보편타당함을 증명할 수 있다.

그리고 정보를 찾으면서 자료를 하나씩 정리하는 것이 좋다. 통계자료나 법령/조례, 사례 등을 일목요연하게 파악할 수 있도록 정리해놓으면 두고두고 활용할 수 있다. 명심해야 할 점은 그 정보를 구하는 과정에서 내 요구를 조금 더 분명하게 다듬고 나만이 아니라 우리의 요구라는 점을 공무원이나 정치인들에게 설득할 근거들을 마련해야 한다는 점이다. 나 혼자나 우리 가족만을 위해서가 아니라 우리 마을주민들을 위해, 사회 전체의 공공성을 위해 이런 일이 필요하다는 점을 설득해야 한다.

따라서 정보를 구하는 과정에서 내 요구를 분명하게 정의할 수 없거나 전체의 요구로 만들 수 없다면 내 요구에 대해 조금 더 깊이 생각해봐야 한다. 그리고 내 요구가 왜 아직도 실현되지 않고 있는지도 잘 살펴야 한다. 상대의 논리를 파악하고 내 요구를 분명하게 다듬으면 좋은 결과를 가져올 수 있다.

정보를 구하는 몇 가지 방법을 소개하면 다음과 같다.

- **인터넷을 검색해서 비슷한 사례들을 찾아본다.** 사례를 찾으면 그것을 활용해서 내 요구를 분명하게 다듬고 관련된 정보를 얻을 수 있다.
- **담당부서에 전화를 걸어 궁금한 사항을 물어본다.** 그냥 전화하지 말고 인터넷에서 몇 가지 자료를 찾은 뒤에 구체적으로 질문해야 공무원들의 대답을 들을 수 있다.
- **관련 중앙부처의 자료실이나 지방정부 홈페이지의 시정정보에서 정보를 구한다.** 관련된 통계자료나 각종 자료들을 한글이나 엑셀, PDF 파일로 다운받을 수 있다.
- **관련 법령이나 조례를 검색한다.** 국가법령정보센터•나 자치법규정보•시스템을 활용한다).
- **관료 지표들을 검색한다.** e-나라지표•나 국가통계포털•, 마이크로데이터서비스•를 활용하면 다양한 지표들을 구할 수 있다.
- **관련 엔지오에 문의한다.** 시민운동정보센터•나 시민사회단체연대회의•에 가면 관련 엔지오들을 검색할 수 있다.
- **정보공개청구를 한다.** 정보공개시스템•를 활용해서 필요한 공문서들을

구한다. 구체적인 과정이나 노하우는 제 5장을 참조할 것.

국가법령정보센터	www.law.go.kr
자치법규정보	www.elis.go.kr
e-나라지표	www.index.go.kr/egams
국가통계포털	http://kosis.kr
마이크로데이터서비스	http://mdss.kostat.go.kr
시민운동정보센터	www.kngo.or.kr
시민사회단체연대회의	www.civilnet.net
정보공개시스템	www.open.go.kr

주택 관련 정보

- 국토해양부의 정보마당과 서민주택정보, 해당 지방자치단체 홈페이지 시·군정소식란을 통해 기본통계자료, 정부정책방향에 관한 정보 얻기.
- 지방자치단체의 도시계획국이나 주택국에 전화를 걸어 관련 정보 확인하기.
- 다른 지역의 비슷한 사례 확인하기.
- 도시 및 주거환경정비법, 도시 재정비 촉진을 위한 특별법, 주택법, 도시계획조례 등의 법률·조례를 통해 법적인 근거 확인하기.

- 주거복지연대●나 한국도시연구소●, (사)나눔과미래●, 진보복덕방● 같은 엔지오들에게 도움 청하기.
- 도시기본계획, 도시관리계획, 장기발전계획, 부문별 계획수립과정에 관한 정보공개청구하기.

주거복지연대	www.home1004.or.kr
한국도시연구소	http://kocer.re.kr
(사)나눔과미래	www.plain21.net
진보복덕방	www.culturalaction.org/housing

보육/교육 관련 정보

- 교육과학기술부나 보건복지부의 정보마당, 지방자치단체 홈페이지 시·군정소식란, 중앙보육정보센터●, 보육통합정보시스템●, 지역아동정보센터● 등을 통해 기본통계자료, 정부정책방향에 관한 정보 얻기.
- 각 교육청이나 지방자치단체의 교육지원과에 전화를 걸어 관련 정보 확인하기.
- 다른 지역의 비슷한 사례 확인하기.
- 영유아보육법이나 교육 관련 법령과 조례에서 해당 조항 확인하기.

- 공동육아와 공동체교육●, 한국여성단체연합●, 학교급식전국네트워크●, 참교육을 위한 전국학부모회●, 전국교직원노동조합●, 교육희망네트워크●, 한국교육연구소●, 전국지역아동센터협의회● 등의 도움을 얻기.
- 온라인교육민원서비스●를 통해 정보공개청구하기.

중앙보육정보센터	www.educare.or.kr
보육통합정보시스템	http://cpms.childcare.go.kr
지역아동정보센터	www.icareinfo.info
공동육아와 공동체교육	www.gongdong.or.kr
한국여성단체연합	www.women21.or.kr
학교급식전국네트워크	www.schoolbob.org
참교육을 위한 전국학부모회	www.hakbumo.or.kr
전국교직원노동조합	www.eduhope.net
교육희망네트워크	cafe.daum.net/eduhopenet
한국교육연구소	www.keri21.org
전국지역아동센터협의회	www.jckh.org
온라인교육민원서비스	http://neis.sen.go.kr

노동·건강 관련 정보

- 보건복지부나 노동부의 정보마당, 해당 지방자치단체 홈페이지 시/군

정소식란, 근로복지공단●, 한국고용정보원●, 건강길라잡이● 등을 통해 기본통계자료, 정부정책방향에 관한 정보 얻기.

- 지방노동청이나 지방자치단체의 산업경제과 등에 전화를 걸어 관련 정보 확인하기.
- 다른 지역의 비슷한 사례 확인하기.
- 근로기준법이나 노동관련 법령과 조례에서 해당 조항 확인하기.
- 민주노총●, 한국노총●, 한국여성노동자회●, 한국비정규노동센터●, 노동건강연대●, 보건의료단체연합●, 건강세상네트워크●, 인도주의실천의사협의회● 등의 도움 얻기.
- 노동정책이나 보건정책에 대한 정보공개청구하기.

근로복지공단	www.kcomwel.or.kr/main.asp
한국고용정보원	www.keis.or.kr
건강길라잡이	www.hp.go.kr
민주노총	www.nodong.org
한국노총	www.inochong.org
한국여성노동자회	www.kwwnet.org
한국비정규노동센터	www.workingvoice.net
노동건강연대	www.laborhealth.or.kr

보건의료단체연합	www.kfhr.org
건강세상네트워크	www.konkang21.or.kr
인도주의실천의사협의회	www.humanmed.org

사탕과 채찍 전략

여러 경로를 통해 다양한 정보를 얻었다면, 이제 그 정보를 활용해서 내 요구안을 구체적으로 만들고 이를 담당 기관이나 정치인들에게 요구하자. 여러 곳에 전화를 걸고 자료를 모으는 과정에서 담당부서가 내 의견을 미리 반영할 수도 있지만 그럴 기미가 보이지 않는다면 직접 요구해야 한다. 내가 낸 세금으로 월급을 받는 사람들이고 내가 뽑은 사람들이니 기죽지 말고 "이런 것이 필요하다"라고 당당하게 요구하자. 이런 요구를 하는 것은 합법적으로 보장된 시민의 당연한 권리이며, 또 이렇게 요구를 해야 담당자나 정치인들도 이런 요구가 있다는 점을 인식하고 관심을 기울이게 된다. 서로 소통하는 과정이라 생각하고 처음부터 강하게 따지지 말고 부드럽고 친절하게 얘기를 나누면 좋다.

공무원이나 정치인에게 얘기를 할 때는 내 요구가 개인적인 것이 아님을 반드시 먼저 얘기해야 한다. 나와 비슷한 욕구를 가진 사람들이 많고 이를 공식적으로 해결하는 것이 공무원이나 정치인의 성과가 될 수 있다는 점을 설득해야 한다. 그리고 충분히 조사하고 고민한 뒤에 요구하는 것이라는 점을 알려야 한다. 못 먹는 감 찔러나 보자는 심정이 아니라 진심으로 이 점을 요구한다는 점을 인식시켜야 한다.

물론 그렇게 요구해도 공직자들이 내 의견을 바로 수용할 가능성은 낮다. 그러니 꾸준하게 요구해야 하고, 비슷한 욕구를 가진 주변 사람들에게 내가 이런 요구를 하고 있다는 점을 알리고 함께 요구해야 한다. 한 사람이 요구할 때보다 열 사람이 요구할 때, 그리고 열 사람보다 백 사람이 요구할 때 공직자들은 더욱더 친절하고 성의 있게 이 문제에 관심을 보인다. 만일 그래도 반응이 없으면 민원을 넣고 자꾸 요구를 하자. 부드러운 요구가 사탕이라면, 민원을 넣거나 사무실에 전화를 하는 것은 채찍이다. 강약을 조절하면서 이 둘을 적절히 활용해야 한다.

- **국회의원, 지방자치단체장, 지방의원에게 전화·이메일·팩스로 요구사항을 얘기한다.** 전화, 이메일, 팩스 번호는 국회 홈페이지나 지방자치단체 홈페이지, 각 지방의회 홈페이지에서 확인할 수 있다.
- **관련부처 담당자에게도 전화를 걸어 요구사항을 얘기한다.** 담당부처 전화번호는 각 중앙부처 홈페이지와 지방자치단체 홈페이지에서 확인할 수 있다. 각 부처나 지방자치단체의 홈페이지에서 조직도로 들어가면 직원 정보와 부서별 전화번호를 검색할 수 있다.

■ **민원을 넣는다.** 각 중앙부처나 지방자치단체 홈페이지를 이용해서 전자·서면·방문·전화로 민원을 신청할 수 있다.

주택 관련 요구방안

■ 국토해양부 민원마당에서 직접 민원을 신청하자. 그 외에 서면민원, 팩스민원, 방문민원 등의 방식으로도 민원을 넣자. 그리고 민원콜센터•에 전화를 걸어 상담을 하자.

■ 지방자치단체 홈페이지 전자민원란에서 민원을 신청하자. 민원을 제기할 때 자신의 개인정보를 지나치게 많이 적지 않는 게 좋고, 좀 부담스럽다면 비공개로 민원을 넣으면 된다.

■ 국회 참여광장에서 민원을 신청하자. 국회의원의 소개를 받을 수 있으면 청원을 넣고, 소개를 받을 수 없으면 진정으로 접수하면 된다. 진정은 인터넷을 통해 제출할 수 있다.

■ 국회의원이나 지방의원 사무실에 전화를 걸자. 국회의 국회의원 검색에서 위원회별 검색으로 들어가면 해당 위원회에 소속된 의원들을 확인할 수 있다. 그리고 지방의회 홈페이지에서도 지방의원들의 정보를 확인할

수 있다. 이 의원들의 의회 내 사무실이나 해당 지역구 사무실로 전화 · 우편 · 팩스 · 이메일 등을 보내고 홈페이지에도 꾸준히 의견을 남긴다.

■ 관련 부서 공무원들에게도 꾸준히 전화를 걸어 내 요구를 밝히자.

민원콜센터	1599-0001

교육 · 보육 관련 요구방안

■ 중앙부처의 홈페이지에서 민원을 신청하자. 교육과학기술부 국민참여와 민원란이나 보건복지부 민원신청란에서 민원을 신청하면 국민신문고●로 연결된다. 그곳에서 전자민원을 넣을 수 있고, 교과부의 경우 민원상담센터●로 전화하고 보건복지부의 경우 국번 없이 129를 누르면 전화로 상담을 할 수 있다. 교육과학기술부 홈페이지에서는 교육관련 비리를 신고할 수도 있다.

■ 각 교육청의 전자민원창구에서 민원을 신청하자.

■ 나머지는 앞의 요구방법과 비슷하다.

국민신문고	www.epeople.go.kr
민원상담센터	02-6222-6060

건강 관련 요구방안

- 중앙부처의 홈페이지에서 민원을 신청하자. 보건복지부의 민원마당이나 노동부의 e-노동민원센터[●]에서 민원을 제기할 수 있다. 그리고 국번 없이 129나 1350번을 누르면 전화상담을 할 수 있다.
- 나머지는 앞의 요구방법과 비슷하다.

e-노동민원센터	http://minwon.molab.go.kr

힘이 돼줄 친구 찾기

계속 요구를 해도 담당 공무원이나 정치인이 답을 주지 않는다면 조금 더 힘든 고개를 넘어야 한다. 정치인들의 경우 선출직이기 때문에 아무래도 주민들의 요구를 무조건 무시하기는 어렵다. 그러니 계속 요구를 하고, 만일 그래도 요구를 무시한다면 정당 차원에서 이 요구를 중요한 사안으로 만들어야 한다. 정당이 당론으로 확정하고 당의 중요한 사업으로 받아들인다면, 정당의 공천으로 당선된 공직자들은 이 당론을 따라야 하기 때문이다(한국에서는 가끔씩 반항하는 경우도 있지만). 그러니 정당 내의 의사소통기구나 의사결정기구를 통해 내 요구를 널리 알리고 통과시키려 노력해야 한다.

그리고 정치인들과 달리 공무원들은 정년을 보장받기 때문에 정당의 영향력을 많이 받지 않는다. 하지만 공무원들의 인사권을 중앙 부처의 장이나 지방자치단체장이 가지고 있기 때문에 정치인들의 말은 공무원들에게 강한 영향력을 행사한다. 즉 정치인들의 입장을 바꾸면 담당 공무원들의 입장도 따라 변하니 당내 분위기를 만들어야 한다. 말을 바꿔 얘기하면 설령 공무원들이 관심을 가지고 있다 해도 단체장이 관심을 두지 않으면 일은 성사되기 어렵다. 따라서 계속 문제를 제기하며 일을 추진해야 한다.

그런데 내가 어떤 한 사안을 물고 늘어지는 건 현실적으로 어려울 수 있다. 내 가족과 직장에서 보낼 시간을 포기하고 혼자서 일은 맡는 건 평범한 사람에게 불가능한 일이다. 따라서 관련된 전문가들이 있는 엔지오와 함께 일을 풀어가는 것이 유리하다. 그리고 엔지오들을 찾을 때는 한 엔지오를 찾고 난 뒤에 그 엔지오와 연결된 다른 엔지오들을 찾아나서면 좋다. 그렇다면 정당과 엔지오를 어떻게 활용할 수 있을까?

- **소속된 정당이 있다면, 홈페이지에서 계속 문제를 제기하며 당이 이 문제에 관심을 가지도록 만들자.** 이것은 당원의 정당한 권리이다. 앞서 정리된 정보들을 구체적으로 제시하고 그럼에도 이 문제에 관심을 두지 않는 공직자들의 이름을 구체적으로 얘기하면 정당의 반응이 조금 더 빨라질 수 있다(정당의 의사결정구조와 관련해서는 제3장을 참조). 그리고 더디고 힘들지만 당내에서 내 제안에 호응하는 당원들을 찾을 수 있다. 아마 그 사람들도 누군가가 이런 제안을 하기를 기다리고 있었을 수 있으니 확 질러보자.
- **정당 홈페이지의 정책제안 코너를 활용하자.** 요즘은 정당들이 당원들의

제안을 받는 홈페이지를 운영하는 경우가 많다. 예를 들어, 한나라당의 홈페이지에 가면 정책을 제안하고 당원과 네티즌이 발언할 수 있는 코너가 마련되어 있다. 민주당 홈페이지는 정책광장에서, 민주노동당도 정책제안과 당원게시판에서, 이런 식으로 거의 대부분의 정당이 당원들의 정책제안을 받고 있다. 그리고 정당마다 정책을 담당하는 연구원들이나 정책연구소를 두고 있으니 그쪽에 연락을 취해도 좋다.

- **국회, 중앙부처와 지방자치단체의 홈페이지의 정책제안방이나 토론방을 적극적으로 활용하자.** 활성화된 곳이 별로 없지만 이곳도 적극적으로 활용하면 도움이 될 수 있다. 조회수는 많지 않을지라도 글을 올려놓으면 누군가는 그 글을 확인하게 되어 있다. 특히 지역의 언론사들이 가끔씩 들르기도 한다.
- **앞서 정보를 얻을 때 얘기를 나눴던 엔지오들과 함께 계획을 짜자.** 엔지오들은 특정한 일을 정책으로 만들고 여론을 형성하는 노하우를 가지고 있다. 그리고 엔지오에는 법률가나 교수 등의 전문가 그룹들이 있어 법과 정책 면에서 자문을 구할 수도 있다. 그러니 엔지오와 함께 일을 추진해보자.

- **그러려면 내 요구만 말하지 말고 엔지오들과 지속적인 관계를 맺어야 한다.** 엔지오든 정당이든 사람들이 움직이는 단체인지라 자기 요구만 하고 사라지는 사람을 좋아하지 않는다. 그러니 뭔가를 요구하기 전에 먼저 친구가 되자.
- 이 고개를 넘는 특별한 비법은 없다. **그냥 열심히 몸을 움직이며 사람들을 만나고 요구를 전달하며 내 뜻에 동참하는 친구들을 많이 만들어야 한다.**

상상력 동원하기

직접 얘기하고 정당이나 엔지오를 통해 소통을 시도했는데도 반응이 없다면, 이제는 몸을 더 많이 써야 한다. 지금부터는 혼자가 아니라 고개를 넘으면서 만난 사람들과 함께 일을 해야 하니 조금 더 어렵고 힘든 과정을 거쳐야 한다. 그래서 대부분의 사람들은 이 네번째 고개 앞에서 망설이곤 한다.

하지만 너무 많이 망설일 필요는 없다. 함께 일하는 과정에서 나는 집과 직장에서 보지 못한 내 모습을 확인할 수 있다. 개인적인 이익이 아니라 공동체와 나라의 이익을 위해 이리저리 뛰어다니는 모습에서 스스로가 자부심을 느낄 수 있다. 그리고 주변 사람들의 인정은 나를 새로이 보게 한다. 내 생각만을 고집하지 않는다면 이 과정에서 진짜 민주주의를 경험할 수도 있다.

그리고 주민들의 참여는 법적으로 보장되어 있다. 앞서 제3장에서 얘기했던 주민감사청구제도, 주민소송제도, 주민발의제도, 주민투표제도, 주민소환제도 등은 법으로 보장된 권리이다. 그러니 머슴들에게 확실하게 주인의 마음을 알려주고, 말을 듣지 않으면 더 이상 머슴을 하지 못할 수도 있음을 분명하게 알리자.

이때는 우리가 싸우는 것도 중요하지만 다른 사람들이 우리 편에 서도록 만드는 것이 더욱더 중요하다. 압력을 가하고 싸우는 목적은 단순히 정치인이나 공무원을 이기는 게 아니라 다른 사람들이 이 사실을 알고 함께 분노하도록 만드는 것이다. 강한 여론을 만들어서 그 힘으로 세상을 바꾸는 것이다. 따라서 싸움이 지나치게 극단적으로 치닫지 않도록 강약조절을 해야 한다.

그리고 약한 고리를 파고들어야 한다. 상대방의 약점을 건드리면 내 요구를 받아들이도록 협상할 수 있다. 미국의 솔 알린스키라는 사람은 이런 전략을 아주 잘 세웠다. 가난한 흑인들에게 대출을 하지 않는 은행을 바로잡기 위해 알린스키는 매일 흑인청년들에게 잔돈을 나눠주고 은행에 가서 예금을 하게 했다. 흑인들이 자주 드나들자 그 은행에는 백인 고객들의 발길이 뜸해졌고 결국 은행은 흑인청년들에게도 대출을 시작했다. 또한 알린스키는 협상을 거부하는 상류층 사람들을 협상테이블로 끌어내기 위해 그들이 관람하는 클래식 음악회에 티켓을 사서 빈민들을 보내기도 했다. 더구나 미리 먹을 것을 잔뜩 먹여서 빈민들이 음악회에서 방귀를 뀌게 했다. 이 일에 질린 상류층은 결국 협상 테이블로 나왔다. 이렇게 상상력 을 발휘하면 합법적이고도 즐겁게 압력을 가할 수 있다. 그러니 너무 치고받는 장면만 상상할 필요가 없다.

- 앞서 두번째 고개에서 했던 방식을 더욱더 강하게 실천한다. 그전에는 그냥 전화를 하고 메일을 보내는 수준이었다면 이제는 **의원실이나 사무실도 찾아가고 보좌관이나 비서관을 만나 의견을 전달해야 한다.** 담당 공무원들에게도 계속 찾아가서 의견을 더욱더 강하게 전달한다.
- **장관이나 지방자치단체장에게 전화를 걸고 이메일을 보낸다.** 중앙부처나 지방자치단체 홈페이지의 기관소개 코너에 가면 직장주소와 전화번호, 이메일주소가 나온다.
- **이렇게 의견을 전할 때 우리의 요구를 받아들일 수 없는 분명한 이유를 들어야 한다.** 거절하는 분명한 이유를 공문서로 받거나 그 대화내용을 녹음하면 좋다. 이렇게 근거를 남기면 이슈화시킬 때 써먹기 좋고 그런 내용이 시민들을 분노하게 만들기 때문이다.
- **신문사나 방송사에 이 사안을 보도하도록 요청한다.** 각 신문사 홈페이지 맨 아래쪽에 가면 기사제보를 받는 코너가 있고 전화나 팩스, 이메일 주

소도 나와 있다. 그리고 방송사의 시사프로그램 홈페이지에 가면 시청자제보를 할 수 있다. 또한 방송사들이 뉴스를 내보낼 때 취재기자들의 이메일주소를 함께 보내니 이를 확인해서 이메일을 보내도 좋다. 일단 사건이 언론을 타면 공무원이나 정치인들이 긴장하며 적극적인 태도를 보이게 된다.

- **인터넷을 통해 이 사안을 널리 알린다**(이슈화시키는 방법은 제5장 참조). 정리된 자료만이 아니라 사진이나 동영상 등의 자료를 함께 올리면 생각보다 더 많은 사람들의 공감을 얻을 수 있다.
- **여러 가지 주민참여제도를 활용해서 책임을 묻는다**(제도를 활용하는 방법은 제4장 참조). 지방정부의 경우 주민들의 서명을 받아 감사나 소환을 요구하면 되고, 중앙정부와 관련된 일에는 다음 아고라에서 청원을 받는 것도 하나의 방법이다.

주택 관련 압력 가하기

- 지역 정치인들에게 압력을 가하기. 도시계획이나 도시재개발과 관련된 문제라면 지방자치단체장의 권한이다. 단체장에게 전화·이메일·팩스

를 보내 요구사항을 전달하고 언론과 인터넷, 마을신문 등을 통해 소식을 널리 알린다. 그리고 지방의원과 해당 지역구 국회의원에게도 전화나 이메일 등을 보내 요구사항을 전달한다.

- 이주·보상대책을 요구하기. 주택재개발사업과 관련된 문제라면 공익사업과 민간개발사업의 경우가 다른데 공익사업의 경우 보상과 이주대책을 요구할 수 있다.
- 여론 형성하기. 어떤 사안이든 정부와의 협상이 어렵다면 여론을 만들어 정부가 협상에 나오도록 만들어야 한다. 신문사, 방송사, 인터넷 등 다양한 통로를 통해 여론을 만들어야 한다.
- 2000년 경기도 고양시에서는 주상복합건물 신축과 관련해 주민투표가 실시되었고 주민들이 러브호텔 건설을 반대하는 운동을 펼치기도 했다. 그리고 2001년 서울시 마포구에서는 서울시가 성미산에 배수지를 건설하겠다고 밝히자 주민들이 이에 반대하며 약 2년 동안 운동을 벌여 결국 성미산을 지키기도 했다. 시민들이 관심을 가지고 참여하면 좋은 결과를 거둘 수 있다.

교육 관련 압력 가하기

- 영유아보육법에 따른 보육환경 요구하기. 보육시설이나 보육료와 관련된 문제라면 지방자치단체의 보육시설운영위원회의 활동을 문제 삼아야 한다. 영유아보육법은 학교운영위원회와 비슷한 보육시설운영위원회를 설치하도록 규정하고 있기 때문이다. 보통은 이런 위원회가 유명무실하기 때문에 위원회가 실제로 활동을 하도록 요구해야 한다. 법으로 보장된 기구이니 그것의 활성화를 요구하는 건 시민의 권리이다. 그리고 보육료와 관련해 지방정부가 여러 가지 지원대책을 세우고 있는데, 지역별로 그 차이가 크다. 따라서 그 차이를 비교하며 지방정부에 더 많은 지원을 요구해야 한다. 보통 예산을 핑계로 드는데 지방정부가 엉뚱한 곳에 낭비하는 예산이면 지역의 보육체계를 상당 부분 고칠 수 있다. 단체장이나 지방의원에게 전화·이메일·홈페이지 등 다양한 통로로 요구사항을 전달하면 좋다.
- 교육청에 압력을 가하기. 아이들이 학교에서 부당한 일을 겪거나 학교와 관련된 문제라면 교육청에 민원을 넣고 전화를 걸어 항의해야 한다. 교육청만이 아니라 지방정부도 학교에 교육보조금을 지급하고 있으니

지방정부에 압력을 넣는 것도 한 가지 방법이다.

- 2002년 경기도 과천시의 주민 1400여 명은 주민발의를 통해 영·유아보육조례를 개정해서 학부모의 참여를 확대하고 보육정책을 바로잡았다. 그리고 2003년 전라남도에서는 민주노동당 도의원과 주민들이 힘을 모아 약 5만 명의 서명을 받아 학교급식조례를 제정해서 식량주권과 아이들의 건강을 지킬 수 있는 기반을 만들었다. 다른 교육영역에서도 주민들의 참여를 이끌어내고 여론을 형성하는 과정이 매우 중요하다. 공무원과 정치인이 압박감을 느낄 수 있도록 다양한 과정을 활용해야 한다.

건강 관련 압력 가하기

- 중앙정부에 압력을 가하기. 보건의료기본법은 보건의료에 관한 국가와 지방자치단체의 책임을 규정하고 모든 국민의 존엄과 가치를 실현할 수 있는 제도와 여건을 조성하도록 하고 있다. 이 법은 국가나 지방자치단체가 보건의료시책에 관한 내용을 공개하고 5년마다 보건의료발전계획을 수립하도록 한다. 이 법에 근거해서 보건복지부와 국회에 압력을 가할 수 있다.

- 지방정부에 압력을 가하기. 지방자치법은 사회복지시설운영이나 복지 서비스 제공 등 사회복지와 관련된 권한을 중앙정부에서 지방정부로 넘겼다. 이에 따라 지방정부는 지역사회복지협의체를 구성하고 사회복지 발전계획을 수립해야 한다.
- 2004년 경기도 성남시에서는 주민 약 1만8천 명이 시립병원설립조례를 주민발의로 요구해서 조례안을 통과시켰다. 지역의 의료공공성을 지키기 위해 주민들이 직접 팔을 걷어붙이고 나섰다. 그리고 2006년 지방선거에서 천안의 시민단체들은 복지천안을 위한 네트워크를 구성하고 10대 중점과제를 후보자들에게 요구했다. 이 요구안은 거의 대부분 당선자에게 받아들여졌고, 지역복지체계를 재구성하는 기본골격이 되었다. 불가능할 것 같은 일들이 이렇게 실제로 벌어지고 있다.

■■■■■ 다섯번째 고개 직접 나서기

바로 내가 변화의 주춧돌이 된다

이제 마지막 고개이다. 이 고개를 넘으면 내가 나 자신을 다시 평가하게 된다. 즉 나는 더 이상 정치에 수동적인 '말뿐인 시민'이 아니다. 그만큼 이 고개를 넘기는 어렵다. 이 고개를 넘기 위해서는 누구도 나와 손을 잡기가 쉽지 않을 때 그냥 고개 숙이며 물러서지 않고 나 혼자라도 떳떳이 맞서겠다는 의지가 필요하다.

앞서 제6장에서 말했듯이 이런 행동과 관련된 법적인 근거나 믿고 따를 만한 매뉴얼은 존재하지 않는다. 오히려 내가 몸소 헤치고 나아가며 방법을 찾아가는 실천지實踐知가 필요할 뿐이다. 만일 이런 행동이 조그만 성공을 거둔다면 길이 생기고, 더 많은 사람들이 그 길을 따라 걸으며 길을 더 많이 넓힐 수 있다.

- **1인시위를 하거나 피켓을 들고 중앙부처나 시청, 구청 앞에 서 있는다.** 현행 집회 및 시회에 관한 법률에 따르면, 1인시위는 사전에 신고하지 않아도 언제든 가능하다. 공무원이나 정치인이 움직이지 않고 주변의 사람들도 나서길 꺼려서 여론화가 어려우면 내가 직접 여론의 씨앗이 되어야 한다.

- **마을 주민들을 조직화한다.** 다음이나 네이버에 들어가면 지역 모임들이 제법 많이 있다. 그런 모임들에 들어가 지금까지 수집한 자료와 정치인과 공무원 들의 반응을 알리자. 처음부터 너무 끌고 가려는 태도를 보이면 사람들이 거부할 수도 있다. 제1장에서 얘기했듯이 사람들은 정치에 대한 강한 거부반응을 내면화하고 있기 때문이다. 따라서 처음에는 참기 힘든불의를 알리는 수준에서 시작해야 한다.
- **아파트의 게시판이나 도서관, 주민자치센터의 게시판을 활용해서 뜻을 같이하는 시민들을 모은다.** 사람들이 모이는 곳이라면 어디든지 내 의견을 알려서 사람들이 이 사실을 깨닫도록 하자. 사람들의 분노를 조직하면 힘을 만들 수 있다.

찾아보기

ㅇ

ㅊ

기타

도시생활자의
정치백서

초판인쇄 2010년 5월 3일
초판발행 2010년 5월 10일

지은이 하승우 유해정

펴낸이 김정순
책임편집 김경태
디자인 홍지숙
마케팅 정상희 한승일 임정진

펴낸곳 (주)북하우스 퍼블리셔스
출판등록 1997년 9월 23일 제406-2003-055호
주소 121-840 서울시 마포구 서교동 395-4 선진빌딩 6층
전화번호 02-3144-3123
팩스 02-3144-3121
전자메일 editor@bookhouse.co.kr
홈페이지 www.bookhouse.co.kr

ISBN 978-89-5605-457-5 03340

이 도서의 국립중앙도서관 출판도서목록(CIP)은 홈페이지(http://www.nl.go.kr/cip.php)에서
이용하실 수 있습니다. (CIP제어번호 : CIP2010001637)